U0553738

课程研究前沿　总主编 崔允漷

校内外协同育人：
课程与教学领域的跨界合作 张　薇　刘钧燕　编

School-Community Collaboration in Education:
Cross-Boundary Partnerships in Curriculum and Instruction

华东师范大学出版社

·上海·

图书在版编目(CIP)数据

校内外协同育人:课程与教学领域的跨界合作/张薇,刘钧燕编. —上海:华东师范大学出版社,2024.(课程研究前沿). —ISBN 978 - 7 - 5760 - 5572 - 6

Ⅰ. G77

中国国家版本馆 CIP 数据核字第 20256YL678 号

本书系教育部人文社会科学重点研究基地十四五规划重大项目"高质量发展引领下校内外课程协同育人研究"(项目编号:22JJD880028)的研究成果之一

校内外协同育人:课程与教学领域的跨界合作

编　者　张　薇　刘钧燕
策划编辑　彭呈军
责任编辑　张艺捷
特约审读　王莲华
责任校对　王丽平
装帧设计　刘怡霖

出版发行　华东师范大学出版社
社　　址　上海市中山北路 3663 号　邮编 200062
网　　址　www.ecnupress.com.cn
电　　话　021 - 60821666　行政传真 021 - 62572105
客服电话　021 - 62865537
门市(邮购)电话 021 - 62869887
地　　址　上海市中山北路 3663 号华东师范大学校内先锋路口
网　　店　http://hdsdcbs.tmall.com

印　刷　者　浙江临安曙光印务有限公司
开　　本　787 毫米×1092 毫米　1/16
印　　张　16.75
字　　数　354 千字
版　　次　2025 年 4 月第 1 版
印　　次　2025 年 4 月第 1 次
书　　号　ISBN 978 - 7 - 5760 - 5572 - 6
定　　价　68.00 元

出 版 人　王　焰

(如发现本版图书有印订质量问题,请寄回本社客服中心调换或电话 021 - 62865537 联系)

目录

Learning in and out of School: Changing Dynamics in China and Beyond

·· Mark Bray & Zhang Wei   001

The 2021/2 GEM Report on Non-State Actors: Embedding the Private Tutoring
Phenomenon in Global Analysis

··· Priya Joshi   002

What Really Matters to Unshrinkable Private Tutoring in Korea: Defective Public
Schooling or Universalized Desire for Upward Mobility and Family Reproduction?

·· Bae Sang-Hoon   003

Interrogating Pedagogies of Commercial Tutoring in Australia

·· Mohan Dhall   004

Shadow Education in the Nordic Countries: RoE Special Issue

·· Søren Christensen   005

Two-Tier Gifted Selection and Development Systems: Interconnections of Formal and
Shadow Gifted Education in South Korea, India and China

·· János Gordon Györi   006

Shadow Education in Latin America: The Case of Brazil

·· Alexandre Ventura   007

Supplemental Educational Services in the United States and Its Implications for China

·· Baiwen Peng   008

校内外多维协同:干预性幼儿心理健康教育的实践探索

·· 宋　克   022

课外补习的麦当劳化：教学标准化及其对补习讲师的影响

⋯⋯⋯⋯⋯⋯⋯⋯⋯⋯⋯⋯⋯⋯⋯⋯⋯⋯⋯⋯⋯⋯⋯⋯⋯⋯⋯⋯⋯ 潘冬冬　028

跨学科课程整合校内外协同育人实践

⋯⋯⋯⋯⋯⋯⋯⋯⋯⋯⋯⋯⋯⋯⋯⋯⋯⋯⋯⋯⋯⋯⋯⋯⋯⋯⋯⋯⋯ 王树宏　045

社会美育力量参与学校美育：价值、困境与路径

⋯⋯⋯⋯⋯⋯⋯⋯⋯⋯⋯⋯⋯⋯⋯⋯⋯⋯⋯⋯⋯⋯⋯⋯⋯ 周福盛　黄一帆　055

中国共产党领导下红色文化融入小学语文课程的政策变迁分析

⋯⋯⋯⋯⋯⋯⋯⋯⋯⋯⋯⋯⋯⋯⋯⋯⋯⋯⋯⋯⋯⋯⋯⋯⋯ 王迎春　王　瑜　071

高中英语教材中的德育元素分析——以人教版新教材为例

⋯⋯⋯⋯⋯⋯⋯⋯⋯⋯⋯⋯⋯⋯⋯⋯⋯⋯⋯⋯⋯⋯⋯⋯⋯ 胡萍萍　郑琼瑶　081

共生　共享　共进　少年宫校内外协同创课的实践研究

⋯⋯⋯⋯⋯⋯⋯⋯⋯⋯⋯⋯⋯⋯⋯⋯⋯⋯⋯⋯⋯⋯⋯⋯⋯⋯⋯⋯⋯ 任晓慧　093

"家校社"协同视角下助推校内外育人一体化——以闵行区青少年活动中心的校外教育
实践为例

⋯⋯⋯⋯⋯⋯⋯⋯⋯⋯⋯⋯⋯⋯⋯⋯⋯⋯⋯⋯⋯⋯⋯⋯⋯⋯⋯⋯⋯⋯ 牛　菁　101

家庭校外培训需求动因及对落实"双减"政策的启示

⋯⋯⋯⋯⋯⋯⋯⋯⋯⋯⋯⋯⋯⋯⋯⋯⋯⋯⋯⋯⋯⋯⋯⋯⋯⋯⋯⋯⋯ 刘钧燕　108

精疲力竭的家长：居家在线学习下的情绪性工作

⋯⋯⋯⋯⋯⋯⋯⋯⋯⋯⋯⋯⋯⋯⋯⋯⋯⋯⋯⋯⋯⋯⋯⋯⋯ 侯滟斯　陈霜叶　123

"双减"背景下，优秀传统文化如何走入儿童生活——基于 MUS 的"馆校合作"模式构建

⋯⋯⋯⋯⋯⋯⋯⋯⋯⋯⋯⋯⋯⋯⋯⋯⋯⋯⋯⋯⋯⋯⋯⋯⋯⋯⋯⋯⋯ 何珊云　136

新冠疫情时期韩国的影子教育政策

⋯⋯⋯⋯⋯⋯⋯⋯⋯⋯⋯⋯⋯⋯⋯⋯⋯⋯⋯⋯⋯⋯⋯⋯⋯ 朴汇燕　梁慧敏　146

我国校外培训治理政策的变化与校外培训机构的回应

⋯⋯⋯⋯⋯⋯⋯⋯⋯⋯⋯⋯⋯⋯⋯⋯⋯⋯⋯⋯⋯⋯⋯⋯⋯⋯⋯⋯⋯ 刘　莺　160

白俄罗斯校外教育现状及对中国的启示

·· 刘　森　Zubko Darya　175

疫情防控背景下日本"停课不停学"措施回顾

··· 于　普　姉崎敬吾　186

交叠影响域理论下日本课后服务的家校社共同体建设路径与启示

··· 屈　璐　196

我国义务教育学校课后服务的历史演进、主要成就与未来展望

··· 羊　峰　解　书　206

虚拟现实辅助下的线上线下融合教学理论与实践

········· 周美美　庞　畅　陈威男　陈　灿　洪河条　陆吉健　218

基于扎根理论的网络师生互动影响因素研究

··· 徐　墨　229

线上线下融合教学的本质要义、多元模式与生成场域

··· 贾建国　239

在线同步学习体验的现象学研究

················· 陈　婕　谢　翌　程　雯　陈瑞华　246

Learning in and out of School: Changing Dynamics in China and Beyond

Mark Bray & Zhang Wei

Abstract: China has undergone dramatic transitions in the relationships between in-school and out-of-school learning, particularly with the development of shadow education (private supplementary tutoring). During what may be called the pre-history prior to 1989, shadow education was mainly limited to school and family spaces. During the 1990s, the shadow education space expanded beyond schools and families. This trend continued in the 2000s with institutionalization of shadow education offered by commercial enterprises. Then in the 2010s, financial capital and professional tutors to some extent displacing teachers and schools. In 2018, the government checked these developments with significant regulations. The Covid – 19 pandemic brought a further shift, particularly in the expansion of online learning; and then came the fierce confrontation by the national government in July 2021, which sought in effect to revert to patterns of the 1980s.

This presentation places these transitions in comparative perspective, identifying parallels and divergences in other countries. The comparisons can help send signals to contemporary Chinese policymakers and practitioners at different levels about what they might learn from other countries, and by corollary, what other countries can learn from China.

Key words: private tutoring; shadow education; changes over time; international comparative analysis

The 2021/2 GEM Report on Non-State Actors: Embedding the Private Tutoring Phenomenon in Global Analysis

Priya Joshi

Abstract: Private tutoring is a near global phenomenon, and the types of provision can range from informal tutoring to formalized coaching centers. The Covid - 19 pandemic experience is expected to lead to a major private tutoring boom, as it has helped with learning continuity in some cases.

The Global Education Monitoring (GEM) Report takes an equity and systems-focused perspective on the phenomenon of private tutoring. It analyses the factors that motivate private tutoring expansion and the impacts of tutoring on performance and satisfaction. It highlights the unintended consequences of tutoring on education system performance, by changing teachers' and students' behavior. The GEM Report on non-state actors documents how private tutoring has been regulated, and argues for the need for stronger government scrutiny over private tutoring practices.

Key words: private tutoring; shadow education; global analysis; Covid - 19; UNESCO

What Really Matters to Unshrinkable Private Tutoring in Korea: Defective Public Schooling or Universalized Desire for Upward Mobility and Family Reproduction?

Bae Sang-Hoon

Abstract: In Korea, prevalent private tutoring has long been viewed as a social evil that favors the affluent students and thus creates educational inequality. It has been a firm belief that the best remedy is greater investment in public schools leading to high quality education for all students. The Korean government has also implemented various policy measures to reduce private tutoring, such as tightening regulations to oppress the private tutoring industry and offering publicly-subsidized after-school programs as a substitute.

However, there has been some evidence, albeit not fully substantiated, that the real cause of the problem should not be sought from education but society — a growing social divide and the seemingly increased role of education as a vehicle for educational and social stratification. The study reported in this presentation shows longitudinal trajectories of private tutoring along with the most likely predictors since 2007 when the National Statistics Office began to collect nationwide data on private tutoring. It also examines ways in which government polices influenced the pattern of private tutoring.

Key words: private tutoring; shadow education; Korea; social stratification; trends; government policies

What Really Matters to Unshrinkable Private Tutoring in Korea: Defective Public Schooling or Universalized Desire for Upward Mobility and Family Reproduction?

003

Interrogating Pedagogies of Commercial Tutoring in Australia

Mohan Dhall

Abstract: This presentation focuses on a pilot study aimed at assessing the range of pedagogies used in coaching colleges and tutoring centers. The architects of the study argue that the impetus for families opting for tutoring should be supported by the pedagogies employed by the tutors tasked with the tutoring. Numerous studies have focused on the growth and the scope of shadow education, with some studies specifically on pedagogies used in the English language market (e.g. Chan, 2019). However, no study has interrogated the pedagogies used and compared them with what is accepted in mainstream education as pedagogies known to be effective with a wide range of students often with varying learning needs.

The pilot study employs both quantitative and qualitative methods, based on the observation of the practices of 40 tutors employed by tutoring centers in Sydney, Australia. Early indications that the pedagogies used in tutoring centers are extremely narrow and could be described as "derived and contrived". Thus, practices derived from traditional pedagogies and may be applied without interrogation of efficacy or applicability. If the early indications are borne out on the wider study, then the shadow education market has serious questions to answer. This is because the pedagogies to which students are exposed need to be able to address individualized learning needs based on identified issues, and centers incapable of identifying individual student issues and even less capable of remediating them. The pilot study appears to indicate that because of restrictive pedagogies, tutoring centers generally do not assist students to be more academically capable: students who are strong and self-motivated remain so, and the strugglers continue to struggle.

Key words: Australia; schooling pedagogies; tutoring pedagogies; individualized learning

Shadow Education in the Nordic Countries: RoE Special Issue

Søren Christensen

Abstract: Until recently, shadow education was highly uncommon in the Nordic countries (Bray 2011; 2021). Since World War II, the Nordic countries have developed strong and well-funded systems of comprehensive public schooling, which command a high degree of support and trust among citizens. In the last couple of decades, however, this situation has begun to change. While still modest by international standards, the shadow education sector has expanded significantly, and all the Nordic countries now have organized and publicly visible markets in shadow education.

These developments are explored in a current special issue of *ECNU Review of Education*. This keynote speech presents the special issue and summarizes its main findings. On the one hand, it delineates the social and political developments, which have facilitated the growth of the industry, as well as similarities and differences between shadow education in the Nordic countries. On the other hand, it discusses possible implications of these developments for the future of Nordic education. Special emphasis will be put here on the Nordic tradition of egalitarianism, which has long served as a bulwark against shadow education as well as other forms of educational privatization. Does the rise of shadow education spell the end of Nordic egalitarianism — or would this be a simplistic conclusion?

Key words: shadow education; Nordic countries; Scandinavia; egalitarianism; homework support

Two-Tier Gifted Selection and Development Systems: Interconnections of Formal and Shadow Gifted Education in South Korea, India and China

János Gordon Györi

Abstract: All over the world in many formal education institutions high-achieving students in academic subjects are selected to a special gifted-education track as a result of a strict identification process, typically as a result of testing. To meet the expectations of the most selective institutions and programs in formal gifted education, the students who want to apply must be prepared for the selection processes also on an exceptionally high level. One option in shadow education is enrichment for the gifted students (Bray, 1999) through preparation for entrance examinations in the most selective tracks in formal education.

In the past decades in certain countries gifted preparation and enrichment programs became so popular in shadow education that a number of highly prestigious and expensive shadow education institutions became partly or fully specialized for this segment of the market (Kim & Jung, 2019; Zhang & Bray, 2018). The demand for these services became so intensive that these shadow education institutions and their specialized gifted-education tracks became as much as or even more selective than formal gifted education institutions and programs. This presentation highlights patterns in South Korea, India and China to show that in the past decades gifted students faced two-tier gifted selection and development systems that made their competition for the highest-quality programs both in shadow and formal education even more fierce. The first selection in these two-tier processes was for shadow education institutions, ahead of formal education, and deeply threatened or even destroyed the fairness and meritocratic values of formal gifted education. After showing some national specificities of this situation, I analyze the roots of the situation and suggest socially-responsible shadow education as a possibility.

Key words: gifted education; shadow education; two-tier gifted selection and development processes

Shadow Education in Latin America: The Case of Brazil

Alexandre Ventura

Abstract: Shadow education is a pervasive phenomenon around the globe, regardless of countries' development levels, cultural differences and politics. As a clear example of globalization which is not orchestrated by any particular force but shaped by a complex array of variables and trends, the private supplementary tutoring landscape is increasingly attracting researchers' attention. Informed by empirical research on shadow education in Brazil, this speech focuses on the characteristics, experiences, and impacts of private supplementary tutoring for students, families, schools, and the Brazilian society. The case of shadow education in Brazil is presented as a proxy in the broad and diverse scenario of Latin America.

Key words: Brazil; shadow education; private tutoring; social inequalities; driving forces

Supplemental Educational Services in the United States and Its Implications for China

Baiwen Peng

Hong Kong Baptist University, Hong Kong, China

Abstract: The Double Reduction Policy implemented in China in 2021 emphasizes the provision of After-School Services (ASS) to address students' diverse educational needs and encourages private providers to supply this service; however, it does not specify any frameworks to regulate these private providers. This lack of regulation raises concerns about jeopardized service quality and unmet policy objectives. To address this issue, this article argues that Supplemental Educational Services (SES) in the US, with its systematic and comprehensive regulatory frameworks, can serve as a valuable reference for building up such frameworks in China. The article first provides background information on SES, and then elaborates on its mechanisms to approve and monitor private providers. Next, it analyzes flaws in these mechanisms and problems in program implementation, followed by discussions of the implications of SES for ASS.

Key words: Supplemental Education Services; After-School Services; private provision; educational policy

In July 2021, the Chinese government issued *Opinions on Further Reducing the Burden of Excessive Homework and Off-Campus Tutoring in Compulsory Education* (i. e., the Double Reduction Policy), a policy which, in addition to imposing restrictions on the tutoring industry, proposes to develop high-quality After-School Services (ASS) that meets the diverse needs of students. It is stipulated that ASS should be normally carried out by teachers affiliated with the school where the service is provided, and various "social resources" (i. e., the private sector) should be mobilized to improve service quality and diversify service content. With regard to "mobilizing social resources", although the government supports the "government and social capital cooperation model" (Chinese Government, 2019), comprehensive mechanisms that regulate activities of private providers in ASS are absent from existing policy frameworks.

To introduce private providers into China's ASS, three questions need to be addressed:

008   校内外协同育人:课程与教学领域的跨界合作

1) what are the standards with which the government procures ASS from private providers? 2) how to ensure the quality of ASS provided by them? 3) how to regulate and monitor these providers? International experience provides references for China to answer these questions and formulate related policies.

Supplemental Educational Services (SES) implemented in the United States is particularly worth learning from. [1] First, SES and ASS are similar in terms of form and nature since both are government-initiated programs that provide supplementary tutoring for students during after-class sessions. [2] Second, SES had comprehensive and detailed regulatory frameworks which shed light on dimensions to be considered in formulating regulations on private providers. Third, since private providers took the lion's share of the SES market, [3] experience from SES provides guidance for regulatory practices. The focus on private provider regulations means that this article does not focus on the entire SES framework, but only its mechanisms of involving private providers.

Some attempts to introduce SES to China are documented in the literature (see Kong, 2010; Zhu & Li, 2005), but data and information used for such introduction are insufficient and out-of-date. For these reasons, existing literature does not provide insights into how SES may inform regulations on private providers in ASS.

This article will first briefly describe the policy background and implementation of SES, and second, provides an in-depth analysis of private-provider related frameworks in SES; then it will discuss problems that occurred in the implementation of the program, and finally suggest ways the Chinese government might consider to draw on resources in the private sector to support ASS.

1. The Background to SES

In the early 21st century, the American public questioned the efficiency and fairness of their national education system and felt that the United States would lose out to other countries in education and other related fields in the long run. To this end, on January 8, 2002, the then

---

① Though SES has been replaced with measures contained in Every Student Succeeds Act (2015) due to insufficient administrative funding and conflicts of interest in its implementation, given its comprehensive frameworks, it has long-standing influences in the US and has served as references to following educational policies. Since its operation has stopped, past tense will be used in the following sections when referring to SES.

② Nevertheless, the two policies have different objectives since the purpose of SES was to improve the performance of disadvantaged students, while ASS aims to reduce students' study burden.

③ According to US Department of Education, the percentage of private providers in SES increased consistently over the years, reaching 88% in 2008 (US Department of Education, 2010).

US President George Bush signed the *No Child Left Behind Act* which amended and updated the *Elementary and Secondary Schools Act* passed in 1965 to address challenges facing the American education system in the new century. Its core goal was to promote the academic development of students and narrow social-class based educational gaps. To achieve this, a number of measures were taken to assist students in schools "in need of rectification".

An important measure in the *No Child Left Behind Act* was SES. It was stated that children from low-income families were eligible to receive SES if their school received Title I funds[①] and the school had not met targets for improving student achievement for three consecutive years (US Department of Education, 2012). SES referred to free and additional learning assistance provided in the form of tutoring or remediation for subjects such as reading, language arts, mathematics, and science (US Department of Education, 2012). The government purchased such services from all kinds of providers[②] including public schools, private schools, local education departments, higher education institutions, religious groups, educational service agencies, community groups, and individuals, and provided it free of charge to eligible low-income students in order to improve their academic performance, thereby promoting social equity. Data show (US Department of Education, 2010) that in the 2006 – 2007 school year, a total of 6.9 million students in the United States were eligible for SES, and the actual number of students who received the service accounted for about 17% of the total. The total expenditure was $375 million, or about $838 per capita, and students enrolled in this program received an average of 30 – 40 hours of SES in a year (Jacobson, 2011).

2. Mechanisms and Management

In 2009, the US Department of Education issued the *Supplemental Educational Services Non-Regulatory Guidance* (hereinafter the "Guidance"), the overall policy framework for SES. State governments were mandated to adapt this framework to their local settings. The Guidance applied to all types of service providers (including commercial tutoring agencies and individuals, a major type of private providers, that dominated the provision of the service), and State Educational Agencies (SEA) were responsible for supervising them. Although Local Educational Agencies (LEA) also participated in the supervision of providers, their main responsibility was to assist in the implementation of the program. The supervision of providers consisted of two parts: approving and monitoring.

---

① Title 1 funds are government grants provided by the Elementary and Secondary Education Act to subsidize educational institutions in poor areas.

② As mentioned above, the reality is that the services were mainly purchased from private providers.

2. 1   Standards for Approving Service Providers

The Guidance provided general and directional guidelines on the approving standards for SES providers, based on which states were required to formulate their own detailed standards. Scoring systems were commonly used across states, and applicants could be approved upon their achievement of required scores. The approving standards included the following five dimensions.

2. 1. 1   Nature of the Provider

The Guidance pointed out that "any public or private (non-profit or for-profit) entity that meets the State's criteria for approval" might become SES providers. Though private providers were by default eligible to become providers, states attached great importance to examining their reputation for approval; specifically, SEAs must examine whether the applicants were once removed from any service provider lists. In addition, the Guidance stipulated that for tutoring agencies with multiple branches, SEAs might require one application from the headquarter only or separate applications from each branch. While some states adopted the former approach, others, such as Connecticut (Connecticut State Department of Education, 2009) and Washington, D. C. (DC Office of the State Superintendent of Education, 2009) required separate applications from branches.

In addition, regarding the nature of the provider, additional regulations could apply. For example, Connecticut required that: 1) online educational institutions cannot become providers; 2) companies that have been disqualified cannot submit applications within three years; 3) approval is valid for 3 years and must be reapplied after expiration; 4) if private providers want to cooperate with other entities to provide the service, in part or in full, such intent must be stated in the application (Connecticut State Department of Education, 2009).

2. 1. 2   Content of Proposed Services

First, the Guidance stated that proposed SES must be "consistent", rather than "identical", with educational plans of LEAs and meet relevant state-level subject content and student academic achievement standards; in addition, applications from potential providers should include a section on which standards were to be met and in what ways.

On state level, standards required to be met vary. For example, Florida used Sunshine State Standards (Florida State Department of Education, 2003), and New Jersey (New Jersey Department of Education, 2005) adopted standards related to mathematics and language arts in the New Jersey Core Curriculum Content Standards. These standards mainly related to the monitoring and reporting of students' learning progress, learning plans and schedules, and personalized education experience.

Second, the content of proposed SES must not be religious or ideological and must be politically neutral. States usually did not go into finer details in this regard, requiring applicants to state how their programs could meet these requirements only. Some states had finer regulations. For example, Florida imposed such requirements on teaching materials from the Internet (Florida State Department of Education, 2003).

2.1.3 Effectiveness of Services

The Guidance emphasized that qualified SES providers must have sufficient evidence that they were effective in improving student achievements while meeting applicable state academic content and student achievement standards.

The Guidance suggested diverse methods that SEAs could use to measure such effectiveness, including third-party research reports, parent feedback, and results of various exams, and it was SEAs' responsibility to choose one (or more) that fit their circumstances.

Methods used by the states varied. Results produced by independent research institutions were commonly believed to be the best evidence for the effectiveness of the service. In addition to test scores as a conventional indicator of academic achievements, some states considered attendance rate, repetition/promotion rate, graduation rate, as well as feedback from parents as indicators, and paid special attention to changes in the academic performance of students with special needs. Besides, some states required additional documents as support for high-quality service. For example, Connecticut State Department of Education (2009) asked for information of the publisher of used teaching materials and required a sample lesson plan for Year-1 students; Washington D. C. Office of the State Superintendent of Education (2009) stipulated that submitted sample lesson plans must be for a one-hour class.

In cases where applicants were newly established institutions and there was no data on their past performance, the Guidance stated that SEAs had the power to determine how the applicants could meet relevant requirements. Office of the State Superintendent of Education (2009), for example, required applicants in Washington D. C. to estimate the effectiveness of services and demonstrate that such calculations were well grounded.

2.1.4 Financial Status

Since SES providers were required to pay all kinds of expenses first (such as staff salaries) and receive reimbursement from the government later, these providers must have sufficient financial reserves. The Guidance stated that states should establish their own standards for financial soundness and recommended that states use audited financial statements as evidence of financial soundness and conduct on-site inspection to verify the accuracy of information submitted by applicants.

Standards for financial soundness varied from state to state, and priorities were commonly given to the following: existing assets of applicants, income and liabilities, financial statements, third-party credit ratings, and tax returns. Evidence required by Washington, D. C., for instance, included federal and state tax returns for the past two years and at least one of the following documents: audited financial statements from the last two years, credit ratings from independent rating agencies, statements from large financial institutions (DC Office of the State Superintendent of Education, 2009).

2.1.5 Other Standards: Safety, Hygiene, and Civil Rights

Civil rights laws that SES providers must comply with included *Americans with Disabilities Act* (1990) and *Civil Rights Act* (1964). The former prohibits providers from not offering services to students with disabilities on grounds of lack of auxiliary facilities and ensures that students with disabilities are not discriminated against over the course of the service. The latter applies to institutions employing 15 or more employees, requiring no discrimination in employment on the basis of race, color, religion, sex or nationality.

Safety and hygiene standards varied from state to state, too. Washington, D. C. required applicants to provide a signed letter of assurance, a Revenue Tax Certification Affidavit, a copy of Adequate Liability Insurance, and documentation of complaints related to past activities (DC Office of the State Superintendent of Education, 2009). Florida required to review criminal records of all staff who would have direct contact with students, employed hygiene and safety measures, and relevant licenses (Florida State Department of Education, 2003). Connecticut required applicants to provide a hygiene and safety-related permit that stated no safety ordinances had been violated in the past three years, and a description of the physical environment where the service was provided (Connecticut State Department of Education, 2009).

2.2 Monitoring Mechanisms

Monitoring mechanisms for SES providers consisted of two parts: regulations and measures. Regulations summarize regulatory priorities, rules and standards set by the federal government and SEAs, and measures include activities initiated by SEAs after providers have violated regulations or failed to meet standards.

2.2.1 Regulations

The Guidance stated that SEAs must monitor the quality and effectiveness of SES (i. e., whether the service could improve student achievements), and formulate and publish specific standards and rules. They must also publish the results of supervision of providers. When developing standards and rules, SEAs were required to consider at least the following four points:

1) Whether the services were consistent with the requirements and content required by SEAs and LEAs.

2) Whether individual learning needs of students were met. For example, SEAs needed to scrutinize participation in the service of various types of students, including those with disabilities and non-native English speakers.

3) Whether the service helped to improve students' academic performance. The Guidance stated that SEAs might use state-level, district-level, or provider-produced tests as measures of student achievements, with reference to feedback of students' parents (written statements or questionnaire results).

4) Compliance with relevant subject content and student academic achievement standards.

The above major considerations were developed into detailed requirements and standards by states as described below.

A few states had streamlined regulatory mechanisms and required few materials. For example, Nebraska Department of Education (2009) simply required providers, LEAs and parents to fill out the Educational Services Questionnaire to learn about the specifics of implementation, and field visits to providers were merely occasional.

On the other hand, most states developed detailed regulations and standards, the breadth and sophistication of which exceeded that of the Guidance. For example, a summary by Colasanti (2007) showed that Georgia proposed a total of 44 standards in five categories, covering document verification (6 standards), service policies and procedures (13 standards), personnel qualifications (5 standards), instructional planning (16 standards), and teaching environment (4 standards). One point was awarded each time a standard was met. If the score of a provider exceeded 80% of the total, the provider was considered to have passed the monitoring. However, in this case, rectification was still required for unmet standards. In addition, some states had special requirements. For example, Washington, D. C. required online tutoring agencies to propose an alternative to field visits for real-time oversight by relevant authorities (such as access to online classrooms) and did not allow providers to change teaching content — if changes were indeed needed, providers must resubmit applications (DC Office of the State Superintendent of Education, 2009).

Reviewing so many indicators and requirements meant that authorities needed a variety of materials. These materials could come from providers and LEAs or could be first-hand data collected by SEAs. For instance, DC Office of the State Superintendent of Education (2009) which oversaw SES in Washington, D. C. monitored providers through 1) information related to SES in the Quarterly Report of Title I Funds by LEAs; 2) provider self-assessment results; 3) scores of state-wide tests from students receiving SES; 4) interim reports submitted by providers; 5) on-site supervisory reports; 6) SES incident/safety reports; 7) provider-specific annual reports from LEAs.

In addition to the above-mentioned regulatory details, the Guidance stated the following regulations for SES providers:

1) Student enrollment. SEAs could develop policies to regulate student enrollment approaches by providers. For example, providers could be permitted or prohibited to enroll students using financial incentives or gifts.

2) Unacceptable business practices. SEAs should ensure that providers do not engage in unfair or illegal business practices. These activities included providers offering kickbacks to school principals and others, and false advertising, to name but a few. In addition, regional officials were not allowed to give providers unfair opportunities for student enrollment and publicity.

3) Fees. SEAs could choose to manage fees charged by providers by regulating the content of SES courses. The purpose of this was to avoid providers charging too much or too little tuition.

4) Service consistency. Providers must continue to provide services to eligible students until the end of the school year.

5) Summer sessions. Providers were permitted to provide services during summers.

6) Services for students who did not participate in SES. Providers could concurrently teach students who did not participate in SES and those who opted in as long as the content and form of the services remained the same as that stated in the application.

2.2.2 Regulatory Measures: Rectification, Disqualification, and Appeal

The Guidance made it clear that SEAs must disqualify a provider if it had failed to promote student learning to the relevant state standards for two consecutive years. In addition to this mandate, providers could be disqualified for their failure to provide services that met health, safety, and civil rights standards, or to meet any other normative or statutory requirements. These regulations were developed, promulgated, and enforced by states, and varied in breadth and intensity.

Under the framework proposed by the Guidance, apart from failing to effectively improve student achievements, states' disqualification standards included the following: 1) the provision of services did not meet relevant health, safety and civil rights standards; 2) the provision of service did not meet relevant teaching standards; 3) violations of any federal, state regulations and policies; 4) failure to comply with signed provider commitments, terms of service, or failure to meet corresponding responsibilities.

Some states went so far as to directly disqualify providers on account of violations of any one of the regulations. For example, Florida emphasized that failure to provide services in an appropriate manner would result in the provider being removed directly from the Florida Department of Education's List of Approved Program and Course Providers (Florida State Department of Education, 2003). Nebraska noted that failure to fulfill provider responsibilities could result in immediate disqualification (Nebraska Department of Education, 2009). On the other hand, in some states, providers were given the opportunity for rectification. For example, in Arkansas, providers that violated the rules might be given the opportunity to start a period of probation (Arkansas Department of Education, 2012). Washington, D. C. required providers with problems or violations to submit rectification reports before a new round of oversight (DC Office of the State Superintendent of Education, 2009).

In addition, some states had appeal mechanisms. For example, Nebraska allowed disqualified providers to appeal through a process set forth in a state document (Nebraska Department of Education, 1997); Washington, D. C. stated that all appeals must be received within 10 days upon written notice of revoked approval, and that electronic appeals were not accepted (DC Office of the State Superintendent of Education, 2009).

3. Problems

Although SES frameworks had detailed approving standards and monitoring mechanisms, various problems occurred in the process of implementation. A comprehensive literature review that covers government reports, news reports, and research papers shows the following major problems.

3.1 Difficulties with Evaluating Services

As noted above, states were allowed to have great flexibility and autonomy in evaluating SES effectiveness — they could develop standards for student achievement improvements as well as evaluative methods on their own. This, however, caused great trouble to SEAs and LEAs because they in most cases did not know how to formulate such standards and rules. A study by the US Government Accountability Agency (2006) found that 85 percent of states needed specific evaluative measures from the federal government; more than three-quarters of states admitted that they struggled to determine whether students were making learning progress; they also did not have the time and ability to analyze data from SES or know how to design data systems to track student progress. The study further noted that while several states completed assessments of services, none made a conclusive judgment on service effectiveness. Due to lack of federal support in this regard, states often turned to other states and organizations (including providers) for help. For instance, Maryland asked providers to submit "self-evaluations" as the basis for evaluation (Jacobson, 2011).

3.2 Disqualification Not at Work

Services effectiveness was a major indicator of provider performance, and SEAs were supposed to primarily refer to it to disqualify providers that delivered unsatisfactory results. Since SEAs found it difficult to evaluation such effectiveness, they were not able to disqualify providers on firm grounds. As a result, few providers were disqualified. A study by the US Department of Education (2010) showed that from 2005 to 2007, only about 1% of providers were disqualified.

3.3 Insufficient Government Funds and Manpower

Because funds for SES could not be used to pay for administrative costs required for supervision, supervisory work lacked financial support. A report by US Government Accountability Agency (2006) showed that typically, only one person at each level of government was responsible for coordinating SES, and that person could also be responsible for other programs. In addition, on-site inspection of providers required a great deal of financial resources (for example, in Maryland, collecting data on student attendance rates at SES courses alone cost $166,800 in the 2010 – 2011 school year, according to an Abell Foundation article, see Jacobson, 2011),and thanks to limited funding, such work was slow in progress.

3.4 Uneven Distribution of Service Providers

Cities had a large number of SES providers while rural areas had a shortage of the supply. As a result, rural students found it difficult to access SES (Mesecar, 2015). In addition, the SES market was dominated by several large private providers, while small and medium-sized ones struggled to survive (Burch, Steinberg, & Donovan, 2007).

3.5 Loopholes in the Reimbursement System

The reimbursement system for SES did not include a mechanism for verifying hours of lessons actually delivered by providers, nor did it specify consequences if providers fabricated data. As a result, some providers defrauded the government of payment. A New York Times article claimed that Princeton Review, one of the nation's largest tutoring chains, had lied about the number of lesson hours it offered and took millions of dollars deceitfully (Preston, 2012). The FBI (2017) also reported a case where a tutoring agency defrauded of tens of millions of dollars.

4. Implications for Involving Private Providers in ASS

First, it is necessary to build comprehensive operational and regulatory frameworks that mandate standards and paths for private providers to enter the ASS system. The frameworks should make clear responsibilities of government departments at all levels. As far as SES is concerned, SEAs were responsible for approving and monitoring, and LEAs were responsible for connecting with providers to ensure the smooth implementation of services (as shown in Figure 1). ①

Second, supervising private providers may consist of two components: approving and monitoring. Standards for approval may include the nature of providers, service content, service effectiveness, financial status of providers, safety, and sanitation licenses; proposed service content and effectiveness should be supported by independent research. A scoring mechanism may be used in which each standard is given a certain weight (i. e., scores in proportion to its importance); each potential provider is scored, and approval is granted upon achievement of required scores.

Monitoring frameworks should contain unambiguous evaluative standards, requirements for meeting the standards, and consequences of failing to meet the standards. Monitoring can be carried out by reviewing reports and on-site investigations. Opinions of multiple parties (i. e., students, parents, teachers, providers) are essential, and a multi-level action framework (e. g., disqualification, probation period, further evidence collection) for providers that either violate regulations or do not meet standards is vital in addition to an appeal system.

Although the US had comprehensive frameworks for regulating private providers in SES, there were still many problems (as mentioned above) in its implementation. These problems are worthy of deliberation and lessons can be learned.

There are two major causes of the problems. First, although the frameworks were detailed, some measures could not be implemented due to lack of funds and inexperience. For

---

① But some studies have found that, because SEAs did not monitor providers closely, often LEAs took over the responsibility. This responsibility of LEAs is not clearly stated in the Guidance, so it is not indicated here.

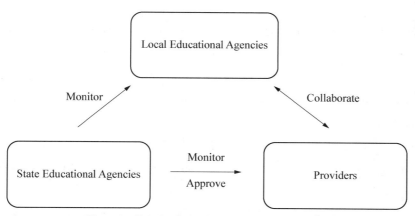

Figure 1   Relationships: SEAs, LEAs and providers

example, the federal government allowed states to develop a mechanism for evaluating the effectiveness of the service but did not take into account whether SEAs had sufficient capacity, experience and funds to undertake this task. As a result, this autonomy became a burden, and SEAs could not disqualify providers in a timely manner. Second, there were loopholes in the frameworks. Given lack of consideration for regional distribution of SES providers, students in rural areas had difficulty accessing SES. Also, lack of restrictions on large tutoring agencies led to their monopoly of the market, squeezing out small and medium-sized providers. Besides, loopholes in the reimbursement system bred defrauding and corruption.

Last but not least, the US experience informs discussions of the following issues that are critical to effective implementation of ASS in China:

1) "One school, One case" ("一校一案"): While giving schools the autonomy to develop their own ASS packages, the government should consider whether schools (especially rural ones) have the ability to formulate viable and effective ASS plans.

2) While subsidies are provided for ASS personnel, how to ensure that government supervisors have sufficient funds and resources?

3) Is ASS capable of providing necessary support for students with special educational needs (such as disabilities)?

4) How to mobilize students (especially those in rural areas) to participate in ASS? Is it plausible to use incentives?

5) How to mobilize teachers to conduct ASS well? Is there any evaluative mechanism?

6) How to monitor the content of ASS? How to prevent teachers from devoting all their time in ASS to academic tutoring rather than fostering whole-person development?

References

[1] Arkansas Department of Education. (2012). *Rules governing supplemental educational service providers*.

[2] Chinese Government. (2019). *Opinions of the Ministry of Finance on developing the government and social capital cooperation model*. Retrieved from http://www.gov.cn/xinwen/2019-03/10/content_5372559.htm.

[3] Burch, P., Steinberg, M., & Donovan, J. (2007). *Supplemental Educational Services and NCLB: Policy assumptions, market practices, emerging issues*. Educational Evaluation and Policy Analysis, 29(2), 115 – 133.

[4] Connecticut State Department of Education. (2009). *Providers of supplemental educational services (SES) 2009 – 2010*. Retrieved from https://portal.ct.gov/-/media/SDE/RFP/ed611_sesapplication0910.doc.

[5] Colasanti, M. (2007). *Examples of state monitoring and evaluation of supplemental educational service providers*. Retrieved from http://www.ecs.org/clearinghouse/76/45/7645.pdf.

[6] DC Office of the State Superintendent of Education (2009). *Supplemental educational services providers program for SY: 2009 – 2010*. Retrieved from https://osse.dc.gov/sites/default/files/dc/sites/osse/release_content/attachments/16401/DC_OSSE_SES_RFA_2009_2010_Apr_7_09.pdf.

[7] FBI. (2017). *Father/son tutoring company executives sentenced for fraud*. Retrieved from https://www.fbi.gov/news/stories/father-and-son-sentenced-in-tutoring-services-fraud-scheme.

[8] Florida State Department of Education. (2003). *Florida supplemental educational services application package*. Retrieved from https://info.fldoe.org/docushare/dsweb/Get/Document-1631/AppPkg.pdf.

[9] Jacobson, J. (2011). *Sending out an S.O.S. for SES*. The Abell Report, 24(5), 1 – 16. Retrieved from https://abell.org/wp-content/uploads/2022/02/arn911.pdf.
Kong, L. (2010). *Both equity and efficiency: Review of Supplemental Educational Services*. Comparative Education Review, (9), 48 – 52 (in Chinese).

[10] Mesecar, D. (2015). *The rise and fall of supplemental educational services: Policy implications for government markets*. Retrieved from https://www.aei.org/wp-content/uploads/2015/01/The-Rise-and-Fall-of-Supplemental-Educational-Services.pdf.

[11] Nebraska Department of Education. (1997). *Rules of practice and procedure for hearings in contested cases before the Department*.

[12] Nebraska Department of Education. (2009). *Supplemental educational services toolkit for*

Nebraska schools, districts, and providers. Retrieved from https://www. education. ne. gov/wp-content/uploads/2017/07/Nebraska-SES-Toolkit-. pdf.

New Jersey Department of Education. (2005). *Supplemental Educational Services providers for New Jersey.* Retrieved from https://www. nj. gov/education/title1/archive/program/ss/rfp. doc.

[13] Preston, J. (2012, May 1). *Princeton Review accused of fraud in tutoring services.* The New York Times. https://www. nytimes. com/2012/05/02/nyregion/princeton-review-accused-of-fraud-in-tutoring-program. html.

[14] US Department of Education. (2010). *State and local implementation of the No Child Left Behind Act Volume VII—Title I school choice and supplemental educational services: Final report.* Retrieved from https://files. eric. ed. gov/fulltext/ED508912. pdf.

[15] US Department of Education. (2012). *Description of supplemental educational services.* Retrieved from https://www2. ed. gov/nclb/choice/help/ses/description. html.

[16] US Government Accountability Agency. (2006). *Education actions needed to improve local implementation and state evaluation of Supplemental Educational Services.* Retrieved from https://www. gao. gov/products/gao-06-758.

[17] Zhu, R., & Li, S. (2005). *Supplemental Educational Services under NCLB.* Studies in Foreign Education, 32(2), 73 - 76 (in Chinese).

校内外多维协同：干预性幼儿心理健康教育的实践探索

宋 克

【摘要】近年来，儿童的心理健康问题引起了社会的广泛关注。干预性课程模块是为有特殊心理需求的儿童设计的个别化课程教学活动，主要通过医教结合、家园合作、内外协同和影普共教等多维度的校内外协同，有效解决幼儿心理健康行为问题，促进幼儿健全人格的形成。

【关键词】心理健康教育；干预性课程；幼儿园；校内外协同育人

【作者简介】宋克/深圳幼儿园园长

Multidimensional Collaboration Inside and Outside Schools: Practical Exploration of Interventional Education for Children's Mental Health

SONG Ke

Abstract: In recent years, the mental health of children has aroused widespread attention in society. Interventional curriculum module is an individualized curriculum teaching activity designed for children with special psychological needs. It mainly solves the problem of children's mental health behavior and promotes the formation of children's healthy personality through the combination of medicine and education, home-kindergarten cooperation, internal and external coordination and one-to-one teaching and general teaching coordination.

Key words: mental health education; intervention courses; preschool education; collaborative education inside and outside schools

大量心理健康方面的研究表明，成年人不健全的心理问题其实与幼儿期的发展经历息息相关，因而及时在幼儿阶段发现儿童的行为问题并且进行干预，可以较为有效地改善幼儿的不良行为。我园针对儿童的特殊心理需要设置"干预性课程模块"，通过医教结合、家园合作和影子教师介入等多个方面的校内外协同育人策略，形成一案一例的课程活动设计，帮助每个儿童治愈或缓解心理问题，更好地促进幼儿健全人格的形成。

一、医教结合：幼儿心理健康的协同筛查分析

心理健康筛查是通过科学的心理测量方法，对受检者的心理健康状况及心理素质进行评估的一种行为，主要是科学有效识别幼儿的心理行为问题，实现早预防、早发现、早治疗。为精准了解幼儿可能存在的心理健康行为问题，我园引入医院专业力量协同开展筛查分析，建立有特殊需要的儿童跟踪档案。

（一）开展专项初步筛查

在深圳市妇幼保健院儿童心理科的指导和帮助下，运用"幼儿心理问题筛查表""儿童发育筛查问卷表"等专业工具，每年定期为全体幼儿开展心理健康筛查，儿童心理科的医生根据幼儿的量表和数据结果，对幼儿的身心发展状况进行分析，初步筛查出有特殊需要的幼儿。

（二）确定幼儿心理行为问题

教师根据心理健康筛查结果，针对有特殊需要的幼儿和园内心理老师共同探讨，进一步进行客观的观察和记录，收集更多关于行为问题的信息和数据。如问题行为发生的时间、地点、频次、原因以及具体表现等，探索问题成因，作为日后建档和制定干预计划的参考，便于进行干预过程的数据分析比对。

（三）建立心理健康档案

在心理健康筛查和有针对性观察记录基础上，为有特殊需要的幼儿建立专属于个人的心理健康跟踪档案，内容包括幼儿的基本情况、心理筛查结果、行为问题描述、成因分析、行为问题观察记录、个人干预方案、干预过程记录、干预效果及反思等。

二、家园合作：幼儿心理健康的干预方案制定

有特殊心理需求的幼儿，其心理问题的形成往往和其原生家庭相关，家庭成员结构、家庭环境、教养方式、养育者自身素养等对幼儿的影响都起着至关重要的作用。开展干预性课程要从幼儿的家庭基本情况出发，了解幼儿的生长环境、养育特点、教养方式等信息；在此基础上，家园携手互助，及时调整家庭不合理的教养方式，帮助家长形成科学的育儿观念，才能从根源上减少或者消除诱发幼儿心理行为问题的因素，达到改善幼儿心理行为问题及促进发展的目标。

（一）建立良好家园关系

为了对有特殊需要的幼儿进行有针对性的干预，必须了解幼儿的出生及成长背景情况，这是制定干预方案的第一步。在了解背景情况之前，教师要和家长建立良好的关系，相互尊重，彼此信任，在此基础上进行深入沟通才会取得更好的效果。其中，教师需要了解的相关背景包括：幼儿家族的疾病遗传情况、母亲的孕产期情况、幼儿的家庭结构、教养方式以及成长过程中的重大疾病和重大事件等。

（二）背景与成因分析

教师和家长进行深入沟通，了解幼儿背景情况并进行分析，一般影响幼儿行为问题的成因主要有以下三个方面：生物因素、环境因素以及幼儿的个体因素。生物因素包括家族基因遗传和生理因素，如幼儿家族是否存在某些遗传疾病；幼儿出生是顺产还是剖腹产，有无脑损伤；是否有身体缺陷或者重大疾病导致的身体异常；体内微量元素是否失衡等。如果幼儿生物因素没有异常，那就要综合考虑环境因素，如幼儿的家庭结构、家庭成员、主要带养人是谁、成员之间的关系是否和谐；家庭教养方式是否科学合理；幼儿的亲子依恋关系如何等。还要考虑幼儿的个体因素，如幼儿的气质特点、心理弹性、面对困难的应对方式等。

（三）制定干预方案

发现幼儿的问题成因，教师和家长共同根据成因制定有针对性的干预方案。干预方案包括如下内容：一是具体的行为描述，教师用白描的语言阐述幼儿出现问题行为时的具体表现；二是成因分析，详细分析导致幼儿出现行为问题的各种因素；三是目标设定，在着手处理幼儿的行为问题之前教师设定一个目标，可以帮助教师评估幼儿行为问题改变的进程。在目标设定上，要考虑阶段性和连续性，阶段内完成之后再根据幼儿的情况设置下一阶段的目标。既要考虑目标的难易程度，目标控制在幼儿通过一定的努力可以达到的范围之内；还要考虑目标针对的个体因素，根据不同的个体因素设置目标的内容。

三、内外协同：多元干预方式的选择运用

根据幼儿的行为问题，可以通过幼儿园、家长和社区、医院的多元合作，针对幼儿的特殊心理需要来选择和运用不同的方式方法进行干预。

（一）家园合力改善幼儿成长环境

家庭是幼儿人生中的第一所学校，对幼儿成长的影响是至关重要的，这种影响尤其体现在幼儿时期。家庭环境、氛围、成员、结构、教养方式等都对幼儿的心理健康有着密切的关系。如果把家庭比喻成一棵树，幼儿就是这棵大树上的枝叶。枝叶是否健康，取决于大树的根系是否健康。在开展干预课程的时候，幼儿园应运用家庭咨询的方法和家庭建立良好关系、保持密切沟通，合力改善幼儿身心成长的环境，解决幼儿心理健康行为问题。一是为幼儿创造自由探索的环境。幼儿成长之初，对外在的人事物无不充满好奇和探索，在保障孩子安全的前提下，引导幼儿主动积极探索世界，孩子在亲身尝试、主动探索、实际操作中建构属于自己的独有经验，以此获得心理的充分发展。二是营造和谐稳定的身心发展环境。营造良好友爱的家庭、园所氛围，是孩子身心得以健康发展最重要的基石，尤其在幼儿三岁之前与父母建立的安全依恋模式。我们的研究发现，有着特殊需求的幼儿，特别是社会发展、适应性不良的幼儿，往往与之在成长之初未能与父母建构良好的安全依恋模式息息相关。因此，幼儿入园后家园要紧密

协作驱动,营造和谐、积极、稳定的幼儿身心发展环境。三是提供丰富的人际互动交往环境。原生家庭的人际互动模式以及以此引入的社会性交往是幼儿入园后独自建立自我人际关系发展模式的雏形,在家庭教养中让幼儿处于丰富、积极、健康的人际环境中,幼儿的语言表达能力、沟通共情能力、合作发展能力都会得到很好的成长和发展。幼儿进入园所后,在丰富的人际交互环境中,能够不断获得良好的社会性发展,以此延展到园所之外的人际交往互动。比如在幼儿离园后,组织同学家庭间、小区内的多元人际交往环境,助推孩子的社会性发展。

(二) 以游戏辅导改善幼儿情绪问题

弗洛伊德认为,游戏是宣泄被抑制的消极情感的必要渠道。皮亚杰认为,游戏是情感和认知发展的必要过程。幼儿园教师与心理专家合作为特殊需要的幼儿营造温暖、安全、真诚、接纳、共情的环境,这样的环境适合对幼儿进行中心游戏咨询,能够让其体验积极友好情绪,提升认知和情感发展,培养适宜情绪表达。如:为有特殊需要的幼儿专门设置游戏室,包括投放娃娃、木偶、厨具玩具等表现现实生活的玩具;沙袋、玩具刀、枪等表现攻击性的玩具;水、沙子、砖块等创造性的玩具,让幼儿在游戏中体验发泄、抒发内心的不良情绪,表达自己的心理情感。

(三) 以正向行为支持纠正幼儿行为问题

正向行为支持是运用行为矫正等多种干预方法的一门综合技术,包括环境策略、预防策略、教学策略、后果策略等。[1]一是环境策略。主要由改变事件的环境入手,例如当有特殊需要的幼儿进入陌生环境时,提前准备好孩子喜欢的玩具和图书作为好行为的强化和鼓励,通过提高环境质量刺激幼儿的正向行为。二是预防策略。主要运用不同的策略防范问题行为的发生,有视觉策略、提供选择、简化指导语、设计难易结合的任务等。如为孩子准备一日行程图片卡,让孩子能预测到即将会发生的事,从而降低焦虑感,减少因活动转换而可能发生的问题行为,这种干预行为就是运用了视觉策略。再如提供选择就是给孩子多个选择,减少他拒绝参与活动的行为,如当孩子不喜欢洗手时,教师可以问孩子:"你想到小象水龙头下洗手还是想到小猴水龙头下洗手。"三是教学策略。主要可以采用教授正面替代行为的方法。如根据孩子的行为问题程度,以及儿童行为想表达的目的,教他们使用口语、手语或图片等适当的沟通方式,来取代不恰当的用以满足需求的问题行为。四是后果策略。主要以正面的后果来奖励我们期望的目标行为。例如当孩子争抢玩具时,先耐心等待孩子平静,再提醒孩子用语言或其他适宜的方法沟通,一旦孩子有积极沟通的表现,就可以马上给予奖励。

四、影普共教:校内校外教师的协同育人

在面对特殊需求幼儿的不同情况时,常常会遇到一些实际困难。如行为及适应性问题比较严重的幼儿(如自闭症儿童、多动症儿童、全面发育迟缓儿童等)、器质性障碍问题无法适应普通教育环境的幼儿、情绪爆发及攻击行为异常激烈的幼儿,对于幼儿园普教老师是一个巨大的挑战,很多时候难以有效落实干预性课程。因此,幼儿园可以和校外特教机构进行合作,引入"影子老师"与普通教师一起开展幼儿心理健康行为问题干预。

(一)影子老师的内涵与职责

影子老师也叫陪读老师、辅助老师或者教学助理,是陪同特殊需要的幼儿共同在普通教育机构进行随班就读学习和生活,帮助特殊需要幼儿融入普通教育环境,并且如影随形地提供针对性支持的专业老师。影子老师首先要配合幼儿园,共同为特殊需要的幼儿创设良好的氛围和融合环境;同时还需要通过自己的专业知识和技能,帮助特殊需要幼儿减少行为问题,提高自我管理、情绪管理、社会交往等方面的能力。需要注意的是,影子老师对幼儿的帮助和引导应该是以促进融合为目的,帮助幼儿适应普通教育环境。因此,影子老师需要在不干扰幼儿园正常教学秩序的环境中开展干预工作,而不是将特教机构的训练搬至普教环境中,更不是对幼儿进行过度保护,剥夺其参与集体活动的机会,或者为了不打扰同伴而减少甚至禁止其和同伴进行交往的隔离型教育。

(二)影普老师的入园融合

影子老师是普教老师的辅助者,既能有针对性地干预有特殊需要的幼儿,又不影响普教老师的正常教学,帮助普教老师完成为特殊需要幼儿提供学习和成长的支持。影子老师入园开展协同育人主要有两种路径:一是结合妇幼保健院医生心理筛查结果以及普教老师的在园观察记录、在园心理老师的综合评估,经过和家长的沟通,转介医院相关专科再次进行专业评估和诊断,家长到校外专业特教机构聘请影子老师。二是幼儿在入园前期已经确诊存在较为严重的行为问题,并且已经在特教机构进行干预和治疗,经园方评估和观察,需要影子老师陪同的,可以请影子老师入园协助。

(三)影普老师的共识达成

影子老师和普教老师通过相互了解,熟悉彼此的工作内容和流程。影子老师还要熟悉和了解特殊需要幼儿在园的一日生活流程、教育教学情况以及班级内部情况,进而达成教育共识、理念共识以及干预共识。一是清晰问题。幼儿园进行特殊需要幼儿教育计划讨论会,听取测评人员和在园心理老师对个案的观察评估报告,结合近期普教老师和影子老师对个案的观察记录,影子老师和普教老师清晰该幼儿的行为问题和表现。二是目标设定。包括阶段性目标和长期目标。体现幼儿当前需要改善的情况及经过干预需要达到的目标,时间可以是一周或者一个月,同时根据阶段性目标设置连续性目标,时间可以是三个月或者一个学期。三是干预方法。体现在教育教学方面,普教老师可以在班级普通幼儿的教学基础之上进行调整,为特殊需要幼儿设置该幼儿可接受范围内的教育教学计划;体现在行为干预上,可以采用辅助、强化、纠正等方法进行干预。三是诊断评量。完成阶段目标之后,普教老师和影子老师以及幼儿园心理老师三方需要共同完成对幼儿的阶段性诊断评量,评估干预效果,发现问题,调整下一阶段目标。四是调整计划。根据上一阶段干预效果进行计划调整,制定当前阶段更符合特殊需要幼儿的干预和发展目标。五是校外延伸。影子老师结合特殊需要幼儿在园干预情况,考虑是否将幼儿在园干预行为延伸到校外机构,发挥校内校外协同育人。

(四)影普老师的干预策略

一是建立积极行为支持系统。普教老师和影子老师为特殊需要幼儿建立积极行为支持系统。普教老师主要负责营造温暖接纳的氛围、设计教案时纳入特殊儿童个别化教育目标、考虑座位安排,以及不让特殊儿童过分依赖影子老师。影子老师则主要通过重新安排环境减少行为问题的背景因素和增加引发积极行为的前事、以积极有效的行为取代行为问题,以及针对个体生态环境做改善,增加选择和控制的机会。二是以特殊需要幼儿的原有知识经验为基础形成生态学习体系,进行教学调整。针对不同的幼儿,不同的行为问题以及不同的程度采取不同的策略;根据不同的需求,将幼儿的学习目标进行分解,从基点目标出发,逐步提高;发挥同伴支持的示范作用,普通学生是特殊需要学生在班级中最大的支持来源。三是诊断评量,调整计划。在特殊需要幼儿干预的过程中,普教老师和影子老师要根据观察及幼儿的表现,利用评量表进行阶段性评量,依据评量表进行综合分析,进行下一阶段目标和计划的调整。

(五)影普老师的校外延伸

影子老师和普教老师在校内能够达成共识、开展合作,完成对特殊需要幼儿的干预,但是,由于环境或者资源的限制,部分目标可能无法在园内较好地完成。此时需要充分发挥影子老师在校外机构的力量:当幼儿在校外机构中进行干预时,影子老师可以根据该幼儿的发展目标,在机构中采用合适的方式进行干预,充分发挥校内校外共同合作的力量。

干预性课程活动的实施极大程度地提升了幼儿心理健康教育水平,心理及行为有偏差的幼儿,如部分自闭症幼儿、语言发育迟缓幼儿、多动行为幼儿得到了有效的干预,行为问题症状大幅度减轻和消退。当然,如何与教育业务部门、专业研究机构建立长效合作,研究建立多元化的儿童心理健康评测体系,并形成向上追踪特殊心理需求幼儿的发展评价方式,从而更加精准和持续地提升幼儿的心理健康水平,是需要我们进一步思考和探索的重要命题。

参考文献

[1] 陆艳,谭浪.正向行为支持对自闭症儿童攻击行为干预的作用[J].教育教学论坛,2017(10):96—97.

课外补习的麦当劳化：
教学标准化及其对补习讲师的影响

潘冬冬

【摘要】本研究以麦当劳化为理论视角，采用质性研究取向，主要通过对补习讲师、补习机构管理者和家长的半结构式访谈收集数据，探讨课外补习中的教学标准化改革及其对补习讲师的影响。研究发现基于降低成本、保证质量、提高效率和增强可控性的考虑，课外补习呈现出日益明显的麦当劳化的特征。随着课外补习中教学标准化的推进，补习讲师作为教育教学专业人员的核心要素——教学自主性被逐渐压缩，越来越呈现出速成化、同质化、平台化以及去技能化的特征。这与新自由主义改革对学校教育和教师的影响具有很大的相似性和一致性。在未来，如何保护补习讲师的合法权益，逐步推进补习讲师职业的专业化，将是一个值得继续探讨和研究的问题。

【关键词】课外补习；麦当劳化；标准化；教学自主性
【作者简介】潘冬冬/上海师范大学教育学院讲师

The McDonaldization of Private Tutoring：
The Standardization of Teaching and its Impacts on Tutors

PAN Dongdong

Abstract: This study takes McDonaldization as the theoretical perspective to explore the reform of teaching standardization in private tutoring and its impacts on tutors. It adopts a qualitative approach and mainly collects data through semi-structured interviews with tutors, tutorial center managers, and parents. The study finds that based on the consideration of reducing costs, ensuring quality, improving efficiency, and enhancing controllability, private tutoring has shown increasingly apparent characteristics of McDonaldization. The advancement of standardization of teaching in tutorial centers has gradually reduced tutors' teaching autonomy, which is the core element of tutors as professionals, making tutors more and more characterized by rapidity, homogeneity, platform reliance, and de-skilling. This is very similar and consistent with the impacts of neoliberal reform on school education and teachers. In the future, how to protect the legal rights of tutors and gradually promote the professionalization of tutors will be issues worthy of continued discussion and research.

Key words: private tutoring; McDonaldization; standardization; teaching autonomy

一、问题提出

2019 年 1 月,中国某知名补习机构总裁,连发五封邮件给所有高管,问责内部管理问题。在该邮件中,总裁提到了三个核心问题,分别为:三化改革、人才建设、组织建设。在总裁看来,这是该机构最迫在眉睫的事情,其中三化改革又是重中之重。所谓三化改革,是指标准化、流程化和系统化改革。[1] 三化改革中,标准化又是首当其冲的。标准化改革既包括管理的标准化,也包括教学的标准化。二者之中,教学的标准化所占的分量又更重。作为一种市场导向、基于市场逻辑组织与运转的教育教学机构,补习机构为何要推动教学的标准化?

研究方面,目前关于课外补习的研究主要聚焦于以下几个主题:课外补习的参与情况、课外补习的影响效应、政府的监管与应对政策等。然而,无论是参与情况、影响效应还是政府政策,关注点都侧重于课外补习的需求端,而非课外补习的供给端。但是正如作为主流教育供给端的学校教育中的课程与教学是教育研究的重要主题和内容,作为影子教育供给端的课外补习中的课程与教学同样值得重视。目前,已有研究者开始对补习机构中的课程进行关注和探讨,[2] 然而,这种探讨仍然是远远不够的。

在课外补习参与率高与影响甚广的中国,对于课外补习中的课程与教学的探讨无疑具有更加重要的意义。补习机构为何要开展教学的标准化改革、推动教学的标准化?不同机构、不同补习类型、不同科目之间在教学的标准化方面是否存在差异?标准化教学对补习讲师又有何影响?尤其是对其教学自主性有何影响?这些正是本文所要探讨和回答的问题。

二、理论视角:麦当劳化

麦当劳化(McDonaldization)的概念由美国社会学家乔治·瑞泽尔(George Ritzer)提出,用来指快餐厅的原则正在支配着社会生活越来越多的领域。[3] 麦当劳化有四个核心概念,分别为效率(efficiency)、可计算性(calculability)、可预期性(predictability)和控制(control)。[4]

所谓效率,是指从一个点到另一点的最佳方式。对于顾客而言,麦当劳提供了从饥饿到吃饱的最佳方式。对于雇员而言,在生产的过程中,麦当劳的雇员以一个预先设计好的程序,遵从相关的操作步骤来有效率地工作。可计算性,强调产品(大小、成本)和服务(得到产品花费的时间)的量的一面而非质的一面。在这一特征下,交易被量化,顾客可以判断付出多少钱购买到了多少产品和服务。尽管实际上是麦当劳方面而非顾客方面得到了最大的好处,但是在顾客看来,他们省时、省钱得到了满意的产品和服务。与此同时,麦当劳的雇员也强调他们工作的量的方面而非质的方面。由于他们工作质量的变化空间非常小,雇员聚焦于如何最快完成生产任务。对于麦当劳方面而言,雇员被预期以更少的工资、更快地完成更多的工作。所谓可预期性,是指产品和服务的标准化,麦当劳确保在不同时间、不同地方的产品和服务具有同一性。顾客已经适应了麦当劳所提供的产品和服务的同一性——他们知道他们下次吃到的产品既不会非常难吃,同样也不会异常美味。麦当劳的雇员也以可预期的方式行动,他们遵从公司的准则以及管理者的命令和要求开展工作。在许多情况下,他们所做的甚至他们所说的,都具有高度的可预期性。这导致他们的工作具有非常明显的重复性、惯常性和可预期性的特征。控制,既包括对进入麦当劳门店的顾客的控制,也包括对在麦当劳门店工作的雇员的控制。在麦当劳门店工作的雇员在一个很高的程度上被控制,这种控制通常比对顾客的控制更为明显和直接。他们通过训练,以他们被告知的精确的方式做一些有限的任务。这种控制被技术的进步以及组织用来加强控制的方式所强化。[5]

麦当劳化所谓的效率、可计算性、可预期性和控制,其本质是一种合理性或者工具理性。对于麦当劳化的主要批评,也正在于麦当劳化的这些核心概念和成效建立在非人性化的基础上,由此导致雇员和顾客的工具化,被视为是一种“合理性中的不合理性”。[6] 由于麦当劳化所具有的显著优势,麦当劳化的现象普遍存在于快餐业、工作场所、医疗、银行、社会工作、新闻等诸多社会领域。自 20 世纪 80 年代以来,在新自由主义(neoliberalism)思潮下,麦当劳化也影响到了教育领域,[7] 尤其是高等教育领域。公立学校的课堂教学日益呈现出浓厚的麦当劳化的特征。[8][9][10] 不过,相较于公立学校,这种麦当劳化的特征和趋势在补习机构更为明显。位于教育与市场的交叉处,作为一种以盈利为目的的企业组织,补习机构的产品和服务的提供、补习讲师的工作模式、补习机构及其雇员与作为顾客的家长和学生的互动等,都遵从特定的规范和模式,具有浓厚的麦当劳化的特征。一些补习机构标榜在最短时间内帮助学生最大限度地提高成绩,其实质正是一种对于麦当劳化所谓的效率的追求。因此,本文将以麦当劳化为理论视角,参照麦当劳化的四个核心概念,对补习机构的教学及其对补习讲师的影响进行探讨和分析。

三、研究设计

本研究采用质性研究取向,取样方面,通过目的性取样(purposive sampling)中的最大差异取样(maximum variation sampling)进行。在补习机构的选择上,根据中国教育学会发布的《中国中小学课外辅导行业研究报告》,中国的补习机构大体上可以划分为三个梯队和层次:第一梯队是年营收超过 20 亿元的全国性机构,其教学点一般超过 500 个,覆盖全国;第二梯队是年营收超过 1 亿元但低于 20 亿元的区域性机构,其教学点基本覆盖全国或者某一区域;第三梯队是年营收低于 1 亿元的地方性机构,其只在单个城市或邻近城市设有教学点。[11] 在本研究中,三个类型的机构都有涉及。补习讲师的选择方面,本研究主要限定现在是或者有过非兼职(包括全职和专职)的作为补习讲师工作经历的讲师。具体的选择主要基于以下几个维度和变量:三种不同类型的补习机构、不同的性别、不同的学历、不同的科目、不同的学段/年级、不同的教龄等。

数据收集方面,本研究主要通过半结构式访谈、观察和文件资料收集数据。本文呈现的发现主要来自访谈。2019年10月至2020年1月,研究者共访谈了来自15家机构的31位补习讲师、3位管理者和5位家长。访谈以对补习讲师的访谈为主,对于管理者和家长的访谈主要是希望从不同利益相关者的角度拼合出关于补习机构教学的相对完整的图景。大部分访谈持续约1.5至2.5个小时。全部采取一对一、面对面的方式进行。31位受访补习讲师中,共计17位女老师和14位男老师;教龄在1年至10年不等,但是其中1—3年的,占比超过一半(54.8%);20位是应届高校毕业生,其他的有学校教育教学或其他工作经历;学历方面,拥有本科学历的有21位,硕士学历的有10位;机构分布方面,全国性机构的有13位,区域性机构的有10位,地方性机构的有8位。为保护研究对象的隐私,所有的相关信息都被匿名化处理。

四、研究发现

(一)教学标准化的动因与意义

教学标准化,主要包括教学流程、教学产品(如课件、讲义)等的标准化,以及教师招聘、教研和培训的标准化等。就课外补习的发展而言,补习机构一般都经历了一个由小到大、由不规范到规范的发展历程。在这一过程中,标准化是一个重要内容和发展趋势。与全球范围内新自由主义理念下学校教育教学的标准化相类似,补习教育也正经历着标准化,且补习教育的标准化可能更甚于学校教育。从本质上来看,补习教育的标准化实际上是一种教学的麦当劳化或者说补习教育的麦当劳化。对于补习机构而言,推动教学的标准化或者说教学的麦当劳化,有着非常重要的意义。其作用主要包括以下四个方面:一是降低成本,二是保证质量,三是提高效率,四是增强可控性。

1. 降低成本

为了推动教学的标准化,补习机构需要将教学相关的产品和内容全部模板化、套路化,而这种模板化、套路化的东西,一次投入即可多次重复使用,因此成本和费用大大降低。

> 模板化的话,所有都标准化,你只要做一次,剩下的所有事只需要去模仿、去记忆就可以了。(周老师)

作为一种人力密集型工作,在教育领域,无论是在学校教育还是在课外补习中,教学人员的费用支出都是所有支出中占比较大甚至最大的一部分。对于市场化的补习机构而言,人力成本尤其是补习讲师的成本,是其需要考虑的一个首要问题。教学标准化以后,一方面,补习机构可以按照标准化的材料和内容对补习讲师进行培训,讲师培训的成本大大降低;另一方面,教学相关的诸如备课、课件和讲义等素材的标准化,对补习讲师能力的要求逐渐降低。补习机构越来越不需要讲师具有创造力,而只需要讲师会模仿。相应地,补习机构招聘的讲师的层次会越来越低,支付给讲师的课时费也就越来越低。

> 说白了企业的员工的培养,它的这个培训成本也降低了。我觉得对于一个教育机构来说是好事。(周老师)

> 所以后面我会招,我的老师就会越来越便宜,我的课时费就会越给越低。一是我需要他们做的越来越少了,另外的话,我需要他们的能力和素养也越来越低了。我不要求你是一个有脑子的人,我要求你是一个会模仿的人。那这样的(话),我们招聘的人员和招聘的这个群体就是不一样的。(吴老师)

2. 保证质量

对于很多补习机构而言,其定位并不是类似于学校的教育机构,而是培训机构。"教育"与"培训"有着很大的不同。相对于"教育"的因材施教,"培训"更加强调整齐划一和标准化。甚至一些补习机构有着更为明确的定位:教育培训机构类似于肯德基或麦当劳的机构,这意味着补习教育的麦当劳化。与麦当劳产品的可预期性相类似,除了一对一服务以外,一般而言,补习机构提供的并不是多样化、定制化、形态各异的教育产品,而是一种标准化、流水线生产的教育产品。这种产品能够覆盖最大多数人的需求,同时能够保证产品质量的相对统一,用姜老师的话来说就是,"我不敢保证你'吃'得特别好'吃',但是一定不难'吃'"。

> 那这样的话,整个的这样一个跟流水线似的生产的话,我觉得没有什么,对企业来说我觉得是个好事吧。其他(的)又提高了,又保证了自己的底线。(周老师)

在麦当劳化的理念下,补习机构的目标并不是生产出一种最优的教育产品,而是一种令人满意的教育产品。这样的教育产品不一定很优秀,但是一定是能保证底线的。实现这一目标的重要措施和手段就是标准化分工,将课件、讲义、授课等与教学相关的不同任务和环节分割成不同的部分,每一部分都由专人来负责完成,达到每一部分的最优状态。然后将这些不同的部分组装在一起,最终的产品不一定可以实现最优,但是至少可以达到一个令人满意的水平和状态。这与传统的学校教育中所有教学相关的任务都由每个具体的老师来完成非常不同。传统的方式更依赖于具体老师的水平,生产出来的教学产品会因老师水平的不同而存在较大差异——有的可能达到高分甚至满分状态,有的则可能会不及格。这种差异巨大的形态和结果,正是补习机构极力避免的一种状态。补习机构更加追求一种整齐划一的产品状态。

这种不同于传统学校教育中教学产品的生产方式,使得补习讲师的行为及教育教学产品的质量都更加可以预期,即麦当劳化的可预期性。

> 就是随着这个行业发展,它就会这样……如果你站在公司经营的角度来讲的话,一定是这么分(工)效率高,不然它不会成为这样的组织结构的……这样的缺点可能是确实不如我让一个名师自己一条龙服务来得(好)。但问题是我要做到的并不是100分,而是我出产一个75分,能满足所有人购买需求的一个产品。就是你没有必要把每一个流程都做到100分。我只要做到75分,若干个75分都在一起,我就是个75分的流程。那如果你这么单兵作战的话,那个老师可能写上100分,那个写上55分怎么办?(卫老师)

3. 提高效率

传统上,效率并不是学校教育追求的目标,公立学校教育教学的节奏相对较慢。对于学校教师而言,要实现育人的目标,除了要教学授课以外,还要组织各种各样的课外活动。补习机构则不同,作为一种市场机构,补习机构的效率更高。在姜老师看来,补习机构提供的教学服务具有两大突出特点:一是有效,二是有趣。此处的有效,用姜老师的话说就是"需要你(以)最快的、最高效的方式去跟学生们讲,然后怎样在最短的时间内,以学生们最容易理解的方式,把知识点和逻辑给讲清楚"。这契合的也正是麦当劳化对于效率的重视和强调。麦当劳化的效率强调使顾客能以最快的速度由饥饿变成吃饱,[12]补习机构的效率则是指,使学生能在最短的时间内、以最快的速度掌握某个或某些知识点,从而提升成绩。

实际上,补习机构对于效率的重视和强调,契合的也正是作为顾客、消费者的家长和学生的需求和想法。因为学生参加补习是在常规的学校教育以外的时间进行,许多家长还给孩子报了多种多样的补习班。所以,孩子的时间实际上非常紧张、有限,家长也希望补习讲师能在最短的时间内将知识传递给孩子。

> 这也是我说的时间最少的原则,能够获得最多的进步。因为他(注:补习讲师)的时间,我就给他两个小时。(喻女士)

4. 增强可控性

可控性,是针对风险和威胁而言的,此处主要是指人员流动,尤其是补习讲师的流动对补习机构的发展可能造成的负面、消极的影响和威胁。不同于公立学校相对稳定的教师队伍,补习机构讲师的流动性非常大。大量讲师的流动、离职,对补习机构正常的教学工作和秩序带来非常大的负面影响和冲击。尤其早期补习机构的发展多依赖于一些知名度较高、影响力较大的补习名师,这些名师的离职对补习机构的稳定和可持续发展产生的负面影响非常之大,甚至某些名师的离职可能会影响到补习机构某个学科的发展。

> 就是这个经验主要是针对一些大牛老师。之前离职的一个小学语文老师,因为他带走学生这件事情,公司上下通报,应该是赔偿了几十万。因为他是个大牛老师,带走了不少学生,还涉及到带走了×××的语文体系。(钱老师)

但是,在完成教学的标准化以后,课程、教学的体系都更加系统化、模板化、具体化,不再依赖于某个或某些具体的讲师。此时,个体补习讲师的离职对补习机构的正常运转几乎不会产生任何负面的影响。补习机构可以在短时间内迅速培养起可替代的讲师,从而大大增强了可控性。

> 没有影响。因为我们这教研很强,就是我们能够把一门课程,要用什么材料打磨得很好。然后甚至就是一门课要怎么上,在讲义里面或者素材里面是设计好的。然后除了教研之外,师培,负责师培的人很强。然后这一批新的人过来的时候,只要他们是经过严谨的筛选的话,他们的表现就不会差。然后经过师培训练,再加上用的是教研打磨的材料,上去是能够保证教学的。(姜老师)

(二)教学标准化的差异性

尽管标准化改革是一个大的发展趋势,但是在不同的补习机构、同一机构不同的补习类型、同一机构不同的补习科目之间,还是存在一定的差异。首先,教学标准化在不同的补习机构之间存在差异。一般而言,大型补习机构在资金、技术等方面的实力更为雄厚,更容易推动、实现教学的标准化,而中小型补习机构受发展水平、资金等方面的限制,没有足够的动力和能力去推动教学的标准化。因此,"越好的机构,这个事情越细,越不好的机构就越粗线条"。

> 我们公司没有(那么)严格。它还没有那么大的精力,它现在在扩大发展。但是×××、×××是有这么大的精力、有这么大的时间和成本去做培训呀。我做完一个课件,你所有的老师都按照我这个去做。然后我觉得主要是我们公司还不到位,还没办法做到这点。(赵老师)

其次,标准化在同一机构不同的补习类型中存在一定的差异。整体上,线下补习主要包括两种类型:一对一和班课,班课又包括小班课和大班课。一般而言,班课标准化的程度和要求相对较高,而一对一标准化的程度和要求则相对较低。但是即使是一对一,也有着一定的标准化要求。这是由两类补习的不同性质和特征决定的。班课要符合、满足最大多数学生的需求，灵活度较低而标准化较高。相反，一对一本身就是定制化的服务，灵活度相对较高，标准化则相对较低。

> 它(注：一对一)其实也会有考核，也会有每年的这种考试、考核，会有这种集体的教研和备课、批课和磨课，这些东西都有……但凡是可能要做大，大家都希望有一个有体系的东西，相对我们会认为它比较正规，就拿出去无论是给谁看，它都会比较有流程……它会希望这个东西是可以落地的，可控性也是存在的，这种非班课的也有要求。(施老师)

> 一对一因为你就针对一个学生，咱们还是比较灵活的。比如说你上一对一的时候，你这知识点没掌握好，那没掌握好，咱们就再讲一遍呗。但是你在班课不行啊，班课的话你不能说因为一个学生没掌握好，我就都再讲一遍，那对别人不公平。(许老师)

最后，标准化在同一机构不同的补习科目之间也存在差异。在中国，补习机构在发展、扩张的过程中，存在的一个典型现象是由提供单科补习服务向提供多科或全科补习服务发展。因此，补习机构一般都有自己的王牌学科和相对较弱的学科。如中国两大顶尖补习机构的王牌学科分别为数学和英语。对于这些大型或其他中型补习机构而言，新开设的科目或相对弱小、边缘的科目，机构并没有太多精力与能力去推动这些科目教学的标准化。所以，即使是在同一机构，不同补习科目之间教学的标准化程度也可能存在较大差异。

> 其他科有要求，史地政没有。这种流程化的东西，我们教学流程化的东西，你都可以刨除史地政在外。因为史地政完全是我们三个定，公司不管，也管不了。(钱老师)

(三) 补习讲师的教学自主性

与教学标准化相对应的，是补习讲师的教学自主性。所谓教学自主性，是指教师或者说广义上的教育者作为专业人员所拥有的自主性，是教师、教育者在教学过程中，根据其专业素养与专业理念进行专业判断与抉择的重要能力与权力。[13]从理论上来看，教学的标准化与讲师的教学自主性是一种互斥关系，即标准化程度越高，讲师在教学过程中，所拥有的根据其专业素养与理念进行判断与抉择的权力就会越低。不过，尽管补习行业整体上在朝着教学标准化的方向发展，但是所谓的教学标准化在具体的执行上，更多的还是结果导向而非过程导向，即主要通过补习讲师的续报率等各种相关的绩效数据来衡量其教学绩效，而不会严格管控讲师具体的教学过程。

虽然会有过程的监管,但是更多的还是结果导向,并不会监管特别严。(谢老师)

你的数据是一定有显现的。就当你的课真的上得不好的时候,学生又不是傻子,家长也不是傻子,你的数据一定会有显现的。那这个数据到最后的话就会是我们的硬性规则。要么你的当期的课时费就不会有增长,要么你后面可能严重的(话),你就会被……就是淘汰和辞退。(吴老师)

通常而言,补习机构会设定一些教学底线,只要讲师在教学过程中不突破这些底线,就不太会面临太大的问题或遭受太大的干预。这些底线主要包括不出教学事故、家长和学生不投诉等。

没有多具体的要求。要求就是你不要出事儿,不要让家长对你提意见,也不要有家长投诉,这是最低的要求。(赵老师)

底线不能破……你不会的东西可以不讲,(但是)不能讲错呀。这种底线问题是一定要规定的。(周老师)

补习机构之所以采取这种结果导向的监管,赋予补习讲师一定的自主性,其原因部分在于教学工作本身的特殊性。教学的很多东西很难完全做到标准化,如果完全做到且严格执行标准化,那么补习讲师可能会彻底异化,成为一个"复读机器""一个表达者""一个表演者",而"不是一个真正的老师"了。

因此,对于在补习机构工作的讲师而言,还是存在一定的教学自主性和自主空间。与标准化在不同机构、同一机构的不同补习类型以及同一机构不同的补习科目之间存在的差异相对应,中小型补习机构讲师的自主性、一对一讲师的自主性、小科目讲师的自主性相对更大一些。

尤其是越大的机构越有要求,就是你要按照它的版式去讲,按照它的步骤、它的流程去讲。相反是越小的机构或者你自己教的时候自由度越大。(卫老师)

从时间的角度来看,这种自主性还呈现出两个特征。其一是对于具体的讲师而言,这种自主性会随着讲师教学经验的增多而逐渐增大。

因为刚开始上课的时候会对你有很多明确(的)要求,比方说上课前要把课练了,让他们看,会有人给你过……然后教时间长了,你自己有感觉了,就没有人管你。就你想上课讲什么你怎么讲,你自己安排就行了。(孔老师)

强制性规定是给他们讲这个,但是具体落实,就是我们的期待并不会完全总是符合。他们熟练过后,就放给他们比较多(自主性)。(姜老师)

另一个则是对于不同时期进入补习机构的讲师而言,这种自主性存在着一种代际差异。更早进入补习行业的讲师,由于当时教学的标准化还未很好地全面开展,所以他们在发展的过程中有较大的自主性。之后或者更晚进入补习行业的讲师,则不得不面对补习机构越来越完善的标准化的现实,所以他们的自主性相较于前辈讲师,会小一些甚至小很多。

就是随着这个行业发展,它就会这样。(卫老师)

我觉得这是一个时代的差别。你像之前很多的老师都会有一个比较明确的这个口碑啊。就是像这个所谓的×××的顶级名师,可能真的你要说一个适龄儿童,你去问他们的话,他真能叫得上名。那这些老师都是靠自己的风格打造出来的,对吧?现在情况都是,怎么说呢,节奏变快,要求你的老师尽快成熟。我觉得还是时代吧,就是所谓的影响力很高的老师的时代已经过去了。现在就是需要一个踏踏实实地能完成授课,完成你交给他的业务、交给他的绩效的考察的老师就可以。(周老师)

在一些极端情况下,如果补习机构过于严格地执行教学的标准化要求,严格控制讲师的教学过程,则有可能带来极其负面的效果——补习讲师的自主性消失殆尽,教学过程面临着彻底的异化。

他们很希望标准化流程,一直在推标准化流程这件事……他们希望(上课)所有的话都是一样,而且每个教室还安了2到3个监控摄像头。就是他会去轮流看你们的课,你有没有按我的流程来、你有没有按我的语言来。那你想一下,就比如说对5—8年的老教师,我上课说的话错个词,你还要盯着我,你还要说不行。然后到后来我们校区的英语老师,到后来他就不好好教了。(王老师)

新自由主义强调问责,对于补习讲师而言,为了避免被问责,只能原原本本地执行补习机构的规定。然而,这种所谓的原原本本的执行,表面上是一种配合和执行,但是实际上却只是一种消极的配合、一种变质的执行。其实质是一种抵抗,一种日常抵抗(everyday resistance)。

补习讲师表面上是在严格执行补习机构的规定,但可能只是在哄补习机构的管理者玩、哄管理者高兴。严格的教学标准化下,补习讲师的行为发生了彻底的异化,课堂教学也发生了彻底的异化。这种异化根源于作为新自由主义教育改革技术之一的表演主义(performativity)。所谓表演主义,即主要根据个体的表现来衡量其价值。在完全的表演主义的规训和治理下,教师、教育者个体彻底丧失了对于课堂的控制权和自主性,成为一个没有灵魂的执行者。[14] 因此,从一个良性和可持续发展的角度来看,补习机构及其管理者在推动教学标准化的同时,应当为讲师留下一定的自主空间,不能完全推行过于严格的过程性的监控。王老师正是因为这种严格的过程性的监控和彻底的异化而选择了离职。

> 他会定出一些标准,比如说坐,就是老师坐下,超过多少分钟的,他会从那个系统筛出来。然后声音超过多少分贝的筛出来,你要再从这个旦边筛他多少分贝的话是可以说的还是不可以说的,就是很专制……对大家来说,就是哄你玩、哄你高兴呗,你想看什么我(就)给你看什么。所以底下就执行了,就变了质了呀。就是本来我教学过程当中我需要做的教导、需要做的引导,可能因为你的标准我不能这样去做,那我可能放弃去做,省得你找我麻烦。因为很麻烦,又要惩罚,要约谈要什么的很麻烦。(王老师)

(四)教学标准化对补习讲师的影响

教学的标准化与补习讲师的教学自主性是相对应的,而教学自主性又是补习讲师作为教育教学专业人员的身份认同中非常重要、最为核心的一部分。教学标准化的推进导致对补习讲师教学自主性的压缩,最终影响了补习讲师的专业身份认同。具体而言,教学标准化对补习讲师的教学自主性及其身份认同的影响主要表现在四个方面:速成化、同质化、平台化以及去技能化(de-skilling)。

1. 速成化

如上所述,教学标准化的推进,使得补习机构可以按照标准化的材料、内容对补习讲师进行培训。标准化程度越高,对补习讲师的培训就越套路化,培训时间也就越来越短。因此,教学标准化之下,越是大型的补习机构,补习讲师的培训就越是呈现出一种速成化的特征。

> 新入职的老师,尤其是应届生那种,以前没有从事(过)这个,先会培训……有快的俩礼拜的、一个月的,更慢的,有三个月、半年的……让你从一个小白起码能上手,能看上去像一个正经八百的老师,然后成一个合格产品。(卫老师)

同时,从盈利的角度来看,补习机构也希望补习讲师的培训周期和时间能越来越短。培训时间越短,补习机构就越有利润可赚,这是一种典型的麦当劳化的快餐思维和模式。

> 这是基于它是一个人员密集型的行业。我好不容易招来人,我当然希望你赶紧顶上去,赶紧能上课,那所以呢?(培训时间)就越来越短了。(吴老师)

对于补习机构而言,这种培训的目的并不是培养出一个优秀的补习讲师。培训的标准是满意标准而非优秀标准,即补习讲师很快达到满意标准以后就可以开始带课盈利。补习讲师长远的专业水平的提升和进步则更多的还是靠自己而非机构。

> 最起码能达到,你上课的一个基线。那想变优秀可能靠自己,(公司)可能没有(培训)。就是通过培训让你达到一个基本的准入门坎,对吧?(孔老师)

> 它(注:其所在的补习机构)去年年底的时候还给我发了一个问卷,我记得问卷上有一道题特别好玩,你希望能从公司得到什么样的成长,我写了一个基本上靠自我成长。就是一个很奇怪的东西,它问你希望从公司得到什么样的成长,但公司没有给你提供一个明明确确的成长的体系,都是你在野蛮生长。(钱老师)

2. 同质化

早期补习机构的教学,标准化程度较低,很多补习讲师将课程内容与自身的特点、特长相结合,形成了独特的风格。因此,早期补习讲师多具有鲜明的个性化、差异化、多样化的特征。随着教学标准化的开展与推进,补习讲师个体化、个性化的东西日趋减少,统一化、标准化、同质化的风格逐渐形成。这种同质化随着时间的推进、代际的更替而愈发明显,讲师个人的发展空间受到很大的挤压。

> 当然了,也有一定的弊端,就是老师的同质化特别明显。(赵老师)

> 我觉得新生代会受一定影响,心态一定会受到一定的影响。就是我觉得现在跟之前会有一定的这个强制性的区别。现在强制性要你去讲哪些题、让你去怎么讲,这个是现在这种情况。原来是那种情况,是老教师分享,你可以这么讲(也可以不这么讲),而且我感觉前两年更多的是很多东西都是自己就总结出来了。我觉得自己悟出来东西应该更快乐,对吧?……所以现在的老师就是他可能没有之前的×××老师那么出彩,或者是个人的风格、个人的色彩那么浓郁。(周老师)

对于补习机构而言,同质化的课程,任何一个讲师都可以讲,而不必依赖于某个具体的讲师。这样的讲师,补习机构可以通过速成化的培训实现批量生产。

> 就是它要求越来越细,你个性化的东西实际上就会越来越少,然后你一直在讲的都是学校的体系。而且我觉得越细就是越好。这事你能做别人也能做,对吧? 新来的孩子也能很好上手。你备课不是备特别好吗,特别有个性吗,对吧? 现在都一样了,对吧? 你的个性体现不出来了。新来的孩子可能也可以。(冯老师)

3. 平台化

与同质化密切相关的一个特征是平台化。随着不同讲师之间的同质化越来越严重,补习讲师不再具有自己的独特之处,其可替代性也就越来越高。这种情况下,补习讲师也就越来越依赖于补习机构提供的平台,而不是补习机构依赖于某个或某些知名讲师,因此也就呈现出一种平台化的特征。即补习机构的名声越来越大,补习讲师的名声却越来越小。家长和学生之所以选择来某个特定的补习机构报班学习,越来越多的是冲着该机构及其一系列的课件、讲义等产品而来,而不再是冲着某个具体的讲师而来。

> 我自己的感觉啊……好像应该是在属于弱化老师的作用,然后在强化这个学校的这个体系啊、流程啊、品牌啊,这些东西。就是有这种说法,唉呀这一个机构待了好多年,名师是吧,好有名气,走了对吧。又培养出名师来了,(又)走了。(冯老师)

> 就是一开始的情况下,一些机构刚刚开出来的时候,你说你打出来招生的名头是什么? 我们的老师牛、我们老师好、我们老师的素质高,我们怎么怎么好。但是到了今天这个时候的话,去×××也好,或包括×××也好,招生都是奔的×××机构,不是奔的某个老师。我们奔的是背后的教研平台,奔的是这个讲义,奔的是这个机制和这个体系……所以在这个时候我觉得到现在为止,我如果要是出去上课,我不说我是×××机构的老师,然后让我自己去招生,我招不到我现在这些学生。我是靠着这个公司这个平台去增加了我自己个人的能力和招生的这个能力的,否则如果说只是一个吴老师,那可能真的没到今天这个地步。(吴老师)

最终,补习机构与补习讲师之间呈现出一种"铁打的机构,流水的老师"的特征。不同讲师的离职等,基本上不会给补习机构的课程、生源等方面带来负面影响。

> 铁打的机构,流水的老师。真的少了谁,地球也不会不转。我们自己都讨论过这个

事,包括他们有一些比较老的老师,我们之间聊……很多时候原来(学生)都特别喜欢我,但我发现我被换下来,(学生)也没走几个,它就是这样。(蒋老师)

4. 去技能化

如上所述,教学标准化下,教学相关的诸如课件、讲义等素材逐步实现标准化、模板化,对于补习讲师能力的要求逐渐降低。补习机构越来越不需要讲师具有创造性的能力,而只需要讲师会模仿就可以。补习讲师的角色和任务,更多地从一个创造性的教育者转变成了一个具体教学任务的执行者。极端情况下,补习讲师更是呈现出一个"复读机器"的特征。因此,教学的标准化实际上造成了补习讲师教学的去技能化。即教学不再是一个独立思考的、创造性的过程,而仅仅是一个执行、复述的过程。这与新自由主义改革下学校教师工作的去技能化是类似的。

> 核心能力全部被系统给剥夺走了嘛……很容易丧失掉自己,就是独立思考一些精进教学水平的这样一个能力、这样一个过程。(尤老师)

由于补习机构越来越不需要补习讲师动脑子,补习讲师的教学也逐渐从一种脑力劳动转化成一种体力劳动,补习讲师的工作愈发呈现出一种体力化的特征。尽管传统学校的教育教学也在一定程度上具有体力化的特征,但是在补习机构的教学标准化改革下,这种体力化的特征更为明显。这在一定程度上与补习机构讲师的收入模式是密切相关的。补习机构讲师的收入取决于其班量和课时,因此对于补习讲师而言,只有一遍一遍地重复劳动、重复授课,才能有更高的、稳定的收入。一旦没有了班量和课时,便也没有了收入。这种高强度、重复式的工作模式,凸显、加速了其工作的体力化。

> 我们是按照这个方式去出现的,包括我作为教师管理(者),我其实也是按照这个维度来的。你比如说我们之前老师去备课的时候,老师需要准备(的)东西会比较多,就需要依赖于这个老师的脑子会比较多,但是我们现在越发地不需要老师有脑子……就是我觉得当老师这件事情永远都是一个体力活……我站上一个小时,我拿的是一个小时的课时费。有一天我不站上去了,这对我来说是没有额外的收益的。而且包括现在的牛师也好,你看他课时费很高,但是他也是由班量和课时堆垒起来的。就哪怕现在他一个小时的课时可能是2000,但他不上这个课,这个钱他永远也没有呀,不上课就停了。(吴老师)

五、结论与讨论

基于降低成本、保证质量、提高效率和增强可控性的考虑,课外补习日益呈现出明显的麦当劳化的特征。随着补习教育的这种麦当劳化——教学标准化的推进,补习讲师作为教育教学专业人员的核心要素——教学自主性被逐渐压缩,其工作越来越呈现出速成化、同质化、平台化以及去技能化的特征。

课外补习的这种麦当劳化的发展及其对补习讲师的影响,与新自由主义对传统学校教育和教师的影响具有很大的相似性和一致性。作为一种影响广泛的全球性思潮,新自由主义的话语和实践,至少从 20 世纪 80 年代起,已经开始对资本主义社会的教育政策和学校教育教学实践产生影响。[15]新自由主义对教育的这种影响,伴随着新自由主义的全球化而扩散到全球。新自由主义对教师的工作、主体性和身份认同等都产生了巨大的影响,这些影响具体体现在教师自主性的减少、去技能化、工作强度的提高以及劳动用工灵活性的提高等方面。[16]对于新自由主义的最为常见的批评主要包括两个方面,一是新自由主义导致了教育和教师的工具化,二是新自由主义导致了教师的去专业化(de-professionalization)。通过标准化和私有化改革,新自由主义使得教学职业缩减为技术化和死记硬背(technicist and rote)。[17]教学专业人员被专业外部的力量通过市场的商业逻辑和组织的管理主义逻辑支配。[18]教师最终被重构为一种教育产品的生产者、提供者和教育企业家(educational entrepreneurs),学生和家长则成为教育产品的消费者和客户。[19]

在工具化和去专业化的共同作用下,教师的工资、他们在政策中的声音以及工作条件的质量都被降低。[20]哈里斯(Harris)认为,就经济身份的识别而言,可以认为教师的位置处于一组复杂的矛盾之中。尽管教师坚信自身是技术性很强的劳动力的承担者,但是随着新自由主义理念的盛行所造成的教师教学的去技术化和贬值,教师的经济地位实际上不断下降。[21]

类似地,课外补习中教学标准化的推进,也导致补习讲师的工作越来越去专业化、去技能化,补习讲师的教学自主性不断降低。因此,尽管补习讲师的收入并不低,但是其职业成长与进步、发展的空间并不大,职业的天花板效应明显。在实际的工作中,补习讲师还面临着福利待遇不完善、缺乏对职业的归属感、职业发展受阻等诸多问题。[22]吉鲁(Giroux)在研究美国的资本主义对底层青年的剥削与压迫时,提出了"可抛弃式青年"(disposable youth)的概念。[23]所谓"可抛弃式青年",是指青年越来越类似于一次性用品,使用完毕之后,即可随时丢弃。尽管吉鲁研究的是博弈资本主义、新自由主义治理等之间的关系以及底层青年的处境,但是这一概念并不仅仅适用于底层青年。中国的青年补习讲师的经历,实际上也非常契合这种可抛弃的状态。随着补习机构劳动用工灵活性的提高,补习讲师与补习机构之间形成了一种特殊的耦合关系。某种程度上而言,他们就像是一种一次性的产品,补习机构使用完毕之后,就可以把他们抛弃,然后寻找新的青年产品。在中国大学扩招和就业市场供大于求的情况下,补习机构并不缺乏可以持续选择的对象。因此,对于补习讲师而言,补习机构的工作呈现出明显的"青春饭"的特征。大量的调查研究都发现补习机构讲师的年龄集中于 20—30 岁之间。如在北京,根据北京市人力社保局 2021 年 8 月的披露,补习机构员工 90% 以上是 35 岁及以下的人员。

　　从职业社会学的角度而言,职业的专业化是一个过程,这一过程包括了入职资格和培训制度的完善、职业组织的成立和规范的建立、公众对于职业的认知和监督等。而这些,在目前的补习行业几乎都是不存在的,这也显示着补习讲师的工作或者说职业,并未发展成为一个成熟的、专业化的工作或职业。教学标准化的推进导致的补习讲师工作的去专业化、去技能化更加恶化了这一情况。在未来,如何保护补习讲师的合法权益、[24]逐步推进补习讲师职业的专业化,将是一个值得继续探讨和研究的问题。

参考文献

[1] 多知网.培训行业这一年 2019[M].北京:新华出版社,2019:5.

[2] Kim, Y., & Jung, J. Conceptualizing Shadow Curriculum: Definition, Features and the Changing Landscapes of Learning Cultures [J]. Journal of Curriculum Studies, 2019,51(2):141-161.

[3][4][5][6][12] Ritzer, G. The McDonaldization of Society (8th edition) [M]. SAGE, 2015.

[7] Najafi, H. McDonaldization, Society, and Education [J]. International Journal of Humanities and Social Science, 2011,5(9):211-214.

[8] Howes, E. V., Graham, L., & Friedman, J. Between McDonaldization and Gardening Pedagogy: How Teachers Negotiate Science Education in Action [J]. Green Theory & Praxis: The Journal of Ecopedagogy, 2009,5(1):126-152.

[9] 刘云杉.课堂教学的"麦当劳化"——一个社会学视角的检讨[J].教育研究与实验,2001(2):40—46,73.

[10] 沈骑.唯技术化·麦当劳化·去技术化——课堂教学技术化倾向的反思[J].教育理论与实践,2009,29(22):61—64.

[11][22] 中国教育学会.中国中小学课外辅导行业研究报告[R].北京:中国教育学会,2016:9,11.

[13] 苏尚锋.个体与组织:教师自主性的二重维度[J].教师教育研究,2007(6):1—5.

[14][19] Ball, S. J. The Teacher's Soul and the Terrors of Performativity [J]. Journal of Education Policy, 2003,18(2):215-228.

[15] Davies, B., & Bansel, P. Neoliberalism and Education [J]. International Journal of Qualitative Studies in Education, 2007,20(3):247-259.

[16] Sinclair, J., Ironside, M., & Seifert, R. Classroom Struggle? Market Oriented Education Reforms and their Impact on the Teacher Labour Process [J]. Work, Employment and Society, 1996,10(4):641-661.

[17] De Saxe, J. G., Bucknovitz, S., & Mahoney-Mosedale, F. The Deprofessionalization of

Educators: An Intersectional Analysis of Neoliberalism and Education "Reform" [J]. Education and Urban Society, 2020,52(1):51 - 69.

[18] Hall, D., & McGinity, R. Conceptualizing Teacher Professional Identity in Neoliberal Times: Resistance, Compliance and Reform [J]. Education Policy Analysis Archives, 2015,23(88):1 - 21.

[20] Compton, M. & Weiner, L. The Global Assault on Teaching, Teachers, and Teacher Unions [M]// Compton, M. & Weiner, L. (Eds.). The Global Assault on Teaching, Teachers, and their Unions: Stories for Resistance. New York: Palgrave Macmillan, 2008:3.

[21] Harris, K. Teachers and Classes: A Marxist Analysis [M]. London: Routledge & Kegan Paul, 1982: 70 - 73.

[23] Giroux, H. Disposable Youth: Racialized Memories, and the Culture of Cruelty [M]. Routledge, 2012.

[24] Bray, M., & Kwo, O. Regulating Private Tutoring for Public Good: Policy Options for Supplementary Education in Asia [M]. Hong Kong: Comparative Education Research Centre, The University of Hong Kong, 2014:32 - 33.

跨学科课程整合校内外协同育人实践

王树宏

【摘要】深圳市盐田区乐群实验小学的跨学科课程整合坚持以协同发展的方法论为指导，建立校内外协同育人的教学机制，把学校、家庭、社区等核心元素有效统整成教学资源，打破学科与学科的边界，拓展学习场域，联动学校、家庭、社会、云端域等学习时空，为学生构建一个开放、包容的课程体系，创造性地重构学校课程，实现教师专业与学生核心素养的协同发展。

【关键词】基础教育；跨学科课程整合；校内外；协同育人

【作者简介】王树宏/北京师范大学未来教育学院（珠海，519087）；深圳市盐田区乐群实验小学（深圳，518000）

Interdisciplinary Courses Integrate the Practice of Collaborative Education in and out of School

WANG Shuhong

Abstract: The integration of the interdisciplinary curriculum of Lequn Experimental Primary School adheres to the methodology of collaborative development as the guide, establishes a teaching mechanism for collaborative education inside and outside the school, effectively integrates the core elements of school, family, community and other core elements into teaching resources, breaks the boundary between disciplines, expands the learning field, links the learning time and space of school, family, society, cloud and so on, builds an open and inclusive curriculum system for students, creatively reconstructs the school curriculum, and realizes the coordinated development of teachers' professionalism and students' core competencies.

Key words: education; interdisciplinary curriculum integration; in and out of school; collaborative education

一、跨学科课程整合校内外协同育人实践的意义

我国著名教育家陶行知主张"生活即教育，社会即学校"，学校教育的范围不在书本，而应

扩大至大自然、大社会和群众生活中去,向大自然、大社会和群众学习,使学校教育和改造自然、改造社会紧密相连,形成真正的教育。[1]

1979年布朗芬布伦纳提出了著名的生态系统理论。教育从来不是一个孤立的系统,生态系统理论为我们提供了新颖、独特的思考方向,在教育领域中得到了广泛的应用。生态系统发展理论强调环境对儿童的影响是重要的,脱离环境,就不能谈论儿童的发展。家庭、学校、社区等互相联系的系统合作、开放,共同为儿童的成长创设良好的环境。

跨学科课程整合校内外协同育人实践与陶行知生活教育理论、生态系统理论的内涵要义相互契合。学校、社区与家庭协同育人是我国当今基础教育改革的一个重要的主题。

跨学科课程整合校内外协同育人实践遵循"请进来""走出去"的原则,社会优秀人士走进小学校园,分享知识与经验;学生走出校园,走进社会。学生通过倾听思考、合作探究,变"被动吸收""独立学习"和"个别发言"为"主动接受""协同学习"和"共享表达"。[2]教师在课堂上打破了学科的壁垒、场地的限制,让知识拓展、延伸、统整,同时,教师还可以根据教学的需要,横向、纵向选编教学材料,重新编排学习内容,将课堂搬到校外,将学习与生活紧密地联系起来,让学生在真实的世界中感受真实的情境,探究知识,解决真实问题。跨学科课程整合校内外协同育人实践,使学习目标更深刻,使教材更灵活,使学习过程充满趣味和挑战,真正实现了真实学习。

(一) 现实政策背景的需要

学校、社区与家庭协同育人是现代学校制度创新的重要内容,是深化教育改革的一个切入口。这既是一次办学理念上的突破,也是办学改革的一次行动。学校、社区、家庭三位一体的协同育人的教育生态场构成三大系统。三大教育系统既彼此独立,又相辅相成,互相影响。在协同育人发展的历程中,如果不以当今的时代背景、政策支持为前提,单靠过去的传统教育模式已无法应对未来的挑战,也无法推动教育的转型发展。

《家庭教育促进法》明确指出了"教育行政部门在家庭教育工作中的重要责任"。在新时代学校、社区与家庭协同育人是基础教育改革的最新趋势,也是最重要的趋势。学校、社区、家庭三位一体的协同育人的教育生态场,是构建绿色教育生态体系的重要探索。

政策的支持为推进家校社协同育人提供了方向性和理论性的指导,以家庭教育立法推进家校社协同育人全员育人,共同担负起学生成长成才的责任。家庭帮助孩子扣好人生第一粒扣子,而专业社会组织、公共服务机构等应深挖育人元素,应对学生在发展过程中出现的新挑战。

(二) 儿童完整生活的需要

陶行知的生活教育理论主要有三点,即"生活即教育""社会即学校""教学做合一"。[3]儿童不仅是教育的对象,更是教育的主体。关于儿童的学问是大学问、真学问、深学问、难做的学问,想做好这门学问,需回到儿童完整的生活世界中去。[4]叶圣陶先生也认为,传统的儿童教育内容脱离儿童生活,不仅无法激发儿童学习的动机,更引不起他们的学习兴趣。[5]这里的"生活"是一个宽泛的概念,"有生命的东西,在一个环境里生生不已的就是生活"。生活是多元的,儿童因为生活经验的缺乏而不了解,除了学校和家庭生活外,还有更广阔的世界。如果儿童"不走出去,不补空白",那么儿童的生活是不完整的。

"社会即学校",在空间上扩大了教育的范围,使教育成为一个开放的状态,要打破学校与社会之间的围墙,引导学生关注社会,关注校园之外的空间环境,融入社会生活。指向儿童完整生活,联动校内校外学习场域,诸如学校校园的各种活动场地、校外的博物馆、研学基地、科技馆、自然环境这类场域,都可以成为学生学习的有效媒介,丰富儿童的完整生活。

(三)未来社会发展的需要

未来在等待什么样的人才?当下是一个怎样的时代?我们面临的是对"面向未来要培养什么样的人"的思考,未来人才需要具备什么样的素质呢?学生核心素养,是指学生应具备的,能够适应终身发展和社会发展需要的必备品格和关键能力,包括文化基础、自主发展、社会参与三个方面。[6]现行的单一的学习方式难以满足培养面向未来的学生的需求。

从1901年到2000年间,诺贝尔在物理、化学、医学与生理学领域共产生334项成果,其中137项成果来自多学科交叉融合领域。1901—2016年,具有不同学科背景的诺贝尔合作获奖人数从35%增长至87.6%。[7]2020年9月,由教育部等八部门联合印发的《关于进一步激发中小学办学活力的若干意见》中指出:"支持学校自主实施跨学科主题教学。"[8]从中我们可以看出,学科交叉融合是孕育新的知识增长点的重要方式,跨学科课程整合是作为改革中小学课程结构的重要方式,亟需改变我国传统分科教学的单一培养育人模式,强调育人实践的转变,所以进行跨学科的协同育人即是大势所趋。

二、跨学科课程整合校内外协同育人实践的内涵

"协同"一词来自古希腊语,原意为共同工作。"协同"的创始人,德国著名物理学家赫尔曼·哈肯认为,在任何系统中,各子系统之间均依靠有调节、有目的的组织过程,使不同的子系统协同作用,并产生新的稳定有序的结构。[9]协同学习强调的是学习系统各个要素包括认知主体和认知客体及其交互形成的学习场之间的协同关系与结构,目标在于获得教学协同增效。[10]

"育人"在百度百科中的释义为:"育即教育、培养;对受教育者进行德育、智育、体育、美育等多方面的教育、培养即为育人;育人的目的是使教育对象能全方面的发展,使人成长为社会需要的身心健康的人才。"

"协同育人"是在一定背景下,教师与专家、学生、家长、社会人士等在儿童成长过程中,尽其所责、尽其所能形成教育合力,促进儿童健康成长。这也是一种创新的合作型的教育模式。我国学者刘纯姣曾提出"协同教育"的概念,即探索学校、家庭、社会三个子教育系统,各自发挥教育能力,形成最大的组织效应。[11]

跨学科课程整合改变传统的线性课程形态,提出"主体建构、主题整合、主科搭架、主场迁移"的指向儿童完整生活的跨学科课程整合模式,如图1所示。跨学科课程整合以儿童经验、

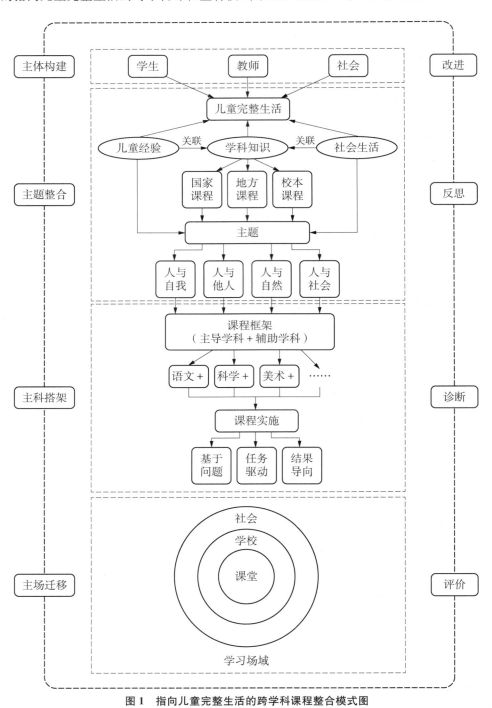

图1　指向儿童完整生活的跨学科课程整合模式图

学科知识、社会生活为主体的还原和抽象两条跨学科课程整合实施路径,综合运用多个学科核心概念与原理共同解决一个具有现实意义的问题,相互之间需要实现交融整合,有明确的、整合的研究方法与思维模式,并引发学生的高阶思维活动。[12]

当前,无论是从教育变革与学习创新的当代需求来看,还是从教学目标和学习结果的时代取向来看,教育者和研究者都强调学习者的协调发展。[13]然而,现有学习系统的局限性难以支持和关注学习情境中的文化变量和认知变量,因而无法支持知识时代的学习变革。[14]简而言之,跨学科课程整合校内外协同育人实践是教师与专家、学生、家长、社会人士等一起合作开发课程,整合校内与校外这两个教育场所中有利于帮助学生成长的资源,通过"社会师资""学校师资""社会课堂""学校课堂"的实践活动,通过积极转变教与学的方式、开展团队协作教学、进行教学反思交流,为学生核心素养的提高提供现实保障。

三、跨学科课程整合校内外协同育人实践的探索

深圳市盐田区乐群实验小学始终坚持"生态教育、和乐人生"的办学理念。生态教育是开放、多元的教育,乐群实验小学将家庭、学校和社会看作生态教育系统里的三环,关注整合课程资源、扩宽学习场域、育人多维评价三大方面的实践细节,构建了家庭—学校—社会生态共育的模式,营造适合学生成长与发展的生态教育系统,实现高效全面的协同育人。

(一)多元融合,整合"教学资源"

挖掘整合学校、家庭和社区的资源,是学校课程建设和儿童生活经验有效对接的重要桥梁。诚然,资源本身只是一种原材料,学校要通过设计将原材料转化为"教学资源",除了充分考虑儿童发展的年龄特点和学习能力之外,更需要将学校、家庭和社区的优质资源有机组合,开展对话、交流、支持与协作,在教学资源的挖掘和整合领域寻找最佳的合作方案。

多元融合,整合"教学资源"既是学校教育与儿童素养提升对接,落实学校"立德树人"根本任务的重要抓手,也是推进整体育人,学校、家庭与社区协同育人机制的有效实践。

跨学科课程整合校内外协同育人实践,围绕人与自我、人与他人、人与自然、人与社会四个主题领域,用系统化、体系化的思想以及整体论的概念去梳理和综合,梳理成体系,综合为系统。比如,刚入学的一年级新生,天性使然的好奇心和探索欲望在此时达到高峰,学生们迫切需要探索学校、老师,了解学校学习的意义。与此同时,家长们也想更加深入了解学校,以便更好地进行家校合作。基于此,一年级新生们开展以"认识学校"为主题的跨学科课程整合,向学生、家长和社会发出问卷,教师帮助学生完善问卷调查的具体问题、收集整理问卷数据,以便通过问卷调查数据了解家长们的真实想法,以此确定"如何向家长介绍学校"这一具体可行的驱动性问题,后续以语文、美术、英语学科相整合完成学习。

儿童的成长始于家庭教育,家庭是社区的重要组成单位,成为链接学校与社区的重要纽带。家庭是教育资源,优先开发家庭资源,能够为课程建设注入活水。打破家长隔绝在校外的

教育壁垒。例如,由"故事妈妈""故事爸爸"团队走进课堂,在每周的固定时间开展"感恩""生命教育"等教育项目;班会课上还可以开设家长职业讲座,邀请在码头、工厂、海洋馆、基因工程企业、公安局等工作的家长为孩子开展职业科普课,奠定学生未来职业发展兴趣。

在课程中链接儿童生活经验,这不光需要学校课程整合及家庭资源的参与,更需要与社区有高质量的互动。每个学校的社区都有得天独厚的教育契机和学习资源,是对既有课程资源的强有力补充。例如,乐群实验小学靠近海洋边境,与当地海防支队、海洋边防营地达成长期教育合作,边防教官们带领学生参观营地,感受部队的部分训练内容,亲身经历战士们的内务整理,体会边防任务的艰巨,学生在实践活动中增进与社区文化的联系,感受社区的归属感,培养主人翁意识。

由此可见,跨学科课程整合校内外协同育人实践,在社会、学校、家庭之间搭建起了一种开放性、创造性循环网络,在课程的开发设计与实施中共同作用、共同构成跨学科课程的综合主体,为学生构建了一个更加开放的课程,同时这也是跨学科课程整合校内外协同。

(二)多方协同,拓宽"学习场域"

积极学习场域,不仅仅是单纯的物理空间,更是一个能激发学习原动力,更好获得学习持久力的内含力量的时空存在。[15]跨学科课程整合校内外协同育人实践的探索不囿于国家课程之外的碎片化探索,而是把国家课程的主阵地,在学校、家庭、社会搭建"学习场域"的协同学习,由此让学生的学习效果受到更多的正向影响。学校重视校内外"学习场域"协同,为学生提供了学习的技术支撑、学习环境、学习资源,实现优质资源的整合和共享,充分使用了具有本土化的地方课程资源和教育基地,将有利于学生发展的教育资源纳入教育系统,有计划、有组织地构建校内校外"学习场域"联动的教育网络,扩大学生、教师的学习空间,实现教育合力,促进学生的全面和谐发展。构建"学习场域"协同真正体现了课程的开放、包容、创新。

例如,"怎样建造一座多功能的桥?""如何运用所学知识来设计桥?""建桥可以使用哪些材料?""建桥费用如何计算?""怎样向人们介绍桥的功能?"看到这些问题,人们可能以为这是哪个建筑公司要开展新的项目,但这是乐群小学六年级学生开展课程整合的学习内容,以"建桥之约 跨界之学"为主题。如何将教材知识还原到生活中、将生活现象抽象为知识进行学习?在六年级老师联系真实的现实情境和国家学科课程的基础上,在课程实施环节,学生们的学习场域来到了校外,在专业工程师的带领下考察建设桥的可能性。

此外,家庭还可以化身为研究性学习之所。乐群实验小学就在家庭场域开展了这样一场特殊实践。学校制定了《家庭综合化跨学科学习方案》,让全校学生加入家庭综合化跨学科学习的行列,并给学生提供了家庭综合化跨学科学习的六大秘籍和六大案例指引,让学生在家里就像在学校一样,成为主动积极的学习者和探索者。学生家庭可以从学生生活中的问题及平常关注的社会热点问题中找出适合探究的驱动性问题。学生在家邀请家庭成员一起制定出相应的规则，与家庭成员一起参与并动手完成项目，在完成的过程中要不断迭代与完善自己的研究。

由此可见，校内外"学习场域"协同，可以更好地为学生提供优质的学习资源、强大的技术支撑和多元的学习环境，实现了优质资源的整合和共享，重构了跨学科课程整合中学生学习的样态，实现了不同学习方式的多重叠加。课堂不局限于教室，延伸到操场、公园、社区等场域，实现了课程主题的螺旋上升，由此也出现了多种学习方式的叠加，实现了"学习场域"的空间转移，从而全方位培养学生核心素养、提高学生关键能力。

（三）多维评价，优化项目实施

评价改革是教育改革的核心，是教育改革中最关键和最敏感的部分，也是教育改革的突破口。构建科学合理的多维评价体系，对学校、社区与家庭协同育人的实施具有诊断、反馈、指导以及导向作用。为提升学校、社区与家庭协同育人效果，促进学生、教师和课程不断发展，学校要在大力开发教学资源、不断拓宽学习场域的基础上，探索出一套行之有效的、具有本校特色的家校社协同育人评价体系。

跨学科课程整合的评价是对课程整个过程和产出的监控和评定，如何"让成长看得见"，跨学科课程整合教学评价改变由教师单一评价的现状，由学生、同伴、教师共同来完成，做到定量评价和定性评价、形成性评价和终结性评价、对个人的评价和对小组的评价、自我评价和他人评价相结合，激发学生的评价热情，让评价更加具有激励性。每学期的每个年级的项目展示课，家长们早早就来到学校，迫不及待地聆听学生的研究成果，见证学生的成长。家长作为项目的评价者之一，学生会采访家长的参与体验，家长也会把参与的感想用文字的方式记录下来。

与此同时，学校借助现代信息技术手段让评价可视，采用综合素养雷达图评价、实作评价、学科综合展示评价等方式进行评价，引导学生运用习得的跨学科知识和技能，创制解决问题的器具、PPT、视频、报告、方案等作品，加深对知识的理解，并在知识的应用中实现知识的内化与外化。乐群实验小学六年级学生的毕业答辩采用跨学科课程的学习方法，整合学科知识，以小组为单位，从真实的生活和发展需求出发，选取自己感兴趣的课题，阐述学习过程，进行综合答辩。学生自由组队、自主选题、问卷调查、实地考察、动手实验、分析探究、形成研究报告、现场答辩。在这样的过程中，学生各项能力得到锻炼并加以展示，真正让成长可见。

此外，为了让学校、社区与家庭协同育人实施效果的评价更为客观，更能体现跨学科课程整合校内外协同育人实践的开放、包容、创新，让评价更加真实，同时提高学生学习积极性和兴趣，学校邀请第三方专业评价，设立区域家校合作育人示范校、优秀校、合格校等建设评价标准，对项目进行定期评估，以达到"以评促建，以评促改"的目的。

四、跨学科课程整合校内外协同育人实践的成效及需要关注的问题

（一）实施效果

1. 学生综合素养显著提升

乐群实验小学在深圳市中小学生综合素养"阳光评价"测试中各项指数全市领先。8 年来，学生共有 629 人次获全国奖、328 人次获省奖、839 人次获市奖、1 306 人次获区奖。跨学科项目学习 4 次获全国一等奖，《喂鸟器》在芬兰 StarT 全球峰会获"中国区最佳学生项目"奖，NOC 创新与实践获全国一等奖，足球机器人获大湾区创新大赛一等奖。

2. 学校特色更加鲜明

学校获中国 STEM 教育 2029 创新行动计划种子学校、国际 StarT 项目式学习共同体最佳实验学校、广东基础教育实验研究基地学校、深圳教育科研基地学校、教育创新示范学校、课程改革示范学校、年度教育改革创新领跑学校等殊荣。学校出版了《乐群 共生——百年老校的生态教育实践》《指向儿童完整生活——跨学科课程的开发与实施》等 4 本专著、8 本成果集。

3. 社会影响不断扩大

全国 7 省市 16 所实验学校、1 个试验区加入研究共同体应用本成果，取得了很好的效果。学校先后承办了中国教育科学研究院主办的全国课程整合校长微论坛、全国主题式跨学科整合课程研讨会、全国新样态学校年会等会议，在青岛、乌鲁木齐、重庆、杭州、南昌、广州等地分享学校课程建设和主题式课程整合的经验。中央电视台、人民网、中国新闻网、新华网、《中国教育报》《广东教育》《深圳商报》《南方都市报》《南方日报》等 42 家媒体报道乐群课程改革的经验，产生强烈反响。

（二）需要关注的问题

跨学科课程整合校内外协同育人实践的产生不是偶然的，它是特定时代背景下的特定产物。它离不开学校的内在发展和校外发展的共同作用，在内部和外部的双重力量下应运而生。当前，跨学科课程整合校内外协同育人实践的制度化程度还不高，制度化是跨学科课程整合迈向成功的重要标志。制度化一词源于制度，制度（institution）的其中一层含义是指导致某一事物制度化的行为。[16]制定规范，建立机构是制度化的具体过程。规范的实施要由组织机构保证，制度化过程也是组织机构建立和健全的过程。[17]

1. 建立跨学科校内外协同育人组织体系

学校作为一个组织，需要建立组织体系。跨学科课程整合除了在学校内生长、发展，依靠课程设计、课程内容、课程评价不断完善，也会受到"组织体系"的影响。为了有效实施跨学科校内校外协同育人实践，学校需要成立规范化的组织体系，比如成立校外资源教研组，使之与学校原有的组织分工，互相配合与合作，完善学校组织体系，为跨学科课程整合校内外协同育

人实践提供制度保证。应当注意的是,在推进跨学科校内外协同育人组织体系制度化的过程中,校外资源教研组要与学校其他组织形成一个统一的整体,否则,会影响实施跨学科校内外协同育人的效果。比如,校外资源教研组与其他学科教研组具有同样责任与分工,需要定期开会、研讨。作为学校新的组织机构,它是跨学科校内外协同育人实践的开发者、实践者,需要负责专门执行硬性规定的落实。

2. 提升校外资源课程开发力培训机制

专业队伍作为跨学科课程整合实施的重要因素之一,在课程实施的过程中应引起高度重视,特别体现在专业队伍的数量和质量上。比如,学校要加大力度宣传,鼓励更多校内的老师参与校外资源课程开发。同时,学校也要邀请大学教授、专家、家长、志愿者作为兼职教师到校给学生和老师授课,提高校外资源教研组的理论水平,为实践做好知识储备。此外,学校要定期外出调研,送青年骨干教师外出学习。通过提升教师们的校外资源课程开发力,实现跨学科校内外协同育人实践,重构课程新样态。"请进来"和"走出去"是提升校外资源课程开发力培训机制的有力措施。

3. 开发校外空间场域的社会资源

社会资源,指为社会成员发展提供各类物质和精神支持的综合,包括经济、政治、文化等各种形式。[18]建立跨学科校内外协同育人实践需要的社会资源,主要是指学校以外的各类社会企业、高校、教育机构等。只要能够为学校提供一定帮助的资源都可以称为社会资源。各学校根据本区域的实际情况,可有条件地进行选择。比如,学校可以在相关政策文件精神的指导下,寻求本区域的社区、教育局、政府、企业、高校的帮助与支持。定期邀请高校教授到校授课,邀请企业进行合作,理论与实践相结合。

参考文献

[1] 赵春芳.以陶行知教育理论指导地理教学[J].教育教学论坛,2015(41):194—195.

[2] 黄诗盈.深度学习的开始:基于协同学习的真实学习课堂[J].福建基础教育研究,2018(12):7—10.

[3] 蔡利芳."读书"更需要"用书"——论陶行知生活教育理论在新时代小学英语教学中的效用[J].生活教育,2021(6):91—94.

[4] 成尚荣.回到儿童完整的生活世界中去[J].中华家教,2019(12):28—29.

[5] 韩大元,杜焕芳,路磊,宫世霞.跨学科教育与研究新时代法学学科建设的实现路径[J].中国大学教学,2018(4):17—24.

[6] 核心素养研究课题组.中国学生发展核心素养[J].中国教育学刊,2016(10):1.

[7] 赵玉成,方兆玉.十问"跨学科学习"的本土化之路[J].上海教育,2020(34):48—53.

[8] 中华人民共和国教育部.教育部等八部门关于进一步激发中小学办学活力的若干意见[Z].北京:中

华人民共和国教育部,2020:9.

[9] 张建辉,宋彩琴.高师院校与地方小学"协同育人"模式的实践探索——以陇南师范高等专科学校为例[J].甘肃高师学报,2019,24(4):63—65.

[10][13][14] 王佑镁.协同学习系统的建构与应用研究[D].上海:华东师范大学,2009.

[11] 刘纯姣.学校家庭协同教育构想[J].怀化师专学报,1996,15(3):328—330.

[12] 王树宏.小学主题式跨学科课程整合研究[J].现代教育,2020(10):28—30.

[15] 胡丹,侯加慧.儿童本位的积极学习场域建构[J].华人时刊(校长),2021(7):25—26.

[16] 孙厚生.制度化及其在历史过程中的意义[J].唐山师范学院学报,2003(1):51—60.

[17] 王公章.论校本课程开发的制度化[J].教学与管理,2011(25):37—39.

[18] 吕世祺.初中思想品德课社会资源开发与利用的优化研究[D].扬州:扬州大学,2016:6.

社会美育力量参与学校美育：价值、困境与路径

周福盛　黄一帆

【摘要】社会美育力量参与学校美育，与之形成互动互联、开放合作的协同育人格局，为完善美育育人机制、整合优质课程资源、创新学校美育方法、讲好中华美育故事、缓解美育师资不足、提高美育普及水平、构建终身美育生态带来了积极价值。然而，主体间协同育人意识淡薄、合作机制乏力、审美教学联结点难寻、师资队伍管理模糊、社会美育与学校美育间的文化隔膜是社会美育力量参与的困境所在。需要从深化协同育人理念、建立持续深入的合作机制、共同开发美育主题课程、搭建信息共享平台、联合师资队伍以及树立并落实大美育观方面入手，构建社会美育力量参与学校美育的路径，促进二者在共同育人道路上的协同与贯通，保证美育育人价值的全面实现。

【关键词】社会美育力量；学校美育；协同育人；大美育

【作者简介】周福盛/宁夏大学教育学院教授
　　　　　　黄一帆/宁夏大学教育学院博士研究生

【特别说明】本文系 2023 年度宁夏哲学社会科学（教育学）规划项目"宁夏中小学课后服务高质量发展的政策研究"（23NXJB14）阶段性研究成果。本文已在《中国电化教育》2022 年第 1 期发表。

Social Aesthetic Education Power Participate in School Aesthetic Education: Value, Dilemma and Path

ZHOU Fusheng & HUANG Yifan

Abstract: The participation of social aesthetic education forces in school aesthetic education, forming an interactive, interconnected, open and cooperative collaborative education pattern. This has brought positive value to improving the aesthetic education mechanism, enriching high-quality curriculum resources, innovating school aesthetic education methods, telling the story of Chinese aesthetic education, alleviating the shortage of aesthetic education teachers, improving the popularization of aesthetic education and building a lifelong aesthetic education ecology. However, the lack of awareness of among subjects, the weak cooperation mechanism, the difficulty of finding the connection point of aesthetic teaching, the vague of teacher management, the cultural divide between social aesthetic education and school aesthetic education have become the dilemma of social aesthetic education forces participating in the development of school aesthetic education. It is necessary to start from the aspects of deepening the concept of collaborative education, establishing continuous and in-depth cooperation mechanism, jointly developing themed courses, building an information sharing platform, uniting the teaching team, and establishing and implementing the concept of large aesthetic education. Social aesthetic education forces participate in the path of school aesthetic education, promote the coordination and connection of the two on the road of common education, and ensure the full realization of the value of aesthetic education.

Key words: social aesthetic education power; school aesthetic education; collaborative education; great aesthetic education

美育,着眼于学生的审美教育、情操教育以及心灵教育,是真正体现"全面发展的人"的教育,理应受到全社会的高度重视和从学校到社会多方教育力量的共同实施。然而,长期以来,美育的相关课程不仅在学校被视作"副课",课程开设达不到国家规定的要求,课程资源满足不了课程实施的需求,教师数量质量达不到实际需要;而且社会力量对学校美育的参与更是少之又少,专门的校外教育机构少年宫对美育的作用仅仅是校外艺术培训,其他的相关机构更是难觅身影,形成了学校唱美育"独角戏"的局面。2020年10月,中共中央办公厅、国务院办公厅印发的《关于全面加强和改进新时代学校美育工作的意见》(以下简称《美育工作意见》)提出,统筹整合社会资源,加强美育的社会资源供给,鼓励学校与社会公共文化艺术场馆、文艺院团合作开设美育课程。[1]同年12月,教育部体育卫生与艺术教育司印发的《深化改革 创新引领 推进学校美育工作高质量发展》提出,"完善学校、家庭、社会相结合的协同育人机制""推动高校和社会美育力量参与中小学美育发展"。[2]一系列政策的出台,反映出国家对学校美育的高度关注,也反映了社会美育力量支持和推动学校美育发展的必要性和可能性。近年来,一些社会美育机构,诸如银川韩美林艺术馆、国家大剧院等社会美育力量深入当地学校,参与学校美育工作,得到了学校师生的高度好评,在社会美育力量参与学校美育方面起到了良好的示范作用。本文拟基于这些实践探索,探寻社会美育力量参与学校美育的价值,厘清其现实困境,构建有效的参与路径。

一、势在必行:社会美育力量参与学校美育的价值意蕴

社会美育力量是指社会中能够参与、作用于美育发展的基本单元,包括各类政府公益组织(如美术馆、博物馆、艺术馆、文化馆、剧院等)和市场盈利的社会艺术机构,以及各类美育场

馆的工作人员、各大艺术类高校的师生、文艺工作者、艺术家等自然人。社会美育力量参与学校美育,是教育社会化、社会教育化的重要体现,也是教育治理体系现代化的重要表征,其核心任务是发挥社会美育力量的专业化与高水平优势协助学校美育力量,填补学校美育发展的短板,提升学校美育质量,总的方向是社会支持、辅助学校、整合资源、形成合力、践行责任。因此,社会美育力量的支持和参与是当前和未来学校美育发展的必然趋势,对学校美育发展具有重要的价值意蕴。

(一)拓展学校美育途径,完善美育育人机制

学校是专门进行教育的机构,在社会分工中承担教育的职责,但教育不仅仅是学校的职责,教育的复杂性和影响受教育者的多因素性,使得全社会都要承担起教育的职责,才能共同有效实现对人的全面发展教育。"一个人从小到大毕竟还是通过他的自然环境教育他自己的",事实表明,"这种自然教育,通过生物环境和社会环境的联合效用,一直是人的意识与智慧成长的主要工具"。[3]美育是全面发展教育的组成部分,其本质在于通过自然美、社会美和艺术美的丰富内容,在广阔和真实的社会生活中对学生进行美好事物的认知、美好态度的培养,进而提高其审美能力。这一本质特点决定了美育既是学校的工作,也是社会相关部门的工作,社会美育与学校美育是美育完整体系的重要组成部分,是美育的两个基本途径,二者各有利弊,但有机统一、相辅相成。学校美育有专门的时间、固定的教材和系统的安排,但容易囿于资源和场所的限制;而社会美育有着广阔丰富的资源和场地,但漠视学校,远离学生。在以往的美育中,二者各自独立,鲜有交集,不仅各自的美育作用难以发挥,共同的育人价值也无从谈起。社会美育力量参与美育,不仅使学校美育突破了学校围墙的限制走向了社会,也使得社会力量冲破了这一限制走进了学校,二者共同将其教育资源统合形成教育影响力,拓展了学校美育空间,实现了学校美育与社会美育共生共享、互联互通,体现了教育的真正本质。实际上,早在20世纪20年代,著名教育家、时任北京大学校长的蔡元培就在《美育实施的方法》中将美育划分为学校美育、社会美育和家庭美育三个组成部分,认为:"学生不是经常在学校的,又有许多已离学校的人,不能不给他们一种美育的机关",[4]明确提出了社会力量参与美育的主张。在今天,倡导和实施社会力量参与美育,不仅体现了美育的本质要求,也顺应了时代的要求。当今时代是信息化的时代,教育时间的无限性、延续性和教育空间的无限扩展性,意味着教育途径也需拓展,包括美育途径。信息化时代要求教育从"封闭型"走向"开放型",学校教育就必须实行开放式办学,既要十分重视社会实践的教育,与社会紧密联系,又要调动各部门、各行各业办学的积极性,关心教育,支持教育,包括关心支持美育。特别要重视社会相关机构及文化场所,如美术馆、文化馆、博物馆、艺术馆等对教育的作用,形成一个与学校相配套的社会教育网,营造良好的育人生态,凝聚起美育的强大合力,创新社会和学校在美育方面的协同育人机制。

（二）丰富学校美育内容，整合优质课程资源

在学校美育中，学习审美知识是美育教育的基础，是引导学生正确、深刻、全面地感受美、欣赏美，并进一步表达美、创造美的前提。[5]但是，美育内容远不止理论知识，还应该包括学生能够主动参与与生活密切结合的审美活动。在实际教学中，美育通常被设置为面向学生群体的特殊知识活动，以理论讲授和技能技巧训练为主。美术误局限于绘画临摹，音乐课被限定为唱歌，学校美育呈现出课程结构单一化的倾向，教学内容脱离学生生活实际而枯燥乏味。与之不同的是，社会美育因教育对象的复杂性、社会审美机构和审美活动的多样性，[6]其审美内容丰富且广阔，这对于弥补学校美育不足，丰富其教学内容具有直接的作用。第一，社会美育力量的参与使学校美育的教学内容更加全面。学校美育教师大多对美育中某一领域较为擅长，而对美育的其他方面则较为薄弱，学生难以接触到更多的美育内容。社会美育涵盖音乐、舞蹈、歌剧、美术、戏曲、影视等诸多方面，通过与学校合作开设艺术微课堂、国画、书法、手工兴趣班、合唱社团课、台词表演、英语剧等方式参与学校美育工作，以激发学生的兴趣爱好，为发展学生特长、丰富学生生活、健全学生心灵创造环境和条件。第二，为专业力量走进学校美育课堂提供机会。国家大剧院与北京地区一些中小学合作后，学生有机会与郎朗、吕思清、黄蒙拉等艺术家零距离交流，接受专业的艺术指导，开阔学生视野，提升学校美育的课程品质，无疑是专业力量走进学校美育课堂的样板之举。第三，能够缓解过去学校美育脱离学生生活的情况，让学生的审美素养养成真正落地。2020年新冠疫情席卷全国，中央戏剧学院、中央民族大学等高校参与中小学美育教学，带领学生用音乐、京剧等形式向疫情中的最美逆行者致敬，用歌声鼓舞人心，是美育融入生活的生动案例。这种融入不仅提高了学生的学习热情，激发学生的审美情感，而且通过生活中的美，抒发了学生的家国情怀，实现了美育从"育身"到"育心"的转变。第四，有利于美育校本课程的开发。社会美育力量基于自身的学术背景和专业优势，与学校美育教师共同开发具有当地特色且服务于学生个性化审美需求的校本课程，让学生学会发现和感受身边的美，同时丰富学校的美育内容，充实美育课程资源，是学校美育课程开发的崭新力量和源泉。

（三）创新学校美育方法，提供直接审美体验

学校美育主要采用技艺化、知识化和功利化指向的传统艺术教学方法，教师将关注的重点放在学生的艺术技法或知识的掌握程度上，课堂中往往缺少极为重要的审美参与和审美体验。通常，教师以课件的形式浮光掠影般地呈现教学内容，很难意识到沉浸式教学对于美育的重要价值，这不但忽视了学生审美素养的培育，也让学校美育因其实施方式的机械而处于更加薄弱和局促的地位。事实上，美育强调通过形象、生动且富有感染力的审美对象，以形象直观、熏陶渲染的方式激发学生对美的感知与体验，进而在教学过程中实现美的启发与美的创造。正如杜威（Dewey）所言，"思维起于直接经验的情境"，[7]这在美育中同样适用。玛克辛·

格林(Maxine Greene)认为,审美不是静止的,不能单从静态的角度去教导学生被动的感受美,而是需要学生学会走出教室,通过主动参与开启自身的想象力,唤醒主动反思与行动的力量。[8]"走出教室"意味着教师给学生带来美育知识的同时,也能带领学生真实体验到美的事物,只有使学生沉浸在美的情境中,学生才能感同身受,培育良好的艺术修养,这恰恰是学校美育所缺乏,而社会美育能够有力补充的重要方面。社会美育多是基于真实事件和实际问题展开,个体通过实物展示、情境创设、实践操作,在解决实际问题中逐步培养对美的认识与感受,使美育的直观性、形象性和趣味性等特点能够充分彰显。通过社会美育力量参与学校美育弥补了学校美育以间接教学为主、缺乏情境创设与忽视学生体验的局限性,引导学生进行体验学习、情境学习。通过开设观摩课程提升学生审美素养、增加实践课程使学生亲身感受美育魅力、鼓励学生登台表演以提高其自信心和创造力。通过调动学生各种感官与外部环境的交互,以美育活动的感染力使学生置身于美的环境中,让"美"可见可感。这些都为学校美育方法的创新提供了丰富的空间。

（四）融入传统美育文化,讲好中华美育故事

美育中蕴含着丰富的中华文化内容,无论是美术中的花鸟图案、装饰纹样,还是音乐中的金石之声、钟鼓之乐,处处都展现出审美教育中应有的文化魅力与内涵。但在学校美育中,教师因受课时、自身水平等条件的限制,在教学中难以深入挖掘美育学科中的优秀文化,学生无法深入了解其中的民族文化、中华文化,美育应有的文化魅力被遮蔽。事实上,对美育学科的学习,需要在学生感受其幽深之美的同时,也能够从内心深处真正涌起对中华民族几千年灿烂文化的深刻认识,了解根植于中华优秀传统文化深厚土壤的美育故事,提升民族自信心与认同感。社会美育作为传播中华优秀传统文化的重要载体,其中包含着丰富的民间艺术、民间文化、民族特色,通过参与学校美育,能够带领学生关注美育文化的传承,在教学相长中探寻艺术真谛,在学习过程中坚定文化自信,落实《美育工作意见》中"强化中华优秀传统文化,弘扬中华美育精神"的内容,坚持美育的正确方向。银川韩美林艺术馆在参与学校美育时,融入了木刻版画拓印、纸刻书、民间剪纸艺术、布贴画等非物质文化遗产;国家大剧院为学生提供了鼓、锣、云锣、木鱼、木板等传统打击乐器课程,歌剧、京剧行当、地方戏曲等文化意蕴深厚的戏剧课程;中央美术学院与中小学共同开发国家宝藏、华夏传说系列课程,如《梦回大秦——兵马俑对你说》《俑偶华彩——乐舞俑对你说》《金戈铁马——兵器战马对你说》。学生在平时的课程中较少接触这些内容,但它们确是中华优秀传统文化的深刻反映。通过学习,学生能够领略其中的文化元素、中华元素,更多地认识和理解美育学科背后的优秀文化、积极价值和向上精神,让学生近距离感受中华传统文化的独特魅力,领略中华文化的博大精深和源远流长。社会美育力量通过将传统文化融入课堂,促进学生以整体理解并传承中华文脉为目标,讲好中华文化之美,体现美育的深度和层次,实现美育的文化价值。

（五）充实学校美育力量，缓解美育师资不足

推动社会美育力量参与学校美育发展，其中重要原因在于学校美育专业师资不足。第一，受考试导向及单纯强调文化知识的功利化思想所钳制，中小学师资力量被重点投入到语、数、外等学科上，美术、音乐等学科大多得不到应有的重视。根据教育部公布的数据，全国义务教育阶段美育教师人数由 2015 年的 59.9 万人增加到 2019 年的 74.8 万人，[9]虽增长了 14.9 万人，但与义务教育阶段在校生人数的 1.54 亿，学校约 21.26 万所的庞大规模相比，[10]仍显得微不足道。在不考虑地区差异、城乡差别的情况下，平均师生比为 1∶205，每所学校约有 3 名美育教师，教师队伍建设明显滞后。第二，这一问题在农村地区更为严重，存在美术、音乐教师由其他学科教师或班主任"兼任"的情况，而这部分"兼任"教师的美育专业素养尚未达到国家规定的要求，难以对学生进行专业的指导，学生美育学习的科学性、专业性和持续性较差。第三，2021 年 7 月，中共中央办公厅、国务院办公厅印发《关于进一步减轻义务教育阶段学生作业负担和校外培训负担的意见》，提出要构建教育良好生态，提升学校课后服务水平，满足学生多样化需求。[11]在政策引导下，学校应利用课余时间，开展丰富的课后育人活动，实现学生全面发展，但实际上部分学校由于美育师资力量不足等因素的限制，课后内容参差不齐或学校仅提供作业辅导和看护托管服务，较少美育相关活动的开展。相比之下，社会美育力量涵盖艺术家、高校美育专家、教师及社会美育工作者等高水平高质量的人力资源，能够从课程教学、实践活动、教师队伍建设等方面为学校美育发展提供持续性、专业性的帮助。对于上述问题，促进社会美育力量参与学校美育，便能在一定程度上充实学校美育力量，缓解学校美育师资不足，通过二者间相互合作，汲取先进的美育理念，共同打造协同高效的学校美育新格局。

（六）提高美育普及水平，促进校际资源均衡

美育的初衷不是为了培养少数艺术尖子生，而是让所有学生都能平等地获得接触美、学习美、享受美的机会，实现全员育人、全程育人、全方位育人，促进全体学生全面发展。然而，由于重点校与非重点校、城市学校与乡村学校的结构性差异，美育资源在地区之间、城乡之间、校际之间存在分化，具体体现在美育课程资源的占有情况、美育课程的实施能力与水平、经费投入等方面。例如：社会发展条件好、经济发展程度高、文化底蕴深厚的地区学校美育资源较多，而其他地区的美育资源则稀疏零星，特别是农村学校美育资源更是严重短缺。学校缺少琴房、舞蹈室、美术室、音乐室等专业美育设施设备，音乐课所需乐器数量不足或年久失修，美术课画板、颜料等教学工具缺乏等情况比比皆是。根据协同论的自组织原理，合作是一个涉及从无序到有序的自组织过程。[12]面对学校美育资源的不均衡，社会美育力量的有效参与，通过合理统筹，教育行政部门统一调度，在一定程度上能够弥补资源禀赋较弱的地区学校美育资源不足的问题。据统计，截至 2019 年末，我国艺术表演场馆 2 716 个，美术馆 559 个，群众文化机构44 073 个，博物馆 5 132 个，[13]美育从业者更是数量庞大，包括各场馆工作人员、高校师生、民

间美育从业者等,都能为学校输送优质的美育资源。社会美育力量的参与,使势单力薄的"学校独舞"逐渐变为气势磅礴的"社会群舞",充分发挥全社会资源在美育方面的优势,激活学校美育的内涵发展、特色发展。在学校美育现有资源与美育发展无法充分而完全匹配的当下,社会美育力量的参与为学校美育的发展提供了有力的补充,成为探寻学校美育均衡发展的必经之路。

(七) 构建终身美育生态,提升国民精神建设

朱光潜在《谈美感教育》中强调"美感教育的功用在于怡情养性",[14]认为美育有解放的作用,即开启心智、自由思想、释放人心灵的力量。[15]当今社会,信息、数据、网络等非情感要素对人类精神世界不断侵袭并逐步蔓延,造成诚信的缺失、浮躁功利之风的盛行、精神疾患的增多,严重影响着青年一代的人生观和精神风貌的形成,[16]这样的美丑不分、精神生活空虚、高尚情操的缺乏与美育的缺失不无关系。[17]一直以来,学校美育被认为是学龄阶段的审美教育,社会美育被理解为青年步入社会后接受的补充教育,二者被割裂开来。事实上,在步入社会后,个体接受美育是以个体的审美兴趣与生活态度为取向的内在选择,而这一选择,大多与早期家庭、学校对个体审美素养的基础塑造有关。如果家庭、学校重视对学生审美素养的培育,社会美育将影响个体未来的发展,反之则不然。这就使得部分学生在离开学校后与审美教育渐行渐远,并逐渐在碎片化、高压力、单向度的社会场景中失去了审美能力,造成了上述种种不良倾向。倡导社会美育力量参与学校美育,是强调美育的整体性、系统性和可持续发展性,是践行终身美育理念的重要举措。党的十九届四中全会提出,要构建服务全民终身学习的教育体系,着力形成全社会共同参与的教育治理新格局。审美教育同样如此,通过社会美育与学校美育的合力,在学生内心深处种下一颗美的种子,在学生步入社会后逐渐发芽、长大,二者共同将审美教育的作用区间延展至个体的一生,进而促进个体理想人格的建构,实现社会国民精神的塑造,发挥美育的终身性特点。社会美育与学校美育的衔接渐融,以相对稳固、延续的姿态实现对人一以贯之的审美教育是构建终身美育生态的关键一步,同时也是提升国民精神建设的必备前提和战略性力量。

必须明确的是,社会美育力量引入学校后虽然能够发挥重要作用,但相对于学校美育力量,只是补充、协助的作用,不可替代学校美育力量。因此,在学校场域下协同育人机制的构建,需要厘清社会美育力量与学校美育力量间的关系,明确双方在协同育人中的角色和责任,充分发挥好社会美育与学校美育两种力量的各自作用,形成密切有效的配合。社会美育力量因其具有专业化的师资团队、先进的美育理念、丰富的教学内容、富有创新性的教学方法等优势,具备了协助、补充、扩展、深化学校美育的条件,能够在一定程度上缓解学校美育现存的不足,为学校美育建设提供专业化支持,发挥出学校美育对学生全面发展的最好引导和最大促进作用。社会美育力量参与学校美育的最初目标是让专业"走进"学校,而其更重要的作用是

让专业"留下来"，在社会美育力量离开后，学校是否还能开展规范、优质、专业化的美育课程才是社会美育力量参与的价值所在。因此，社会美育力量在发挥"输血"作用的同时，要帮助学校培养美育"造血"能力，为学校美育注入新鲜活力，带动学校美育教师专业发展、内涵发展和持续发展，学校在这一过程中也要不断强大自身的美育力量，增强内生发展动力。

二、道阻且长：社会美育力量参与学校美育的现实困境

实际上，早在 2015 年，国务院办公厅颁布的《关于全面加强和改进学校美育工作的意见》就提出，整合各方资源充实美育教学力量；2017 年，教育部颁布的《学校体育美育兼职教师管理办法》提出，采用社会公开招聘或政府购买服务等多种渠道选聘美育兼职教师；2019 年，教育部启动实施美育浸润行动计划，建立高校支持中小学美育协同发展机制；直到 2020 年，中共中央办公厅、国务院办公厅印发《美育工作意见》，这一系列的美育文件都在强调社会美育力量参与学校美育的迫切需要和重要作用。但是，从现实情况来看，社会美育力量参与学校美育的实际步伐比较缓慢，政策落实还面临诸多困境。

（一）观念弱化：主体间协同育人意识淡薄

协同育人是指学校在教育中发挥主导作用，与社会力量结成伙伴关系，打开校门办学，目的是整合资源，形成教育合力，达到 1＋1＞2 的效果。在美育上，社会、学校也应负有相应的责任，通过合作实现对学生审美素养的培育。其中，主体间的合作意愿深刻影响着协同育人的行为。现实情况是，各主体在协同育人意识上表现出一定程度的淡薄，主要体现在两个方面：一是社会美育力量参与意识不强。一直以来，社会中弥漫着错误的观念，认为学生进入学校以后的相关教育，无论是知识的传授还是各种能力的培养，都是学校、教师的责任，社会力量缺少参与、积极性不高、角色与责任意识模糊。事实上，仅靠学校、教师的单兵作战，很难完成对学生审美素养、人文素养的培育。相较于学校美育教师，专家、社会美育工作者由于是在相应的舞台实践中成长起来的，有着深厚的专业艺术背景，可以为学生带来更专业、更贴近生活和贴近社会的审美体验。二是学校信息较为闭塞，主体间的沟通意识不强、互动不通、沟通渠道不畅。学校难以将自身的需求告知社会美育力量，社会美育力量也无法知晓学校的美育发展情况并提供及时的帮助，缺少联系、流动与信息共享渠道，造成了二者间的信息差，进一步淡化其合作意识、削弱合作关系，这对于社会美育力量参与学校美育造成了严重的阻碍。

（二）机制乏力：社会美育与学校美育合作短期化偏向明显

学校教育不是孤岛，通过社会美育力量的参与，在一定程度上能够改变分散、封闭、单一的传统学校美育形式，形成统一、开放、优势互补的美育发展新格局。但是，受学校与社会地理空间阻隔、共享动力不足、实际操作困难、自身利益冲突等因素的影响，二者呈现出相对独立、封闭，缺乏交流与协调，长效机制尚未有效形成，责权不明确，参与的持续性不够等问题。具体体

现在:第一,社会美育力量参与学校美育缺乏系统的支持机制,其参与的主动性、系统性不够,缺少长期稳定的经费支持,导致社会美育力量参与学校美育动力不足,短期化偏向明显。第二,社会美育力量参与学校美育的协调机制不健全。完整的教学过程包括备课、上课、评价等环节,为有效达到教学目标,社会美育工作者必然要参与到学校美育的教学过程中,那么,如何设计课程能够最大化地保障学生的学习,切实提升学生的审美和人文素养?上课阶段如何有效地呈现教学内容?课堂的时间如何划分?教师与社会美育工作者在课后如何进行有效的教学反思,进而改进和优化教学?在参与过程中,如何更好地发挥二者的优势?这些问题的解决需要学校美育教师与社会美育工作者进行合理且明确的分工,做到相互配合、高效协同。在授课结束后,学校教师与社会美育工作者的联系较少,没有形成持久规范的合作机制,短期性明显,从而导致参与的表面化,难以为学校美育发挥更大的作用。第三,社会美育与学校美育之间的共享机制乏力。双方因缺乏必要的沟通及共享资源平台,社会美育方面无法及时全面了解学校的需求,出现信息不对称现象,影响了合作主体的协同效率和质量。因此,建立长期化、常态化的激励机制、双向交流机制、共享机制等是必要的,也是在参与过程中需要考虑的重要问题。

(三)契合难点:校内外审美教学认知点联结困难

社会美育力量参与学校美育的主要途径体现在美育的课堂教学中,双方依据所在地区的特色、校内学生的特点,通过找寻社会美育与学校美育中的教学联结点,设计具有针对性的教学内容并教授给学生。但是,在社会美育中,资源类型多样且复杂,内容多元且丰富,在众多美育资源中,想找到契合学校美育教学的交汇、重合、耦合点实属不易。此外,还需考虑当地学生的接受程度、认知水平和心理发展特点等因素。以基础教育阶段为例,学生的学习一般划分为三个阶段,1—3 年级为第一学段,学生以体验感受、认识美为主;4—6 年级为第二学段,学生以发现美、欣赏美为主;7—9 年级为第三学段,学生以探究、创造美为主。在教学的具体安排上,审美联结点的选择既要满足学生的审美需求,符合学生心理特征和认知水平,也要适应社会的发展,能够切实提高学生的审美能力,而不是将二者简单相加,是需要量身定制、量身整合的。银川韩美林艺术馆在选取教学内容时,针对不同年级的学生做出具有针对性的教学设计,其中,低年级学生的教学目标是初步培养学生认识美的能力,形成审美习惯,为学生今后的学习打下基础。因此,在授课时要避免教授难度较高的教学内容或使用较困难的教学工具,通常选取低年级学生易于接受和掌握的教学内容,并以图文并茂、游戏教学的形式,实现情景化、互动式体验。从课程的选题到内容的编纂再到形式体裁都应体现受教育者的特点,以便更好地开启学生的审美之旅。总之,提升合作交流的效率,形成规范化的主体间协作关系和情感化认同,共同为学生传授美育的相关知识,必须找到社会美育与学校美育之间相契合的审美教学联结点。但是,高标准的联结也给社会美育力量参与学校美育带来了不小的困难。

（四）管理模糊：社会美育力量中师资管理缺乏规范

师资队伍建设一直是学校开展美育工作的瓶颈，主要原因在于符合教学条件的现有学校美育教师数量不足。虽然，教师数量逐年有所增长，但其增长速度难以跟上全国不断扩大的需求。2017年，教育部印发的《学校体育美育兼职教师管理办法》提出："选聘其他学校专业艺术教师，校外教育机构、宣传文化系统与社会文化团体的艺术工作者，民间艺人或能工巧匠等，以及符合资质的政府购买服务的承接主体为美育兼职教师"，[18]以此弥补学校美育中师资匮乏的现实困境。值得注意的是，社会美育力量中师资队伍水平参差不齐、参与人员不稳定、审美素养差异大是当前在参与过程中面临的重要问题。一方面，当社会美育中的美育工作者面对的教育对象从成人变为青少年，教学形式从相对开放的场馆环境走向相对封闭的教室环境时，外部环境的改变着实给部分社会美育教师带来了不小的困难。另一方面，社会美育师资自身的构成也较为复杂，年龄、教学能力、学科背景、知识层次各不相同，且社会师资队伍大多自发组成，或由美育场馆中的某一固定部门全程承担，缺少选拔和聘用、监督和管理的制度保障，因此，社会美育师资队伍存在明显的不稳定性、随意性。这需要社会美育力量在参与学校美育前，明确双方的责任和角色，建立规范的教师管理制度。

（五）文化隔膜：社会美育与学校美育既有的差别

社会美育和学校美育的最终目的都是对受教育者施以审美教育，使其获得美的体验、开阔视野、陶冶心灵，二者相互联系、重叠。但是，在具体目标、教育对象、实施方式等方面却具有明显差异，并形成了独具自身特色的育美文化。第一，从具体目标来看，社会美育具有社会性的特点，通过广大民众接触艺术，使艺术普及于大众的精神生活，在社会文化生活的互动中以塑造审美情感、建设社会主义精神文明为目标。在不同时代，社会美育会随着新的社会生产力发展构建新的环境，发生新的变化。学校美育旨在通过传授必要的美育基础知识，帮助学生树立正确的审美观念，对现实生活作出正确的审美判断，培养学生健康的审美情趣，[19]是学生健康成长与全面发展的重要一环。第二，社会美育的对象往往无法预设，通常是由于兴趣或需求的动机而凝聚在一起的群体，对象大多为成人，具有一定的理论和实践基础，没有性别、阶层、地域的限定，涵盖群体范围较广。与社会美育有所不同，学校美育将在校青少年学生作为教育对象，群体固定，学生的认知水平、心理特征和接受能力都具有其独特性，其中不乏零基础和接受能力较弱的学生。第三，在实施方式上，社会美育是一种弱化了教育本位的复合场域，美育活动表现较为松散、断续，具有自由度高、开放性和现场感强等特点，受教育者可以自由选择、自由体验。学校美育主要将音乐、美术学科及相应的课外活动作为其重要的实施途径，由教师带领学生学习相关知识，引导学生开展鉴赏美和创造美的活动，具有专门化、系统化和科学化的特点。基于上述差别，二者独具自身特点的育美文化使社会美育力量在融入学校美育时产生了文化隔膜，这成为政策在落实过程中的困境。

三、美美与共:社会美育力量参与学校美育的有效路径

在多主体共同提供美育的教育生态中,社会美育力量如何有效参与,如何将教育因素、教育力量、教育资源融合成为一个整体,协助学校美育力量为学生提供全面的审美教育至关重要。但是,这不是一朝一夕、一蹴而就之功,社会和学校要以培养学生审美素养为目标,充分利用社会美育力量的优势有效弥补学校美育的不足,努力探寻一条科学的、可操作的协同育人之路。

(一)协同创新,树立学校社会两种力量共同育人的美育理念

理念是行动的先导,认识是行动的前提。积极转变由学校唱育人"独角戏"的传统思维,增强协同育人的美育理念,是推动学校美育发展的重要前提。社会美育力量要积极主动参与其中,努力在美育"大合唱"中唱好"和音"。"协同的目的是为了实现系统整体的统一、结构的稳定、进化的有序和功能的最优化"。[20]学校和社会二者在思想上,要深刻认识社会美育力量的参与对学生审美能力的培养和学校美育的发展具有重要价值。随着教育现代化的推进,协同育人在这一时代愈加重要,学校孤军奋战的育人状态已不能适应当下的教育需要,教育要更加注重融合发展、更加注重共建共享。作为教育生态中的重要组成部分,无论学校还是社会,第一步都需要转变观念,建立积极主动的合作态度以及树立教育共同体意识。就学校方面来说,要树立教育主体意识,发挥主导作用,积极选择适合自身发展、学生发展的优秀社会美育资源。就社会方面来说,社会在学校美育中要发挥依托作用,要认识到培养学生的审美能力,不仅仅是学校的责任,也是全社会的共同义务,积极与学校协作配合,树立起责任意识、合作意识、奉献意识,发挥自身独特的教育作用,形成二者的融合之力。社会要站在促进学生全面发展的高度,配合学校美育工作。只有先在思想上树立协同意识,逐步再到行动上搭建种类多样、相互支撑、层次递进的协同育人体系,才能促进学校和社会在美育上同向同行。

(二)机制完善,以建立持续深入的合作机制为目标导向

确保社会力量参与学校美育的实际效果,需要其参与的持续深入,一是时间上的延续性,社会美育力量的参与不能是间断式、可有可无的,也不能是流于形式、走过场的;二是空间上的广延性,不能只局限于某几所学校,在协同育人机制成熟后要形成体系,要能够切实帮助学校美育的发展,实现从"小规模、零散化"的参与向"大规模、体系化"转变。那么,建立二者长效合作机制至关重要,具体可以从激励机制、双向交流机制、共享机制三个主要方面着手。第一,建立长效激励机制,在国家全面深化改革的背景下,我国美育政策正渐趋完善,自2015年国务院办公厅颁布第一个对美育做出重要部署的党的文件以来,不断提出"要整合各方资源充实美育教学力量""各地积极推动高校和社会美育力量参与中小学美育工作,健全高校支持中小学美育协同机制"等意见,从制度层面给予学校美育重要支持。在社会美育内部,需充分发挥评

价的导向性作用,激发社会美育力量参与学校美育的内驱力。首先,通过建立人员流动和奖励机制,发现并及时奖励参与度高、教学效果好的社会美育教师,形成示范效应,选拔更为适合学校美育发展的优秀社会力量参与其中,调动其积极性、创造性,为教师队伍营造良好的成长和发展环境,形成学校和社会在美育教育上良好的合作氛围。第二,建立健全双向交流机制。社会美育力量需转变仅参与学校美育教学的单一交流方式,在教学结束后,就如何进一步提高学生的审美能力,如何让社会力量的参与具有延续性等问题作进一步沟通交流,并对学校在美育教育过程中遇到的问题进行定期集中研讨,与学校一起制定美育教学计划及方案、创新学校美育教学方法等,推动美育教育双向合作、融合发展。第三,建立共享机制。为确保社会美育力量参与学校美育具有针对性、有效性和可持续性,政府与学校之间、政府和社会之间、学校和第三方团体之间要探索建立供需信息对接平台、学习资源共享平台,让社会充分了解学校在美育方面的需求,精准对接双方供需,保障参与的实际效果。综上,社会美育力量参与学校美育需从多角度进行考量,构建支撑有力、交流通畅、共享共育的长效合作机制,实现社会力量的参与真正落到实处。

(三)课程整合,以开发丰富多样的美育主题课程为实施途径

社会美育偏重于具身性强的实践性知识,而学校美育偏重于通过让学生学习间接知识提升人文素养、审美素养,前者关注"问题解决、创意物化"的涉身能力目标,强调审美体验,引导受教育者感知美和领悟美;后者基于音乐、美术等美育学科,看中"通过传授基础知识、基本技能来提升学生审美鉴赏水平"的获得性目标。二者在实施方式上看似不同,实则并不是相互排斥、相互分离的,而是可以有针对性的互补。要做到这一点,需进行一体化布局,学校通过融合社会中优秀的师资团队、文化资源、场馆资源,打破校内与校外、课内与课外的壁垒,寻找其中相互联系的教学内容,共同开发丰富多样且符合学生特点的主题课程。依托主题整合起来的课程不是外部形式的简单拼凑,而是具备一定的逻辑线索,围绕主题、对知识进行选择性组织、整体性联结和功能性转化。例如:为加深学生对国宝大熊猫的了解,激发学生热爱自然、保护环境的意识,银川韩美林艺术馆在参与学校美育教学中围绕这一主题设计课程,将低年级学生乐于接受的立体书作为教学工具,以关爱大熊猫为背景,遵循由浅入深、由点到面的原则实施教学。在课程导入部分,社会美育教师首先介绍韩美林先生表达大熊猫的几种绘画形式、动物刷水画的表现方法,以富有情感的语言再现艺术作品中蕴含的思想情感,让学生感受美的多样性。从构思创意、课堂教学再到互动体验,社会美育力量的参与给予学生更多创造、想象的空间,运用形象、生动的方式激发学生强烈的学习欲望。在教学的各个环节,社会美育师资与学校教师分工合作,针对学生审美发展规律,共同打造内容丰富、形式多样且适合不同年龄阶段、循序渐进的主题课程,课程内容既拓宽了学生的视野,又满足了学生的审美需要。从课堂评价反馈来看,这节主题课程由于贴近学生生活,选取的教学工具新颖独特,激发了学生美育学习的热情,为其审美素养、人文素养的培育提供了难得的机会。

(四) 技术支持,以搭建信息共享平台为拓展依托

学校、社会等多元主体参与,形成新的美育"治理"格局,这需要教育信息技术提供协作平台,使教育更加系统、协调和开放。[21]近年来,国家在教育信息化方面投入了大量人力、物力,实施了"三通两平台"(宽带网络校校通、优质资源班班通、网络学习空间人人通及教育资源公共服务平台、教育管理公共服务平台)"农村中小学现代远程教育""教学点数字教育资源全覆盖"等工程,包括农村学校在内,在基础设施配备、科技教学建设等教育信息化方面都取得了初步成效。在社会美育力量参与学校美育的过程中,可融入这一优势,增加现代科学技术设备的使用,实施信息化教学,改变以往单一的教学模式,丰富课堂教学形式。通过以信息技术为手段,搭建美育协同育人平台,缓解部分地区由于美育专业师资短缺,音乐、美术等学科开设数量与质量不达标,社会与学校地理空间阻隔等问题。具体可以从三方面展开:第一,以共建共享为理念,充分利用网络、信息技术等手段积极开发信息化美育课程资源,社会美育力量可利用自身的优质资源分段分层地开发学生喜闻乐见的美育课程。由于学校教师在教学中积累了丰富的资源应用经验与体认,了解教学中在何时何处需要何种形式、何种内容的资源,[22]保证美育教学与学生实际的适应性,因此,学校教师可在其中选择适合本校学生的美育课程,帮助学生拓宽视野,获得更加全面的审美知识与体验。第二,信息技术是社会美育力量与学校间信息沟通的桥梁,可用以解决主体间信息闭塞、沟通不畅等问题,以便社会美育力量及时了解学校在美育上的需求与不足,提供适当帮助,使得主体间协作更加便捷、高效。第三,学校可与校外美育从业者、专家、艺术家找寻沟通合作的契合点,打造线上—线下双师课堂,为学生带来丰富多样的教学资源,让学生全面地享受美育的浸润与陶冶。依托信息技术将发达地区的优质美育教学资源覆盖到资源欠发达地区的学校美育课堂,并与学校中既有资源相统一,推动区域、城乡、校际之间美育教育的均衡发展,即便是地处偏远的农村地区,也能够共享先进的美育理念与经验,有效推进学校美育不断向上发展。

(五) 师资优化,以联合校内外美育教师队伍为育人保障

着力打造校内外高素质美育师资团队是社会美育力量有效参与学校美育的重要举措。当前,学校面临着美育师资匮乏的现实困境,现有师资队伍无论在数量还是质量方面都无法满足学校美育的需要,而社会美育师资包括美育场馆的工作人员、培训教师、艺术工作者以及高校一线教师、专家,数量庞大且师资水平高,能够有力补充学校美育力量。但是,学校美育教师和社会美育师资由于自身知识与经验结构各具特色,需相互补足。例如:学校一线美育教师懂得教育教学的基本规律、了解学生的身心发展特点与实际需要,社会美育教师具备较多的美育实践知识、专业知识,通过二者的结合,能够形成既有丰富的教育教学知识,又有深厚美育功底的教师队伍。艺术专家与学校教师的交流合作,使艺术家转型为艺术教师,普通教师升级

为美育专家,在同属教育主体的前提下平等沟通、相互合作,为学生提供更专业、更具针对性的审美教育,可谓是一举两得。促进二者的深度融合,可以从以下几点着手:第一,保证社会美育师资的综合素养水平。教师素养直接影响着课堂教学的质量,也是合作能够顺利进行的基本保证。针对社会美育师资,需要制订相应的准入管理办法,即符合一定条件的教师,可以通过个人申请、所在单位推荐等准入流程,参与学校美育工作,并规范社会美育教师的准入管理办法,切实保障各方权利。第二,按照不同教师的擅长点,在有条件的地区建设一批美育高端智库,提升学校美育的科学性、专业性。校内外教师可对参与前准备阶段、参与过程中需要解决的问题以及参与后反思评价阶段进行深入交流,将典型课程形成课例,以期从中发现、提炼、总结经验并加以推广。第三,社会美育教师需进行岗前培训,提升社会美育工作者的教学能力、课堂组织能力、管理学生能力,加深对学生美育学习和心理发展规律的理解,保证其具备参与学校美育工作的基本能力,以更加科学、规范、有序的方式开展育人活动。第四,培养种子教师,充分发挥辐射和示范引领作用。通过与社会美育力量共同开展形式多样的培训活动,包括座谈会、美育学科专项培训、研讨交流、汇报分享等,激发学校美育教师进一步拓宽思路,开阔眼界,增强其"造血能力"。第五,优先考虑那些有美育需求但是能力不足、师资不足的薄弱学校,这是促进教育公平优质均衡发展的现实要求。保障校内外教师队伍的深度融合,是优化美育师资队伍,促进美育在学校中真正落地生根并获得持久发展的重要内容。

(六) 文化融合,以树立并落实大美育观为发展指向

针对社会美育与学校美育之间存在的文化隔膜,亟须融合社会与学校的育美文化,寻找二者的契合点,切实树立并落实大美育观。一方面,要处理好社会美育与学校美育的关系。虽然,二者在教育对象、具体目标、实施方式上有所不同,但是,社会美育确实能够成为学校美育的良好配合与拓展。在参与学校美育的过程中,社会美育自身也能超越狭隘的以美的知识与技能为主旨的小美育,走向关注个体审美素养、审美能力的大美育,不断超越以往主要面向成人、全开放式的固定化模式,进一步拓展社会美育新途径。社会力量参与学校美育在采用"走出去"方式的基础上,同样可以"引进来",即一是组织有条件的学校定期带领学生现场参观各类美育场馆,让收藏在馆所里的文物、陈列在大地上的文化艺术遗产成为学校美育的丰厚资源,构建"学校美育课程+实地美育场馆观摩学习"模式,使美育教育的场景更加多元。二是可以在社会美育中增加美育类课程或公益性活动,供学生以社会美育场馆为场域进行美育学习。这不仅为学生搭建起社会美育与学校美育的桥梁,还提供了立体、多感官刺激的场景化美育学习平台,树立人人、时时、处处皆美育的大美育观。这对于社会美育来说,是挑战,更是进步、创新和发展。社会美育与学校美育的有效协同不是用某种主导范式来强行统一,也不是消除各自的优势和特色而借取另一方,而是在保持自身优势和特色的基础上,在交流融合的基础上实现相互参照的良性循环。另一方面,社会美育力量参与学校美育不应局限于学科美育,而应拓展至学校美育的各个方面,参与的内容也不应局限于教学,可以扩大至美育理念的顶层设计、环境美育的实施层面等具体范畴。例如:在理念层面上,社会美育力量可引导学校树立"与美同行"的美育理念,形成教师、学生情感上的认同。在环境层面上,可以充分利用教室、校园公共场地、操场、宣传栏、课间铃声等载体,共同将学校营造成富有美感、充满艺术气息和书香氛围的校园,充分发挥社会美育力量的优势,让学生在课堂、校园中认识美、体验美和感受美,努力构建课堂教学、课外实践、校园文化建设、艺术展演四位一体的美育融合机制,以大美育观为引领构建育人模式,真正建成"大在美育、大在融合、大在共生"的美育教育新体系。[23]

参考文献

[1] 中共中央办公厅、国务院办公厅.关于全面加强和改进新时代学校美育工作的意见[EB/OL].[2021 - 4 - 19].https://www.gov.cn/zhengce/2020-10/15/content＿5551609.htm? trs ＝ 1＆ivk＿sa ＝1024320u.

[2] 教育部体育卫生与艺术教育司.深化改革　创新引领　推进学校美育工作高质量发展[EB/OL].[2021 - 4 - 19].http://www.moe.gov.cn/fbh/live/2020/52806/sfcl/202012/t20201214＿505281.html.

[3] 联合国教科文组织国际教育发展委员会.学会生存——教育世界的今天与明天[M].北京:教育科学出版社,1996.

[4] 欧阳哲生.蔡元培卷(中国近代思想家文库)[M].北京:中国人民大学出版社,2014.

[5] 张念宏.中国教育百科全书[M].北京:海洋出版社,1991.

[6] 汪宏.社会美育的特性及其审美功能[J].河北理工大学学报(社会科学版),2007,7(3):102—105.

[7] [美]约翰·杜威.杜威教育论著选[M].赵祥麟,王承绪,译.上海:华东师范大学出版社,1981.

[8] 郑江梅子.玛克辛·格林的美育思想及启示[J].中国文艺评论,2020(5):66—74.

[9] 中华人民共和国教育部.全国义务教育阶段美育教师人数增至74.8万人[EB/OL].[2021 - 3 - 20].https://baijiahao.baidu.com/s?id=1686036669596950286＆wfr＝spider＆for＝pc.

[10] 中华人民共和国教育部.2019 年全国教育事业发展统计公报[EB/OL].[2021 - 3 - 20].http://www.moe.gov.cn/jyb＿xwfb/s5147/202005/t20200521＿457227.html.

[11] 中共中央办公厅、国务院办公厅.关于进一步减轻义务教育阶段学生作业负担和校外培训负担的意见[EB/OL].[2021 - 9 - 20].http://www.moe.gov.cn/jyb＿xwfb/gzdt＿gzdt/s5987/202107/t20210724＿546566.html.

[12] 吴彤.生长的旋律——自组织演化的科学[M].济南:山东教育出版社,1996.

[13] 中华人民共和国文化和旅游部.2019 年文化和旅游发展统计公报[EB/OL].[2021 - 3 - 22].http://www.gov.cn/xinwen/2020-06/22/content_5520984.htm.

[14] 朱光潜.朱光潜全集(第四卷)[M].合肥:安徽教育出版社,1988.

[15] 郭成,赵伶俐.大美育效应——美育对学生素质全面发展影响的实证[M].北京:北京师范大学出版社,2017.

[16] 尹少淳,孟勐.学校美育与社会美育的互仿与渐融[J].美术,2021,638(2):6—9,14.

[17] 何齐宗,霍巧莲.黄济先生美育思想探要[J].教育研究,2021,42(7):71—80.

[18] 中华人民共和国教育部.教育部关于印发《学校体育美育兼职教师管理办法》的通知[EB/OL].[2021-3-22].http://www.moe.gov.cn/srcsite/A17/moe_794/moe_795/201711/t20171102_318281.html.

[19] 顾明远.中国教育大百科全书[M].上海:上海教育出版社,2012.

[20] 韩明安.新语词大词典[M].哈尔滨:黑龙江人民出版社,1991.

[21] 章晶晶,王钰彪.作为构建新时代"全面培养的教育体系"必由之路的教育信息化——全国教育大会与教育信息化笔谈之二[J].中国电化教育,2019(1):6—11,53.

[22] 左明章,卢强.区域教育信息化协同推进机制创新与实践[J].中国电化教育,2017(1):91—98.

[23] 闫若婻.以美育为视角的"五育融合":价值转向与实践逻辑[J].中国电化教育,2021(7):69—74,121.

中国共产党领导下红色文化融入小学语文课程的政策变迁分析

王迎春　王　瑜

【摘要】在我国全面建成小康社会的新时代背景下，小学语文课程是红色文化融入小学教育的重要途径。在融入课程目标方面经历了以全心全意为人民服务为目标、以为社会主义现代化建设服务为目标、以实现学生全面发展为目标的阶段；在融入课程内容方面经历了英雄人物选取阶级色彩浓重、榜样人物选取凸显时代特色、榜样人物选取注重生活化的阶段；在融入课程实施方面经历了党团组织与少年儿童队相结合、广播影像与特色实践活动相结合、拓展红色文化网络教育平台的阶段；在融入课程评价方面经历了个人认知—政策规范式评价、个人认知—体验学习式评价和个人认知—动态学习式评价的阶段。根据时间发展，本文对这三个阶段中融入目标、内容、实施、评价进行了分析，旨在推动当前红色文化融入小学语文课程治理现代化的发展。

【关键词】小学语文；红色文化；课程标准；政策变迁

【作者简介】王迎春/广西民族大学教育科学学院研究生
　　　　　　王瑜/南宁师范大学教育科学学院教授

【特别说明】本文已在《现代中小学教育》2021年第12期发表。

An Analysis of the Historical Changes of the Integration of Red Culture into Elementary Chinese Curriculum

WANG Yingchun & WANG Yu

Abstract: Under the background of the new era of building a moderately prosperous society in an all-round way, Chinese curriculum in primary school is an important way to integrate red culture into primary school education. In terms of integrating into the curriculum objectives, it has gone through the stages of serving the people wholeheartedly, serving the construction of socialist modernization, and realizing comprehensive development of students. In the aspect of integrating into the course content, it has experienced the stage of selecting heroes with strong class color, selecting role models with prominent characteristics of The Times, and choosing role models with emphasis on life. In terms of integrating into the curriculum implementation, it has experienced the combination of party and league organizations and children's teams, the combination of broadcast images and characteristic practice activities, and the expansion of the red culture online education platform. In terms of integrating curriculum evaluation, it has experienced the stages of personal cognition-policy standard evaluation, personal cognition-experiential learning evaluation and personal cognition-dynamic learning evaluation. According to the time development, to these three stages into the target, content, implementation, evaluation analysis, to promote the current development of red culture into elementary Chinese curriculum governance modernization.

Key words: elementary Chinese；Red Culture；criterion for curriculum；policy changes

红色文化融入小学语文课程一直在小学思想政治教育中发挥重要作用,通过对历史变迁的梳理,从不同时期红色文化进小学语文课程的变革中洞悉其在目标定位、内容选择、实施途径及评价方式方面的历史演进,以期厘清红色文化教育在小学语文课程中历史变迁及价值诉求的转变,以更好地理解当前的做法及展望未来的路径。

一、新中国成立以来红色文化融入小学语文(1949—1976 年)

中华人民共和国成立后,党和国家非常重视小学生红色文化教育,制定政策确立思想教育目标、以英雄人物为榜样作为教育内容,通过学校、社会、家庭各方面实施途径,取得了明显的教育成效。

(一) 以全心全意为人民服务思想为目标

中华人民共和国成立后,《中国人民政治协商会议共同纲领》指出,文化教育要以"培养国家建设人才、发展为人民服务的思想为主要任务",这给当时红色文化教育目标指明了方向。1949 年 12 月,全国教育工作会议进一步强调文化教育方针要为人民服务、培养国家建设人才的思想。

这对语文教学提出了思想政治教育的要求,1950 年《小学语文课程暂行标准(草案)》和1956 年《小学语文教学大纲(草案)》中明确:"小学教育的目的在以社会主义思想教育儿童,培养他们成为个性全面发展的社会主义社会的成员。"正式将有关新民主主义革命历史纳入小学语文课程体系,将红色文化教育在内的思想政治建设围绕为无产阶级政治服务的理念展开。随着三大改造的逐渐完成,在人才培养方面,1958 年中共中央、国务院发布了《关于教育工作的指示》,强调教育的目的是培养有社会主义觉悟的有文化的劳动者。60 年代初,根据毛泽东提出要让受教育者德、智、体几方面都得到发展的指示,当时小学教育培养目标为"使学生具有爱祖国、爱人民、爱劳动、爱科学、爱护公共财物等品德",这亦是对为人民服务思想的强化。1977 年 9 月,根据中共中央指示,教育部决定重新确定培养目标为:为实现我国四个现代化培养又红又专的人才打好基础。[1]这一目标定位再次深化了一切从人民利益出发,全心全意为人民服务的培养理念。

在红色文化教育的感化引导下,这一时期普通中小学生的社会主义觉悟及共产主义的道德品质,都在不同程度上有所提高,不仅涌现出很多英雄榜样人物,社会道德也展现出新的活力。

(二)英雄人物选取阶级色彩浓重

这一时期,红色文化教育内容主要体现为小学语文教科书内容选取方面,以红色英雄榜样人物为主,既有国内也有国外的人物,以此来表达爱国、爱党的思想感情。

国外红色英雄故事,比如有展现中苏关系友好的课文《毛主席和苏联小朋友》;展现苏联领袖的课文《列宁的外套》《斯大林的学生时代》等;表现越南领袖胡志明的课文《胡志明的青年时代》;表现苏联英雄模范的课文《小侦察兵》《古里雅》。这些内容突出政治领袖积极向上、奋发好学、关怀弱小的道德品质。此外,国内红色英雄故事选取上具有一定的时代性特征。在20世纪50年代抗美援朝的社会背景下,小学语文课文《哥哥参军》《采篮橘子送小红》《他是从朝鲜前线回来的人》和《他永远活在朝鲜人民心中》就是响应号召,宣传抗战。60年代小学语文教科书延续了50年代的风格,但注重正反面人物的对比。《半夜鸡叫》《刘文学》《三个地主》《催粮差》课文使用反面典型人物来反衬正面英雄人物。其中《半夜鸡叫》中的周扒皮和《催粮差》中的崔九孩,一度还成为革命文学的代表符号。少年英雄刘文学舍身与地主搏斗的故事也被当成学习的典范。还有如《准跟大哥一个样》,以儿童视角立志向边疆大哥学习,增强学生守护祖国的爱国意识,赋予学生战争年代的红色文化基本观念。这些课文具有一定的政治外衣,有阶级区分,一定程度上是红色文化教育宣传的最佳途径。到了70年代,红色文化在小学语文教科书中通过革命人物的优秀事迹表达爱国之情。

综上,这一时期的红色文化教育内容主要体现以红色英雄人物为榜样,表现出革命英雄主义、阶级色彩浓重,以榜样人物为示范,培养学生红色文化意识与思想政治意识。

(三)党团组织与少年儿童队相结合

1957年秋,教育部规定将政治思想教育列入小学各年级课堂教学体系中,推广红色文化教育在内的政治思想教育在课堂教学中进行有机渗透。

课堂渗透方面,红色文化即思想品德教育在小学课程中从理论上灌输学生红色文化知识与革命理想,主要对学生进行阶级教育,要"把阶级教育的红线,贯穿在教学中"[2]。当时在备课和讲课中坚持贯彻毛泽东思想是课堂实施前提,但同时也注意落实无产阶级培养目标,在了解教材和学生的基础上,使文道和谐统一。课堂实施只是推动这一时期红色文化教育的力量之一,这一阶段实施方面还注重发挥各方面的力量,统一进行。1963年3月,中共中央颁发了《全日制小学暂行工作条例(草案)》,明确规定:要通过班主任工作、周会和少年先锋队的活动,对学生进行思想品德教育。具体实施途径有:第一,在各中小学里,善于利用党、团组织和少先队等锻炼学生无产阶级立场并进行思想政治教育。第二,建立少年儿童队。1949 年青年团中央常委颁布《中国少年儿童队章程草案》规定少年儿童队的任务是在各种集体活动中,团结和教育少年儿童,培养他们成为爱祖国、爱人民、爱劳动、爱科学和爱护公共财物的新中国的优秀儿女。[3]各地少年儿童队在各类活动中有意识地配合学校,将爱国主义教育同少年儿童结合起来,收到了明显的成效。第三,在课外活动不影响正课的情况下,少年儿童进行了一些红色文化教育实践活动,比如参观革命遗址、博物馆等。

此外,一些地方小学教育十分注重家庭、学校和社会等各方面力量,争取社会力量,坚持学校、家庭、社会三结合进行思想品德教育。比如在 50 年代初期,天津个别学校就成立了包括革命英雄、模范人物在内的"家长委员会"组织,在校外聘请辅导员队伍,加强学校合作教育,取得了一定的教育效果。

(四) 个人认知—政策规范式评价

中华人民共和国成立后,教育工作步入正轨,扫盲教育和普及小学教育的任务一定阶段取得了良好的效果,但在十年动乱期间,小学停办造成教育质量严重下降。1976 年,小学在校生 520.29 万人,农村学龄儿童入学率为 96.99%,但实际读满五年的只占 70%,毕业班学生的合格率不到三分之一。[4]在这种情况下,课程评价从理论到实践并未得到完全落实。

1953 年后,各地实施"学雷锋、创三好"活动几乎可以说是思想教育成效的最主流评价方式,并日益成为学校和团队工作的光荣传统。在学生思想品德评定规范方面,从 1955 年起到 1981 年间,教育部先后四次颁发了《小学生守则》,规则中详细规定了小学生在校内能干什么、不能干什么、该怎么做和不该做什么等内容,《小学生守则》的遵守情况一度成为当时评选"三好学生"的标准之一。《小学生守则》经过多年在各地小学中连贯执行,不仅有效规范了小学生的礼貌行为和学习与生活习惯,更加强了共产主义思想教育,使一批又一批少年儿童成长为祖国栋梁。可以说,《小学生守则》一定程度上是当时思想政治教育具体评价方式的体现。

70 年代,"学雷锋,创三好"是评定学生的重要方式。甚至在 1978 年 5 月,北京市曾明文规定连续三年获得"三好"学生奖章的初中生,可升入本校高中。可见当时学生思想品德教育和升学直接挂钩。70 年代末,各地推行"三好"学生和先进班集体的评选规则,使之成为评价个人和集体思想教育水平的主流方式。有数据显示,这一评价机制推行到江西,至 1981 年底,江西省经县以上的教育行政部门和团委评选的三好学生达 31 000 人。

二、改革开放以来红色文化融入小学语文(1976—2000 年)

1979 年后,国家全力恢复小学教育,大力提高教育质量,在少年儿童思想道德培养方面也有了新的目标和规划。

（一）以为社会主义现代化建设服务为目标

党的十一届三中全会召开以后，根据新时代背景，为了顺应改革浪潮，党和国家对红色文化教育在内的思想政治教育进行了反思，对思想道德建设认识逐渐深入。

1982年，邓小平在毛泽东理论的前提下，提出以经济建设为中心，抓好物质文明建设和精神文明建设。1983年4月，邓小平进一步阐释了社会主义精神文明建设是要培养"有理想，有道德，有文化，有纪律"的四有新人，这一内容为红色文化教育目标提供新的战略思想。1986年9月，《中共中央关于社会主义精神文明建设指导方针的决议》对加强和改进红色文化教育进行了深刻的阐述，指出社会主义精神文明建设的根本任务，是适应社会主义现代化建设的需要，培育有理想、有道德、有文化、有纪律的社会主义公民。此目标定位的表述对加强和改进红色文化教育进行了更加深刻的理解，为小学进行红色文化教育提供了方向指引。1992年8月《九年义务教育全日制小学语文教学大纲（试用）》正式公布，大纲在"前言"中强调指出，"普及九年义务教育，是建设社会主义物质文明和精神文明的基础"，"加强思想教育"，"小学语文教学要以辩证唯物主义为指导"。教学目标指出要"在听说读写训练的过程中，进行思想政治教育和道德品质教育"；教学要求提出要"在语文教学过程中，使学生受到辩证唯物主义的启蒙教育和社会主义道德品质的教育；逐步加深热爱祖国、热爱中国共产党、热爱社会主义的思想感情"。

改革开放初期，由于市场经济重视个人的自由和权利，鼓励人们实现个人价值，为社会主义现代化建设服务。因此，在进行红色文化思想教育的时候开始注重学生个体的发展，鼓励学生自由个性的发展。

（二）榜样人物选取凸显时代特色

改革开放有力推动了现代化建设，使中国人民的思想更加解放、自由，不断迸发出自强不息、努力拼搏的时代精神。物质文明和精神文明的快速发展推进了教育在意识形态方面的改变，红色文化教育内容的选取也与时俱进。

1979年版的小学语文教科书呈现以毛泽东、周恩来、朱德等国家领导人为重心，其他中共领导人和别国政治领袖分散分布的特点。纪念毛泽东、周恩来的课文就有《毛主席永远活在我们心中》《朵朵葵花向太阳》《我的老师》《小白花》等。到了80年代末至90年代中期，我国开始探索自己的教育道路而不再一味学习苏联，这在教材中也有体现。红色榜样人物的选取不再以别国政治领袖为主，但塑造列宁形象的课文数量比例始终位居第一，多为生活俭朴、遵守制度以及在革命年代智慧地同敌方周旋并顽强奋斗的形象。红色英雄人物课文也有所更新，更加适应"面向世界，面向现代化，面向未来"的时代号召。如《茅以升立志造桥》《一定要争气》塑造的是为国奉献的科学家，也有《老科学家下乡》这样用平民叙事视角展开的课文。此外，小学语文教科书开始关注弱者，尤其是默默无闻的弱者，比如《鱼游到了纸上》就描述了普通残障榜样人物如何刻苦成才的故事。这样的形象更加贴近现实生活,不再着力凸显领袖革命战争时期的高大形象。

这一时期小学语文课程内容在革命篇目的选择上开始呈现"去阶级化"特点,从注重我国领导人这一群体的形象转移到现代科学家、知识分子榜样人物的塑造上,且选文开始关注小人物的英雄故事,证明红色文化所包含的内涵也与时俱进。如果说以往教科书塑造的红色英雄人物一直强调的是"集体主义"和"英雄本位"价值观,那么这一时期已经慢慢彰显人文性,从国家视角置换到社会视角,在社会背景下凸显时代特色。

(三) 广播影像与特色实践活动相结合

当时,随着改革开放的潮流,红色文化教育的实施途径也呈现出独特的形式。

首先,书刊报纸等媒介配合学校教育,对英雄人物的先进事迹进行全方位的宣传广播。音像、影像等媒介也成为课堂渗透的实施手段。当时浙江省教育厅电教科拍摄了杭州市上城区南山路二小《我爱祖国》教学电视录像,对培养学生从小树立革命理想,建立正确的道德观念,养成良好的道德行为和习惯,起了积极的作用。[5]其次,作为课堂渗透的补充,课外和校外实践活动成为红色文化教育最有力的实施途径。当时课外活动校内依托学校共青团和少先队等组织,校外依托少年宫、少儿中心等机构,组织学生开展了大量的红色文化实践活动。以北京德育工作为例,1992 年 4 月,北京市政府命名包括中国革命博物馆、毛主席纪念堂等在内的 22 家博物馆和纪念馆,并审批成为"北京市青少年教育基地",同时要求这些基地经常组织青少年进行红色文化历史的学习,并针对不同年龄、不同文化程度的观众进行讲解。更值得借鉴的是,博物馆或纪念馆与学校建立稳固联系,为学生红色文化实践活动提供专业服务,还派专业讲解人员到学校辅导讲课并吸纳优秀学生做博物馆或纪念馆的兼职讲解员。

最后,这一阶段红色文化教育实施善于利用家庭和社会力量。当时不少学校开展学校、家庭、社会教育三结合,取得了良好的效果。比如天津市岳阳道小学当时就积极争取社会力量,几年时间内建立起一支 138 人的包括老红军、抗美援朝一等残废军人、特等劳动模范等在内的校外辅导员队伍,在小学高年级阶段积极采取"单元教育一体化"的方法、"可爱的祖国考察团"活动、"红领巾跟祖国一道前进"主题活动、看《毛泽东》《西安事变》等红色电影等红色活动,在少年儿童心中播下爱国主义的种子。

(四) 个人认知—体验学习式评价

红色文化教育的考评方式不仅在于重视对知识内容的考查,也更注重个人体验的学习方式,其中,认知—体验式的特质决定了红色文化教育评价必须立足于考评的过程性、连贯性和整体性,使评价全过程都能发挥其应有的教育作用。

改革开放后,为了满足现代化建设的需要,当时的教育目标以培养合格的劳动者为目的展开,在这一目标引导下,根据行业需要制定了各种考评选拔制度。在思想教育评价方面,评价手段更关注个人的体验及学习的成效。比如从 1980 年开始,各地开展的"人人争戴新风尚小红花"的评选就十分重视学生在参评过程中的学习体验。此活动依托在少年儿童中开展的共产主义道德教育活动,善于把思想道德教育贯穿在比赛、评选、颁奖过程中。在评比竞赛中,开展"绘画小红花"、讲"小红花"故事、"唱唱我们班的小红花"以及设置"小红花"信箱、"小红花"广播栏目和板报专栏,不搞形式主义,不搞包办代替,通过小队周评、中队月评、大队季评,让孩子自己作主,互相表扬和学习,使评比竞赛活动本身变成生动的自我教育。这样的评价方式使每一个学生都参与其中,并利用自己的特长和优势进行参评,在和他人互动中发现优缺点,及时纠正自己的错误,取长补短。在"六一"表彰时,颁发"新风尚小红花"证章、在队旗下照相、送红花和喜报等。[6]这些奖励富有纪念价值和教育意义,使学生备受鼓舞。当时,这一活动的广泛开展使少年儿童共产主义道德提高到一个新的水平。

可见,改革开放后,学生思想品德学习空前活跃,通过各类评奖活动对小学生有极大的鼓励性和可行性,使这一代少年儿童不仅成长为祖国的"小红花"甚至成为新一代的小英雄。

三、跨世纪以来红色文化融入小学语文(2000 年一至今)

新时代文化教育建设目标是要在坚持中国特色社会主义的基础上,刺激民众创新,建设文化强国,提升文化自信软实力。这一战略思想为红色文化教育开展提供了新的指导方向。

(一)以实现学生全面发展为目标

党的十八大以来,习近平总书记围绕"培养社会主义建设者和接班人"作出一系列重要论述,深刻回答了"培养什么人、怎样培养人、为谁培养人"这一根本性问题。[7]这些表述深刻回答了"为什么培养人"的问题,也为中国特色社会主义基础教育事业发展指明了方向,为新时代红色文化教育发展提供了根本遵循。

2000 年 3 月,教育部颁布《九年义务教育全日制小学语文教学大纲》,指出语文是人类文化的重要组成部分,规定小学语文教学目的为:培育学生热爱祖国语言文字和中华优秀文化的思想感情。2011 年小学语文课程标准中指出,语文这门学科在继承与发展我国优秀传统文化和革命传统,提高民族文化认同感,加强民族凝聚力和创新精神中具有独一无二的地位。同时要求语文致力于"通过优秀文化的熏陶感染,促进学生和谐发展"。[8]在这种新形势下,国民需要认识到我国优秀传统文化和红色文化的重要性。2017 年由中共中央办公厅、国务院办公厅印发的《关于实施中华民族优秀传统文化传承发展工程的意见》中对如何实施中华优秀传统文化传承做出了具体的要求,指出要将优秀传统文化全方位融入思想道德教育、文化知识教育及社会实践教育等各个环节,贯穿于包括启蒙教育和基础教育在内的教育领域,以幼儿、小学、中学教材为重点,建构中华文化课程和教材体系,对中小学道德与法治、语文等科目教材进行修订。在义务教育教材中,2017 年秋季开始使用的部编本小学语文教材,革命篇目文章就占约 40 篇。

随着时代的发展，经济结构的转型，多元价值理念并存，急切需要优秀传统文化的回归，而红色文化教育目标定位开始转向个人综合素质的提高和全面发展的需要，为实现培养学生社会主义思想道德和爱国主义精神发挥作用。

（二）榜样人物选取注重生活化

2014 年，为贯彻落实中共中央关于培育和践行社会主义核心价值观这一重要指示精神，义务教育德育、语文、历史各教材编写全面、系统体现社会主义核心价值观要求，以落实社会主义核心价值观进中小学教材的指示精神。在相关课程内容选择上面，小学语文教科书内容选择是不断适应时代的过程。

一直以来，政治领袖和革命英雄模范是语文教科书中的两种榜样类型，2001 版的小学语文教材里，这两类榜样课文数量有所下降，形象也随着时代变化被重塑。比如，从 60 年代的语文课文《雷锋练投弹》到 80 年代至 90 年代的小学语文课文《过桥》《雷锋日记两则》，再到 2001 版语文教材中的《雷锋叔叔，你在哪里》，雷锋形象从一位"毛主席的好战士"变成"需要寻找"的榜样人物，可以看出英雄人物的形象塑造方面更加平民化，从为国奉献的政治人格到新时代倡导儿童在生活实际中积极寻找雷锋精神而并非雷锋足迹。红色文化相关篇目所含有的阶级话语被稀释，革命英雄雷锋变成了生活中的雷锋，注重学生自我的体验，以实际生活经验来构建思想价值观念。此外，2001 版小学语文教材把部分必学榜样人物的课文移到课后阅读部分，叙事角度也发生了很大的变化。比如《到期归还》写的是毛泽东借了部下的书法收藏品按时归还的故事，《故事两则》写了周恩来在会见外宾饭桌上巧解尴尬的情景。这些文章更多体现领袖们的社交智慧、道德品质，更贴合现实生活日常。而 2017 版部编本在加强革命传统教育的同时不断融合社会主义核心价值观理念，不仅选取了经典革命篇目，也选取了来自不同国家的名家名篇，从不同的角度拓展学生视野，拉近学生与现实的距离，增强社会主义核心价值观的培养。

新时期红色文化教育内容更注重拉近学生与现实的距离，为实现人性的彻底回归而努力，并与时俱进添加新时期的爱国使命，让学生在课程内容领域，增强文化自信的民族自豪感，文化视野更加开阔。

（三）拓展红色文化网络教育平台

进入新时代，红色文化教育实施途径更加凸显时代特色，注重发挥实践作用。2020 年 6 月，教育部针对爱国主义教育实施做出规定，在《中小学贯彻落实〈新时代爱国主义教育实施纲要〉重点任务工作方案》中指出，在课堂中、活动中、校园中，利用课堂有机融入爱国主义故事、战"疫"故事等丰富活动的形式和内容，加强校园文化环境的陶冶。

首先，在课堂实施方面，在教育部的组织下，通过"开学第一课""少年传承中华传统美德圆梦蒲公英"等主题教育活动，各地有机渗透红色文化教育，开展传唱爱国歌曲、观看主题影片、祭扫烈士墓等活动,唱响爱党爱国爱社会主义的主旋律。同时充分发挥各级各类文化馆、纪念馆、博物馆等场所的爱国主义教育功能,指导各地根据本地红色文化资源展开研学之旅,让学生感受祖国大好河山,感受中华传统美德,感受革命光荣历史,激发学生对党、对国家、对人民的热爱之情。[9]其次,多媒体的应用和网络科技的创新使红色文化教育在课堂实施途径上更多样化。随着互联网的发展,尤其疫情期间,各地中小学建设网络云平台,开设"品德教育"专栏,开展党史国史、爱国主义教育和社会主义核心价值观教育,从而激发学生爱党爱国的思想感情。这些无一不是新时代红色文化教育实施的创新形式。最后,课外实践活动方面。红色资源的开发利用给红色文化教育带来更多的学习和内化的机会,学校开展红色读书征文、摄影大赛、演讲比赛主题教育系列活动成为日常。此外,在校外合作方面,目前红色文化教育更注重合作主体共同推进,做到大中小学德育工作有机衔接,合理规范教育目标、内容和要求。

显然,不管是什么实施途径,红色文化教育都力求通过学科课堂渗透、校园文化创设、实践活动体验等,来学习红色文化知识、陶冶红色文化情感、整合红色文化历史,将红色文化精神通过一个个生动的故事、人物传递给学生并植入心灵。

(四) 个人认知—动态学习式评价

红色文化教育的评价一定程度上也是对学生思想品德方面的评价,较之前的评价体系,现代的思想层面评价更加客观多元。2013 年 6 月,《教育部关于推进中小学教育质量综合评价改革的意见》中就强调,在品德发展评价方面,要通过行为习惯、公民素养、人格品质、理想信念等关键性指标进行评价。[10]因此催生了红色文化教育的学习评价的提法,具体而言,它是一种发展性评价、过程性评价,着重对学生在教育与体验过程中的学习状况进行动态的内部评价,主要包括学习的认识评价、转化评价与运用评价。[11]

在学生层面,红色文化教育学习评价更注重考察学生过程性评价及终结性评价,改变过去依赖单一方式评价的模式,形成动态评价过程。评价方法上面,不再以过去客观测验方式为主要评价渠道,而是辅以观察评价、档案袋评价等方式,来记录学生对红色文化的认识程度。评价机制旨在突出评价的激励性和发展性,评价主体的多元性,构建学校、教师、学生、社区等多方力量协同参与的评价机制;评价的对象也由过去相对单一转向对课程分阶段展开评价,对学生、教师进行分别评价。这些都为建立并提升红色文化教育质量打下坚实基础。比如上海市教育局编写的《2014 年度上海市中小学生学业质量绿色指标测试实施手册》,对学生品德行为指数评价进行了详细的规定,是课程评价改革的有效探索。在学校层面,有的学校注重建立评价机制,将红色文化教育课程纳入学校教学体系,并开展评选精品课程的教研活动,有利于提高师生对红色文化的重视程度。比如山西实施推进"爱学习爱劳动爱祖国"教育活动,开展第二届美德少年评选,共评选出 60 名美德少年。辽宁省组织开展"学科德育精品课程",将德育课程纳入学校教研系统,提升育人效果。

总之,本文通过纵向梳理发现,虽然时代在变,红色文化融入小学教育目标也在变,融入的方式、实施手段、评价方式都在变,但是红色文化教育所体现出的对祖国的热爱、对党的忠诚、为人民服务的价值、坚持走社会主义道路等特征都是持续不变的。有了这样的梳理更有利于我们立足现在,对于红色文化融入小学教育的现状有更清晰的认识和反思。

参考文献

[1] 顾黄初主编. 中国现代语文教育百年事典[M]. 上海:上海教育出版社,2001:467.

[2] 徐恩松. 把阶级教育的红线贯穿在教学中[N]. 人民日报,1964-1-3(5).

[3] 何东昌. 中华人民共和国重要教育文献(1949~1975)[M]. 海口:海南出版社,2000:1.

[4] 《中国教育年鉴》编辑部. 中国教育年鉴 1949—1984[M]. 长沙:湖南教育出版社,1986:536.

[5] 《中国教育年鉴》编辑部. 中国教育年鉴 1949—1984[M]. 长沙:湖南教育出版社,1986:538.

[6] 共青团中央批转团天津市委《关于在少年儿童中开展"人人争戴新风尚小红花"活动情况的报告》的通知[EB/OL]. [1980-07-18]. http://www.ccyl.org.cn/documents/after80/200704/t20070427_24395.htm.

[7] 求是网. 习近平总书记谈"培养什么人"[EB/OL]. [2021-03-09]. http://www.qstheory.cn/zhuanqu/2021-03/09/c_1127189506.htm.

[8] 中华人民共和国教育部. 义务教育语文课程标准(2011 版)[S]. 北京:北京师范大学出版社,2011.

[9] 中华人民共和国教育部. 关于政协十三届全国委员会第三次会议第 1216 号(教育类 101 号)、第 B009 号提案答复的函[DB/OL]. [2020-11-17]. http://www.moe.gov.cn/jyb_xxgk/xxgk_jyta/jyta_ghs/202012/t20201217_506106.html.

[10] 教育部. 教育部关于推进中小学教育质量综合评价改革的意见[EB/OL]. [2013-06-03]. http://www.moe.gov.cn/srcsite/A06/s3321/201306/t20130608_153185.html.

[11] 肖绍聪. 教化中国视域下的红色文化教育评价——以井冈山为例[J]. 井冈山大学学报(社会科学版),2017,38(6):27—31.

高中英语教材中的德育元素分析
——以人教版新教材为例

胡萍萍　郑琼瑶

【摘要】本文以《中小学德育工作指南实施手册》为依据，结合英语学科自身的特点，将高中英语教材中的德育因素分为思想政治教育、身心健康教育和人文地理教育三大类，并采用文本分析的方法归纳和整理了人教版高中英语新教材中所蕴含的德育元素，总结德育元素的分布特征和呈现方式，希望给高中英语教师的德育工作提供一定参考。

【关键词】德育渗透；学科德育；英语教学

【作者简介】胡萍萍/浙江师范大学外国语学院
　　　　　　郑琼瑶/浙江师范大学外国语学院

【特别说明】本文已在《基础教育研究》2022 年第 3 期发表。

The Analysis of Moral Education Elements
in High School English Textbooks
——Take the New Textbooks Published by PEP as an Example

HU Pingping & ZHENG Qiongyao

Abstract: According to Implementation Manual of Moral Education Work Guide for Primary and Secondary Schools and the characteristics of English subject itself, this study divides moral education elements included in the new English textbooks into five categories: ideological and political education, moral education, physical and mental education, life education and human geography education. Textual analysis is adopted in this study to analyze all the moral education elements in the new textbooks and summarize their presentation. It is hoped to provide references about moral education for English teachers in senior high school.

Key words: moral education infiltration; subject of moral education; English teaching

一、引言

斯图亚特·里士满[1]曾经提出每个学科都有其与生俱来的独特的育人价值。《普通高中英语课程标准》作为英语课程的指导性文件,也明确了立德树人的根本任务。由此可见,学科教学越来越强调德育的渗透。然而,目前英语教学中的德育渗透仍然存在一些问题。例如,受传统教学观念的影响,教师往往更加倾向于知识的传授,对道德教育重视不足。怎样在学科教学的同时培养学生的道德意识,促进学生的道德发展,无疑是教师面临的一个新的挑战。要想落实学科德育,除要求各学科教师具备高度的德育自觉外,还有赖于他们兼具学科素养和德育素养,能够基于学科特点找到学科教学和德育工作的融合点。[2]本文在认真解读《普通高中英语课程标准》[3]及《中小学德育工作指南实施手册》[4]的基础上,对人教版高中英语新教材进行文本分析,归纳整理其中的德育元素,旨在为高中英语教师的德育渗透工作提供参考。

二、理论基础

(一)赫尔巴特的教育性教学原则

赫尔巴特认为教育的目的分为两种,一种是"可能的目的",另一种是"必要的目的"。"可能的目的"是指与儿童未来所从事的职业有关的目的,"必要的目的"是指教育的最高目的,即道德,使学生养成内心自由、完善、仁慈、正义、公平五种道德观念。针对道德教育,他提出德育应该涉及教养的其他方面。也就是说,德育应该把其他部分作为先决条件,只有在进行其他方面教养的过程中才能有把握地开展德育。德育问题不能同整个教育分离开来,而应该同其他教育问题必然地、广泛深远地联系在一起。[5]赫尔巴特的道德教育理论阐明了德育与教学的关系,为各个科目教师在课堂上进行德育渗透提供了可能性。

(二)人本主义情感取向的道德教育理论

人本主义德育观是情感取向的德育理论之一。该理论认为实施道德教育有三个基本条件。第一个是真诚,即师生之间应该以诚相待、相互信任、相互理解。第二个是接受和信任,即教师应该尊重学生,认真听取并接受学生的思想观点。第三个是移情性理解,即教师要设身处地地为学生着想,积极从学生的角度看问题。人本主义德育观认为道德教育应是以学生为中心,教师应是学生成长和发展的促进者,其主要作用是引导、促进,而不是塞给、赐予、训导和灌输。[6]《中小学德育工作指南实施手册》中强调:各学科教师要认真钻研课程内容和课程标准,关注情感态度与价值观目标,根据学生的不同年龄和不同学科自身的特点,挖掘任教学科所具有的独特价值,将道德教育融入课堂教学的各个环节。由此可见,人本主义的德育理论与课标中所提到的德育观点相契合。

三、文献综述

（一）德育渗透

"渗透"一词在《现代汉语词典》第 7 版中的解释之一是：比喻一种事物或势力逐渐进入到其他方面（多用于抽象事物）。[7] 由此可见，德育渗透即教师在充分挖掘教材中的德育元素的前提下，以知识为载体，在课堂上以不易察觉、潜移默化的方式对学生进行道德教育。彼得·迈因德尔[8] 等三位学者在文章中提到，想要提高学生的道德水平，学校应该更加强调隐性课程，而不是那些显性的直接的德育课程。这也间接说明了"渗透"的重要性。在德育与学科教学的融合方面，不少学者提出了各自的意见。刘慧和李泽龙[9] 在《学科德育："渗透""融入"还是"体现"》一文中提出，德育渗透与德育融入均将德育与学科教学"二分"，这是导致德育实效性差的一个重要因素。德育原本就存在于各学科之中，学科教学应将德育"体现"出来，而不是"渗透"或"融入"进去。张正江和汪亚莉[10] 也提出，课程德育的三个境界：最低境界是学科德育渗透（融入），第二境界是挖掘、发挥和体现课程与教学内在的德育因素，反对外在的渗透、融入。最高境界是彻底消除德育与教学的二分，教师在教学中不要刻意去德育，只按照教育教学的本质和教育教学的宗旨进行教学，自然会有德育的效果。以上两种观点均认为"渗透"是将德育与教学进行了二分，认为德育应该与教学是一体的。不过，目前学界对于德育究竟应该是"渗透""融入"还是"体现"仍然存在争议。本文中所说的"渗透"强调的是道德传播的途径和方式，即将课文篇章中蕴含着的德育元素以不易察觉的方式传递给学生，而不是将课外的德育知识强行融入课堂中，注重的是德育与教学的一体性。

（二）德育元素呈现方式

以往研究中有关德育元素在教材中的呈现方式的文章并不多见。余婉儿[11] 认为教材中的德育呈现方式包括："直接说明、对话、人物形象：楷模式人物（伟人、普通人、动物）、形象化（形象、故事）。"贾彦琪[12] 将德育元素的呈现方式分为"直接言明、对话引出、故事蕴含、美感体验"四大类。这两种德育元素呈现方式的分类主要针对的是小学语文教材。本文在此基础上，结合高中英语教材的特点，将教材中德育元素的呈现方式分为：直接呈现、以学生为主体呈现、以人物为主体呈现和以文化为主体呈现四大类。直接呈现是指直接以文字的方式将文章中所含的德育元素呈现出来。例如，必修一第四单元 Natural disaster 就直接以一句话："Tangshan city has proved to China and the rest of the world that in the times of disaster, people must unify and show wisdom to stay positive and rebuild for a brighter future."将团结合作、乐观互助的德育元素呈现了出来。以学生为主体呈现即文章中所呈现的德育元素与学生有关或充分考虑到了学生的生活实际、兴趣爱好等，旨在培养学生不畏挑战、积极乐观的生活心态以及良好的生活习惯、健康的休闲娱乐等。例如，必修一第一单元 Teenage life 讲述了高中生可能会遇到的挑战以及同学们应该抱有什么样的心态来迎接挑战,从而促使学生尽快适应高中新生活。以人物为主体呈现指的是文章通过叙述名人事迹以传播名人身上的高尚品德,使学生树立远大理想,努力成为为国家甚至世界做贡献的人。例如,选择性必修一第一单元 People of achievement 和第五单元 Working the land 分别描述了屠呦呦和袁隆平的事迹,旨在鼓励学生学习榜样身上的优点。然而,教材中大部分文章的德育元素都以文化为主体呈现,包括中国优秀传统文化、西方文化、历史地理、人文科学等,旨在拓展学生的视野,了解中西方文化差异等,由此也体现了英语学科的人文性特点。本文通过对英语教材中的德育元素进行归纳梳理,发现其分布特征和呈现方式,从而为课程思政背景下,高中英语教师开展德育渗透工作提供参考。

本文主要对人教版高中英语新教材进行文本分析,具体回答以下问题:

(1)人教版高中英语新教材中德育元素的分布有哪些特征?

(2)人教版高中英语新教材中德育元素的呈现方式如何?

四、研究方法

(一)研究对象

本文对人教版高中英语新教材(必修1、2、3 和选择性必修1、2)共五册,每册5个单元,共25 个单元中的文章进行分析,归纳整理其中的德育元素。新教材从 2019 年秋季开始实施,充分体现了英语学科的核心素养。为适应不同学生的学习需要,教材分为必修课、选择性必修课和选修课三种类型。每个单元又由"listening and speaking","reading and thinking","discovering useful structures","reading for writing","assessing your progress"和"video time"组成。其中"reading and thinking"这一部分中的文章是单元阅读的重点。因此,本文主要分析了这一部分的课文所蕴含的德育因素,并对其进行归纳和整理。

(二)研究工具

本研究主要采用文本分析的方法。首先在对《中小学德育工作指南实施手册》等政策性文件进行分析的基础上,将德育元素分为三大类。之后,对人教版高中英语新教材必修1、2、3 和选择性必修1、2"reading and thinking"中的文章进行文本分析,归纳整理其中的德育元素,总结出其分布特征和呈现方式。

(三)数据收集与分析

根据教育部 2017 年颁布的《中小学德育工作指南实施手册》,德育的主要内容包括理想信念教育、社会主义核心价值观教育、中华优秀传统文化教育、生态文明教育和心理健康教育五个部分,其中理想信念教育要求学生学习理论讲话、历史文化等,加深对党的伟大使命的认知和爱党情感,坚持中国共产党的领导,树立为实现中国梦而奋斗的远大理想。社会主义核心价值观教育要求学校把社会主义核心价值观融入国民教育全过程,使学生能够把握价值目标、理解价值取向、遵守价值准则。中华优秀传统文化教育要培养学生的家国情怀、引导学生正确处理个人与他人、个人与社会、个人与自然的关系,培养豁达乐观的人生态度和抵抗困难挫折的能力。生态文明教育要求学生感悟自然的美好,热爱自然、尊重自然、敬畏自然、保护自然。心理健康教育要引导学生正确认识自我,认识生命的独特性,学会学习和生活,提升生命的价值。

　　本文参考了以上所提到的德育的主要内容,并结合英语学科自身的特点,将人教版高中英语新教材中的德育元素主要分为"思想政治教育""身心健康教育"和"人文地理教育"等三类,详情见表1。

表1　人教版高中英语新教材德育元素表

一级维度	二级维度	具体德育元素
思想政治教育	爱国主义教育	为国家富强人民富裕贡献青春教育 中华民族思想文化优良传统教育 维护民族团结和国家统一教育
	国际主义教育	热爱和平教育 发展各国人民之间友好合作教育 献身人类进步事业教育
	理想教育	立志成才教育
	道德教育	现代文明生活方式教育 交往礼仪教育 职业道德教育
身心健康教育	身心安全教育	人身安全教育 健康的生活情趣教育 良好意志性格教育
	生命教育	敬畏自然教育 生命观教育 生命价值观教育
人文地理教育	地理环境教育	地理环境教育 人口资源教育
	文化风俗教育	文化多样性教育 风俗教育
	科学素养教育	科学精神教育

五、结果分析与讨论

(一) 德育元素分布特征

　　根据表1,本文分析了人教版高中英语新教材(必修1、2、3,选择性必修1、2)中的德育元素,详细内容可见表2。

表 2　各教材中的德育元素划分

单元	必修一	必修二	必修三	选择性必修一	选择性必修二
			德育类别		
Unit 1	身心健康教育	思想政治教育	人文地理教育	思想政治教育 身心健康教育 人文地理教育	思想政治教育 人文地理教育
Unit 2	身心健康教育 人文地理教育	身心健康教育	思想政治教育 身心健康教育	人文地理教育	思想政治教育
Unit 3	思想政治教育 身心健康教育	身心健康教育	人文地理教育	人文地理教育	思想政治教育
Unit 4	身心健康教育 思想政治教育	人文地理教育	人文地理教育 思想政治教育	思想政治教育	人文地理教育
Unit 5	思想政治教育	身心健康教育	身心健康教育	思想政治教育 身心健康教育	身心健康教育

　　本文所分析的 25 篇文章中,不少文章对应多个类别的德育元素,比如必修一的第四单元 The Night the Earth didn't Sleep,讲述了唐山大地震。讲解这篇文章时,教师首先可以侧重于地震给这个城市带来的伤害,从而引导学生认识到生命的可贵,热爱生命;接下来侧重讲解救援行动,鼓励学生团结协作,互帮互助。因此,五本书中总的德育元素数量为 34 大于总的文章数 25 篇,据此可得出各德育元素占比的具体数据(见图 1)。

人教版高中英语新教材中的德育元素分析

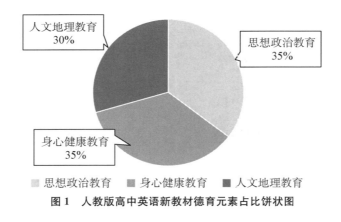

图 1　人教版高中英语新教材德育元素占比饼状图

　　如前所述,人教版高中英语新教材中的德育元素可以分为思想政治教育、身心健康教育和人文地理教育三大类。这三类德育元素在五本教材中都有所覆盖。根据图 1,思想政治教育、身心健康教育和人文地理教育分别占 35%,35% 和 30%,说明英语学科的德育比较重视思想政治教育,同时也很关注学生的身心发展和知识技能的学习,扩展学生的视野,充分体现了英语学科的人文性和工具性相结合的特点。这与刘道义、郑旺全、张献臣[13]所提到的教材编写理念相符合,即"我们在教材编写中坚持语言学习与文化内容相结合,增加反映中华优秀文化的内容,在加深学生对中国文化理解的基础上形成中外文化的双向交流,有意识地引导学生在每个单元主题中通过对文化内容的学习和文化对比的活动,增强爱国情怀,坚定文化自信,主动传承和弘扬中华优秀文化"。

1. 思想政治教育

我国是社会主义国家,非常重视对学生爱国主义、集体主义以及社会主义等的教育,以使学生形成正确的政治观点和坚定的政治立场。作为一门人文性学科,英语对学生思想的影响不容忽视。刘道义、郑旺全、张献臣[14]指出,新教材更新了教材内容,将先进的教育思想和理念融入教材之中,一方面反映了当代社会发展的新变化、科技进步的新成果,新时代中国特色社会主义的新成就,另一方面通过展示多姿多彩的中外文化来培养学生对中华文化的认同和传承,加深对人类优秀文化的学习和鉴赏;通过让学生分析中外文化异同,增强学生的跨文化理解和沟通能力。表3展示了思想政治教育及其各二级维度的德育元素在五本教材中的分布情况。

表 3　思想政治教育及其各二级维度德育元素在英语教材中的分布情况①

一级维度	二级维度	必修一	必修二	必修三	选择性必修一	选择性必修二	总数	％
思想政治教育	爱国主义教育	2	0	0	0	2	4	31％
	国际主义教育	0	1	1	0	0	2	15％
	理想教育	1	0	1	1	1	4	31％
	道德教育	0	0	1	2	0	3	23％
总数		3	1	3	3	3	13	/

从表3中也可以看出思想政治教育在新教材中的比重。思想政治教育在五本教材中的分布较为均匀,每本书都有涉及,其中必修一、必修三、选择性必修一和选择性必修二均为3篇,必修二最少,只有1篇。从二级维度的元素分布来看,爱国主义教育和理想教育占比最高,其次是道德教育,国际主义教育的占比最低。具体到每一本教材,各二级元素分布并不均匀,每本教材中都存在不同类型德育元素缺失的现象。例如,必修二中只有1篇涉及国际主义教育的文章,而有关爱国主义教育、理想教育和道德教育的内容似乎比较缺乏。

此外,在不同二级维度的元素之间存在重合的现象。其中关于名人事迹的多数文章既可以进行道德教育,也可以进行理想教育。例如,必修三第二单元林巧稚的事迹,选择性必修一

---

① 一篇文章可包括多个二级维度,总数不重复计算。

第一单元诺贝尔奖获得者屠呦呦的事迹以及选择性必修二第一单元"杂交水稻之父"袁隆平的事迹。这些都是中华民族的英雄人物,在课堂上教师应该鼓励学生树立伟大的理想,向这些人物学习,争取以后为民族、为国家甚至是为世界做贡献。

2. 身心健康教育

高中生正处于身心发展的关键时期。在这个阶段对其进行身心健康教育能让他们更加了解自己身心发展的规律,从而养成良好的身体素质和心理品质。刘道义指出教材编写必须强调"以人为本"的原则,也就是要充分考虑学生的发展和需要。为此,教材编写的程度、分量、体系、方法与活动的设计等都应适应和满足学生身心发展的需要。

表4　身心健康教育及其各二级维度德育元素在英语教材中的分布情况

一级维度	二级维度	必修一	必修二	必修三	选择性必修一	选择性必修二	总数	％
身心健康教育	身心安全教育	3	2	2	2	1	10	77％
	生命教育	1	1	1	0	0	3	23％
总数		4	3	3	2	1	13	/

从表4可以看出,身心健康教育分布比较均匀,五本教材中均有涉及。其中必修一课本中所涉及的身心健康教育数量最高,有4篇,必修二和必修三均为3篇,选择性必修一有2篇,选择性必修二有1篇。从二级维度上看,身心安全教育和生命教育的占比相差较大,身心安全教育远高于生命教育。这说明高中英语教材充分考虑到了学生身心发展的重要性,体现了教材编写的"以人为本"的理念,但对生命教育的重要意义或许还关注不够。

在高中英语教材中有很多文章旨在培养学生良好的心理品质。例如,屠呦呦、袁隆平等名人事迹中都蕴含着不怕困难、坚持不懈、不轻言放弃的精神品质。另外,关于人身安全教育课文中也有所涉及。例如,选择性必修二第五单元First aid向学生详细介绍了烧伤的类型以及如何处理烧伤的急救知识,有利于学生在关键时刻处理一些紧急情况。对于生命教育,冯建军在《生命与教育》一书中认为生命教育包括:(1)珍视生命、保护生命;(2)体悟价值和智慧人生。[15]因此,生命教育主要分为生命观教育和价值观教育。生命观教育主要是告诉学生要热爱生命,敬畏自然。如教材必修二第二单元保护藏羚羊的主题就是在强调热爱生命,强调生命的平等性。价值观教育主要是让学生了解生命的价值,树立正确的价值观,并且努力实现自己的价值。如必修二第三单元The internet讲述了一个英国教师因生病辞职后创办了一个专门教老人使用电脑的公司,并且大获成功的事例。这个老师虽然辞职了,但是并没有停止寻求生命的价值,而是不断地学习,最终实现了自己的价值。这个事例可以告诉学生生命都是有价值的,我们要不断努力,以实现自己的价值。

3. 人文地理教育

英语作为一门世界性语言,在其学习过程中避免不了对各国科学人文知识以及地理知识的学习。了解国家历史地理文化不仅有助于学生知识的拓展也有助于语言的学习。张献臣[16]曾经提到:"在丰富教材的文化内容方面,新教材采用多元文化视角呈现不同国家的文化,包括英语国家和非英语国家的文化,旨在帮助学生通过学习形成国际视野,提高跨文化沟通能力"。表5呈现了人文地理教育及其各二级维度德育元素在英语教材中的分布情况。

表5　人文地理教育及其各二级维度德育元素在英语教材中的分布情况

一级维度	二级维度	必修一	必修二	必修三	选择性必修一	选择性必修二	总数	％
人文地理教育	地理环境教育	1	1	0	1	1	4	36％
	文化风俗教育	0	1	2	0	0	3	27％
	科学素养教育	0	0	1	2	1	4	36％
总数		1	2	3	3	2	11	\

由表5知,人文地理教育总体数量略低于思想政治教育和身心健康教育,其中必修一为1篇,必修三和选择性必修一均为3篇,必修二和选择性必修二均为2篇。从二级维度来看,地理环境教育、文化风俗教育和科学素养教育三者在五本教材中均有所体现。例如,选择性必修一第三单元以及选择性必修二第四单元分别介绍了萨勒克国家公园的地理环境和加拿大的地理环境,有利于学生了解不同地区的不同生态环境,从而开阔学生的视野。对于文化风俗教育,教材中更是涉及了不少,如必修二第四单元 History and traditions 就详细介绍了英国的历史文化的发展。必修三第三单元 Diverse cultures 介绍了加利福尼亚州的文化大融合。科学素养教育在教材中也有涉及,如选择性必修二第一单元 Science and scientist 通过描述 John Snow 发现霍乱病毒传播途径来向学生展示了科学研究的过程,从而培养学生的科学意识和素养。然而,具体到每一本教材中三者的分布有着较大的差异。文化风俗教育在必修三中出现了2篇,但在必修一、选择性必修一、选择性必修二中都未涉及。

(二)德育元素呈现方式

在对五本教材中德育元素的分布特征进行考察与分析之后,我们对这些元素的呈现方式也进行了分析,结果如表6所示。

表6　各教材德育元素呈现方式划分

呈现方式	必修一(5篇)		必修二(5篇)		必修三(5篇)		选择性必修一(5篇)		选择性必修二(5篇)		总计	
	篇数	％	篇数	％	篇数	％	篇数	％	篇数	％	篇数	％
直接呈现	1	20％	2	40％	0	0％	1	20％	0	0％	4	16％

呈现方式	必修一(5篇)		必修二(5篇)		必修三(5篇)		选择性必修 一(5篇)		选择性必修 二(5篇)		总计	
以学生为 主体呈现	2	40%	2	40%	1	20%	0	0%	1	20%	6	24%
以人物为 主体呈现	1	20%	0	0%	1	20%	2	40%	1	20%	5	20%
以文化为 主体呈现	1	20%	1	20%	3	60%	2	40%	3	60%	10	40%

由表6的数据分析可知,以文化为主体呈现是人教版高中英语新教材中德育元素的主要呈现方式。高达40%的文章通过文化元素的呈现来达到育人的目的,充分体现了英语学科的人文性特点,有利于学生了解中外文化,以辩证的眼光看待文化之间的差异。例如必修一第五单元 Language around the world,通过对汉字发展的描述促进中国优秀传统文化的传播,增强学生的文化自信。

直接呈现的方式占比最低,可见新教材中德育元素的呈现比较含蓄和隐蔽,这也间接说明了分析教材、挖掘德育元素的重要性。值得注意的是直接呈现不等于直接说教,直接说教是以一种灌输的方式,强迫学生接受,很可能会引起学生的反感。文章中直接呈现的德育元素还是要渗透在教学中,以不易察觉的方式直达学生心底。

其余两种呈现方式占比略有不同,但总体来说较为均匀,以学生为主体呈现占24%,以人物为主体呈现占20%。多种呈现方式说明教材中蕴含着丰富的德育元素且各元素都有各自侧重的育人重心。

六、结语

(一) 主要研究发现

本文采用文本分析的方法,对人教版高中英语新教材必修1、2、3和选择性必修1、2中的德育元素进行了分析。主要研究发现如下:

在人教版新教材中,思想政治教育、身心健康教育、人文地理教育的分布较为均匀,每篇文章都有相对应的德育元素,同时也不难发现,一篇文章也可能对应多个类别的德育元素。可见高中英语新教材中蕴含着丰富的德育元素,非常有利于英语教师开展学科德育渗透。在思想政治教育中,爱国主义教育和理想教育占比最高,其次是道德教育,国际主义教育的占比最低。在身心健康教育中,身心安全教育的占比远高于生命教育。在人文地理教育中,地理环境教育和科学素养教育的占比高于文化风俗教育。研究还发现,具体到每一本教材,各元素分布并不均匀,每一本教材中都出现了不同类型的德育元素的缺失现象。

从呈现方式上看,以文化为主体呈现的占比最高,而直接呈现的德育元素占比最小。由此可见,教材中大部分德育元素还是需要教师深入研读文章才能挖掘和利用。其次,德育元素的呈现方式呈多样化的特点,主体较为明确,有利于教师对教材中德育元素的解读。

(二)启示与建议

根据上述的研究发现,我们可以得到以下启示:(1)英语教材中蕴含着丰富的德育元素,英语教师应该仔细研读教材,既要充分挖掘隐藏在课文中的德育元素,也要利用好直接呈现出来的德育元素,促进学生的德育发展。另外,为了培养"传播中国声音,讲好中国故事"的社会主义接班人,教师在讲授国外的人文地理时,也可以适当进行延伸拓展,将学生熟悉的且与文章主题相关的国内人文地理用于课堂导入或者课后输出。例如在学习必修一第二单元时,教师可以让学生模仿书本,自己设计一个关于国内旅游景点的 travel brochure,这样既能巩固学生在课堂上所学到的知识,也能够让学生学会用英语向别人介绍一个国内的旅游景点。此外,教师的德育渗透要尽量与学生的生活相结合,避免夸夸其谈、言之无物,要将德育渗透落到实处。例如,在学习必修一第一单元新生挑战时,教师可以针对学生现实中可能遇到的挑战提出一些切实可行的建议,并鼓励学生保持乐观的心态,不畏艰难、勇于挑战。(2)从整体上来看,思想政治教育、身心健康教育和人文地理教育分布较为均匀,但具体到每一本教材,三种德育元素及其二级维度上的德育元素分布并不均匀。比如,必修一有思想政治教育3篇、身心健康教育4篇、人文地理教育1篇,可见人文地理教育在必修一中偏少。又如,必修二中没有体现爱国主义教育、理想教育、道德教育、科学素养教育等德育元素。因此,建议教材编写者在编写教材时可以考虑选用能够体现不同德育元素的阅读文本,以便更好地平衡各元素的分布。

(三)研究不足与未来研究展望

由于受到时间、篇幅以及个人能力等的限制,本研究在以下方面还需加强:(1)本文只分析了必修1、2、3和选择性必修1、2五本教材中的德育元素。今后可进一步扩大分析范围,继续研究选择性必修3、4以及选修教材中的德育元素分布情况。(2)虽然本文是在认真研读新教材的基础上完成的,但也可能存在德育元素挖掘不彻底和德育元素分类不全面的情况。未来研究可以对教材和教育部相关部门颁布的政策文件进行进一步的研读和解析,以便更深入地挖掘其中的德育元素,更有效地开展德育教学工作。

参考文献

[1] Richmond S. Art's educational value [J]. The Journal of Aesthetic Education, 2009,43(1):94-105.

[2] 顿继安,白永潇,王悦.挖掘价值点•找准渗透点:让学科德育真实落地[J].中小学管理,2020(11):39—41.

［3］中华人民共和国教育部.普通高中英语课程标准[S].北京:人民教育出版社,2018.

［4］中华人民共和国教育部.中小学德育工作指南实施手册[M].北京:教育科学出版社,2017.

［5］赫尔巴特.普通教育学·教育学讲授纲要[M].北京:人民教育出版社,2002.

［6］陈琦,刘儒德.教育心理学[M].北京:人民教育出版社,2012.

［7］中国社会科学院语言研究所词典编辑室.现代汉语词典[M].北京:商务印书馆,2020.

［8］Meindl, P., Quirk, A., & Graham, J. Best practices for school-based moral education [J]. Policy Insights from the Behavioral and Brain Sciences, 2018,5(1):3-10.

［9］刘慧,李泽龙.学科德育:"渗透""融入"还是"体现"[J].中国德育,2014(3):6—9.

［10］张正江,汪亚莉.课程育德三境界[J].课程·教材·教法,2019,39(6):75—78.

［11］余婉儿.香港小学语文新课程教科书中文学教材的德育元素分析[J].陕西师范大学学报(哲学社会科学版),2009,38(S1):199—205.

［12］贾彦琪.小学语文教材中的德育元素分析[J].现代教学,2016(Z2):78—83.

［13］［14］刘道义,郑旺全,张献臣.立足国情,继往开来,编写具有中国特色的英语教材——谈人教版高中《英语》新教材的编写思路及内容创新[J].英语学习,2019(3):10—15.

［15］冯建军.生命与教育[M].北京:教育科学出版社,2006.

［16］张献臣.人教版高中英语新教材使用中出现的主要问题分析与教学建议[J].英语学习,2020(10):9—13.

共生　共享　共进
少年宫校内外协同创课的实践研究

任晓慧

【摘要】创即创新、创造，课即课堂、课程、课题。无锡市梁溪区少年宫走出了一条"共生、共享、共进"创课发展之路。课程体系建设逐步完善，开发了具有地域特色的宫本教材，教师对课程体系和教研活动的满意度大幅提升，项目取得了较为显著的效果。

【关键词】少年宫；创课
【作者简介】任晓慧/江苏省无锡市梁溪区少年宫

Symbiosis, Sharing and Progress Together: A Practical Study on Collaborative Curriculum Creation Inside and Outside the School of Children's Palace

REN Xiaohui

Abstract: The Chinese character "Chuang" means innovation and creation, and "Ke" means classroom, curriculum and subject. The Children's Palace in Liangxi District, Wuxi, has developed a path of "symbiosis, sharing and progress together" in the development of "ChuangKe". The curriculum system has been gradually improved, and textbooks of regional characteristics have been developed. Teachers' satisfaction with the curriculum system and teaching and research activities has been greatly improved. The project has achieved remarkable results.

Key words: the School of Children's Palace; curriculum creation

校外教育由于归口多元、服务多样、体系庞杂，系统内部又缺乏沟通、联系，呈现条块化、孤立化发展态势。如何打破各自为政的发展格局、推动校外教育走向协同治理，是现阶段亟待突破的关键议题。本论文呈现的是近年来梁溪区少年宫在区教育局的大力支持下，加强校内外互动联络，通过"引进来"和"走出去"两条路径，探索校内外协同创课的实践过程。

一、校内外协同创课的国内外研究现状

(一) 国外研究现状

国外关于校外教育概念的论述最早可追溯至 1925 年和 1932 年苏共中央两次颁布建立儿童校外教育机构网络的有关决议。最初在理论上对校外教育进行论述的是苏联教育家克鲁普斯卡娅。她在其论著中指出："校外工作的意义极为重大,因为这种工作对正确地教育儿童很有帮助,它可以给儿童的全面发展创造条件。"苏联教育家凯洛夫在其所著的《教育学》第 18 章"课外活动和校外活动"中提到："除了学校以外,各种机关和团体对于儿童所实施的多种多样的教养、教育工作,叫做儿童校外活动。"他所说的"儿童校外活动",实质上就是指校外教育。20 世纪 50 年代以后,社会主义国家普遍采用了凯洛夫的这种提法,至此校外教育成为一个明确的教育概念。随着知识型经济社会的来临,国外校外教育已经逐渐成为与学校教育紧密衔接、相互补充并相对独立完整的教育事业。很多校外教育极其发达的国家,不仅逐渐形成并完善了自己独特的"社会、学校、家庭"这一立体的校内教育和青少年宫相结合的教育体系,还构筑起了一套立法、决策、咨询、管理、执行一体化的校内教育与青少年宫相结合的教育管理运营机制。

(二) 国内研究现状

2000 年,国家哲学社会科学规划的重大项目"中华人民共和国教育史研究"成果之一是出版了《少年宫教育史》,该书科学地揭示了少年宫教育在初创、普及、受挫和全面改革各个时期培养少年儿童兴趣爱好、发展个性、锻炼能力、提高素质及发挥独特教育功能等方面的基本轨迹。这对我们的研究很有价值。不过目前,把少年宫纳入研究的大部分研究者是宫内人士,他们进行的研究除了少年宫发展的现状与存在的问题之外,主要集中在以下两方面。

一是关于少年宫的独特性。与学校教育相比,少年宫教育具有以下几方面的特征。实践性,即让少年儿童在实践与体验中接受教育;趣味性,即根据少年儿童的兴趣来设置教育内容与教育形式,让少年儿童在快乐中受教育;开放性,即为少年儿童提供了更大的交往空间,不断更新的知识源泉,缩短了人的社会化过程;主体性,即重视少年儿童作为学习者的地位,充分发挥他们在各项活动中的主体作用;闲暇性,即通过组织丰富多彩的教育与娱乐活动,为学生闲暇生活提供一种导向,促进学生对闲暇生活的合理安排。

二是关于少年宫的独特功能。多数论文罗列了以下几项功能:德育功能,即少年宫的活动形式多样,组织各种主题活动,加强思想道德建设;培训功能,即少年宫以满足少年儿童多种兴趣爱好为原则,根据社会现代化发展对人才结构的要求,设置众多培训项目,培育各行各业人才的幼苗;团队功能,即在组织团队实施素质教育的过程中,有着独特的组织优势、人员优势和专业优势;辅导功能,即少年宫具有对基层活动与基层教师辅学和指导的功能;美育功能,即通

过开设各类培训班,培养少年儿童的兴趣爱好,学习技巧技能。当然,这些功能都是少年宫机构固有的"活动、培训、指导、服务"四大功能的衍生。

上述两方面正是基础学校所欠缺或不足之处,是对基础学校教育最好的弥补或补充。但查阅资料发现,在众多的学校研究中,提到家校合作的有之,却从未有研究提到学校教育与校外教育或社会教育的合作。所以对双方协同合作进行研究可以进一步理清双方之间的关系,为合作提供借鉴。

二、"双减"背景下,基于中国情境的核心概念界定

(一)共生共享共进

所谓共生,是指共同拥有生存的权利,蕴含着少年宫和学校之间是平等和谐的关系;所谓共享,是指共同享受发展的成果,意指少年宫和学校都可以将校内外的课程资源为它们所用;所谓共进,是指少年宫和学校打通校内外的壁垒,互进课程基地,共同促进学生的素质全面发展。

(二)校内外协同

校内是指在教育体制内基础教育阶段的公办学校,校外指向少年宫。少年宫作为校外教育的典型性机构,在校外教育中占据了主导地位。少年宫与学校相互合作,协同提高学生的核心素养,促进其身心全面发展。

(三)创课

创即创新、创造,课即课堂、课程、课题。包含三方面的意蕴,分别是立足课堂阵地,创新育人方式;聚焦课程开发,体现形式多样化;创新课题研究,共促教师科研素养。

(四)共生共享共进校内外协同创课的实践研究

通过少年宫和学校课堂、课程、课题三课联动,校内外协同创新共生载体,建设共享平台和共进机制,围绕三课之间的联系组织教学、科研、资源开发等工作,共创和谐课堂,共享教学资源,共进课程基地,建立符合校情、宫情、教情、学情四位一体的课程体系,为校内外的协同发展提供路径,共同提升教师的科研素养,推动学生的素质全面发展。

三、校内外协同创新研究具有理论和实践价值

(一)理论价值

第一,是教育功能扩展的必然趋势。目前的学校教育往往重成绩轻素质,重文化轻兴趣,以少年宫为代表的校外教育的多功能性可以弥补学校教育的不足,两者的关系研究可以更好地扩大教育功能。

第二，是基础教育理论发展的需要。现有的基础教育理论处于瓶颈期，学校教育、家庭教育的理论发展已相当成熟，校外教育理论研究可以增加基础教育理论的维度和厚度。

（二）实践价值

第一，为社会教育资源的配置提供参考。少年宫作为校外教育的重要阵地，是基础教育的组成部分，应当充分利用其创新和实践的教育优势，提高青少年的综合素质；同样，学校作为教育机构中的重中之重，应当在遵循国家教学大纲的基础上，增加课外活动时间，提高学生动手实践能力，使其智商和情商同步提升。

第二，为青少年宫和学校的合作共赢打下基础。全方面的教育体系将成为教育的主流。少年宫的发展壮大已成为趋势，充分利用少年宫这种特殊的校外教育机构，能够推动更多青少年活动中心的建设。

四、校内外协同创新的研究目标和研究内容

（一）研究目标

1. 通过研究少年宫与学校课程之间的融合点，将校内外课程相结合，整合社会资源，打通校园与少年宫与社会的壁垒，重构课程体系，开发出具有区域特色的宫本课程，丰富现有教材体系，让学生得到更多的实践机会，使社会资源得到最大程度的优化配置。

2. 中小学和少年宫根据自身情况和特点，选择自己的发展模式，确定自己的教育方式，探寻多元互动的合作模式。

3. 基于校内外的共生共享共进培养，建构充满教育意蕴的课堂公共生活样态，促进学生生命成长，培育学生丰富而完整的人格；通过研究增强教师的课程自觉意识，提高课程开发与实施的能力，造就一支卓越的教师队伍。

（二）研究内容

1. 少年宫教育现状的调查研究

通过收集调查问卷的形式，了解少年宫教育现状，总结少年宫教育的功能及特质，进一步论证少年宫和学校合作的必要性。同时，对现有少年宫与学校合作进行分析研究，发现问题，改变策略。

2. 校内外共生共享共进关系优化的研究

包括两方面：(1)场域建设研究。学校和少年宫是不同的学习场所，既有区别又有联系。分析两个场域的学习特点以及学习资源，突破围墙限制，挖掘学习资源，建立跨域学习。研究要点为：立足"场域"的整体优化的内涵建构，即文化共生场、资源共享场、活动共进场。(2)学习共同体建设研究。建立校内外教师共同体、管理共同体，实现培训一体化、课程一体化。研究要点为：少年宫和学校共同体组建的方式，共同学习任务设计，校内外工作机制的研究。

3. 校内外协同创课的路径研究

包括四方面:(1)校内外课堂同构研究。依托课堂,校内外共同研究教材、教辅,共同探讨课后延展知识点,实现校内外知识呈现体系化、结构化。研究要点:立足同课同构、异课同构,把握校内外教材的优缺点,通过目标再构、流程再造、内容再择、评价再塑、规范再建,形成新的教学设计思路。(2)课程整合的研究。以课程为载体,研究国家课程、校本课程以及宫本课程,打通校内外课程,建立"学校—少年宫"的课程体系,确保学生学习经验的连续化。研究要点:学科内部的整合、跨学科的整合和课堂内外的整合,如长课程、学科+、基于项目的学习、主题化学习等。(3)课题卷入式研究。以本课题为桥梁,建立校内外协同机制,共同提高教师的科研素养、写作素养、课程开发能力。(4)校内外协同创课的个案研究。研究要点:课堂学科教学案例、课程开发案例、子课题研究案例。

五、校内外协同创课的实践研究思路和方法

(一) 研究思路

本课题研究遵循实践性、自主性原则,着眼研究过程,注重发展,重视操作,强调行动性、开放性与生成性的有机结合。我们从少年宫发展历史脉络文献研究入手,采取问卷调查、案例跟踪、课堂学习实践等方式,通过与学校联动,研究校内外的课堂、课程的异同点,着眼校内外的课堂、课程、课题的实施路径,研究支持性课程资源开发与课堂环境建设,促进儿童在校内外学习中提升素养。

(二) 研究方法

一是文献研究法,通过广泛搜集和整理有关少年宫的研究著作、论文、报告等,借鉴已有的理论成果,支撑和构建校内外协同创课的理论框架和方法论。

二是调查研究法,以调查问卷和访谈为主要形式进行深度调研和深度访谈,全面了解教师和学生对待校内外学习的态度及其需求。

三是案例研究法,针对课例或课程进行个案研究,分析学生学习存在的问题或彰显的优势,提炼出共性的改进策略。

六、校内外协同创课活动的实践效果

(一) 实施方式

1. 专家讲座。邀请校内外专家围绕核心素养、课程领导、学科教学改进等方面开展讲座,提升少年宫教师教育理论和教学素养。

2. 课例研讨。不定期开展教研活动。邀请相关专家参与互动研讨,对课例进行深度研讨,提升教师的课程、教学理念和行动力。

3. 科研引领。在专家引领下,完成"十四五"教育科学规划课题申报,孵化做好优秀教学成果。指导科研项目开展和论文发表。

4. 外出交流。加强区域内外的联动与交流,向兄弟少年宫学习教育管理、课程建设、教研等方面的经验,开拓全体教师的视野。

(二) 项目成果

1. 课程体系建设。早在 2019 年底,我们就在区教育局指导下,主动停掉了所有学科类的培训(含竞赛)项目,全力聚焦艺术、体育、综合科创等模块课程的建设与开发。经过三年多持续打磨,截至 2021 年 7 月,梁溪区少年宫已经构架了涵盖体育类、舞蹈类、音乐类、书画类、综合类 5 大板块共 50 个方向的课程。今年暑假,我们又联络了上海市兄弟少年宫单位,在专家指导下,准备继续完善和扩大梁溪区少年宫科普、科创相关方向的课程。

2. 宫本教材修订。以"核心素养"为理论框架,在专家的指引下,我们对少年宫教材进行修订,使之更加符合课程改革的精神。已完成了《江南舞韵》少儿中国舞训练、《江南画意》幼儿创意美术、《江南语境》书法宫本教材。

3. 教师研修。先后邀请多位专家到少年宫开展讲座、研讨,形成了一系列的讲座报告,丰富和提升了全体教师的理论素养和实践素养。2020 年 11 月,舞蹈部开展了课例研讨活动,8 位教师做了公开课展示,邀请马静教授做了专家点评。上海研修期间,参观了普陀区青少年中心,聆听了两场高质量学术报告。

4. 以少年宫以往的课改实践为依托,在专家指导下,完成了无锡市"十四五"教育科学规划课题"共享共建共创:校内外协同创课实践研究"的申报。

5. 教学成果奖的孵化和教育科研论文的撰写、修改。在专家的指导下,我们对具有较好基础的论文进行了修改和指导,正在积极向相关期刊投稿。

6. 针对创课实践研究的成效,在全体少年宫教师中做了调研。我们把目光聚焦在教师对课程体系和教研活动的体验评分方面,邀请校外专家设计了相应的问卷,并发放给所有少年

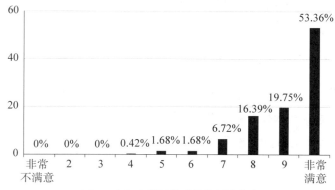

图 1 少年宫课程体系的教师满意度

宫的专、兼职教师。从数据来看,经过几年实践,全体教师对少年宫课程体系的建设满意度有了较大幅度的提升。其中"非常满意"占到了53.36%。绝大多数教师对课程体系建设的整体评分均在7分及以上。

少年宫教师对两年多来开展的宫本教研活动也给予了充分肯定。从调研数据来看,绝大多数教师对宫本教研活动的整体评分在8分及以上。其中"非常满意"的占比率在52.94%。这一数据也增加了我们对校内外互动教研的信心。

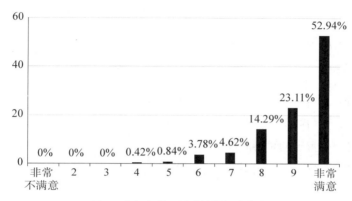

图2 少年宫教研活动的教师满意度

此外,我们还调查了教师的教研活动参与体验。通过该项调查,我们发现,全体教师对"课例研讨"这一形式给予了高度的评价,其次是"自主发展",再次是"专家报告"。可见,在后续的创课实践研究中,我们应把更多的精力聚焦在课例研讨这一形式上。此外,邀请高水平的专家团队进行专题和系列讲座,提升教师的教育理论素养。

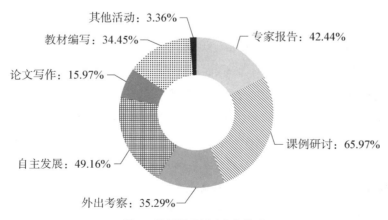

图3 教师教研活动参与体验

七、少年宫校内外协同创课实践总结和未来展望

（一）经验总结

1. 上级教育部门的支持至关重要。在整个研究过程中，区教育局给予了研究经费、专家邀请、人力协调方面的极大支持，增强了我们研究的信心。

2. 与高校开展合作，提升少年宫教师的教育科研素养。通过专家讲座、课例研讨、集中研修等活动形式，教师的视野得以开阔，教学和科研能力得到锻炼。

3. "请进来"和"走出去"两种方式相结合。在充分调研全体教师实际需求的基础上开展相应的活动，开展的多种形式的研修活动评价良好。

（二）挑战与展望

在项目推进过程中，我们也面临着一些挑战。例如，少年宫的教师构成中兼职教师比例较高。如何构建灵活而有弹性的管理体制，充分激发他们参与实践研究的热情，提高每次研修活动的实效，这是必须要考虑的重要问题。再如，新冠疫情的散点爆发，一些教研活动不得不展期或者改为线上进行，这也在一定程度上影响了项目研究的质量。此外，少年宫教育研究论文发表较为困难。

展望未来，我们对本项课题的推进充满信心。"双减"背景下，越来越多的家长重视子女的艺术、体育、科创素养的培育，少年宫有责任、有能力而且必将为每一个孩子的健康成长提供更加优质和个性化的教育。我们将会不断丰富课程体系，完善教研制度，在校内外的协同联动中，提升少年宫教师的教育素养和专业素养，这也是我们义不容辞的责任，以及对教育初心的一份郑重承诺。

参考文献

［1］许德馨.少年宫教育史［M］.海口：海南出版社，2000.

［2］吴刚平.校本课程开发［M］.成都：四川教育出版社，2002.

［3］张昱瑾等.少年宫教育课程建设指导手册［M］.上海：华东师范大学出版社，2016.

［4］张昱瑾.融通与协同：少年宫教育课程设计案例精选［M］.上海：华东师范大学出版社，2019.

［5］中共中央办公厅、国务院办公厅.关于加强青少年学生活动场所建设和管理工作的通知［EB/OL］.［2019-9-20］.http://www.gov.cn/gongbao/content/2000/content_60256.htm.

［6］全国青少年校外教育工作联席会议办公室.关于进一步发挥青少年校外活动场所育人作用的指导意见［EB/OL］.［2019-9-20］.https://www.docin.com/p-1414370698.html.

"家校社"协同视角下助推校内外育人一体化
——以闵行区青少年活动中心的校外教育实践为例

牛 菁

【摘要】本文在闵行区青少年活动中心的校外教育实践基础上,提出家校社协同育人是校外教育发展的内在理论,符合校内外教育一体化发展的方向和逻辑。公立校外教育机构的功能定位应从阵地拓展到枢纽,从多主体、新课程、采数据三个角度探索家校社协同视角下的校外育人一体化的实践路径。在推进区域校内外教育一体化的过程中,应凝聚校外教育主体的共识,提升校外教育专业指导能力以及利用品牌进行成果辐射。

【关键词】"家校社"协同;校外教育;一体化

【作者简介】牛菁/上海市虹口区青少年活动中心

Promote the Integration of Off-campus Education from the Perspective of "home-school-community" Synergy
——Taking the Off-campus Education Practice of Minhang District Youth Activity Center as an Example

NIU Jing

Abstract: Based on out-of-school education practice in Minhang District Youth Activity Center, this paper shows that home-school-society collaborative parenting is an inherent rationale for the development of out-of-school education. In turn, such collaboration is in line with the direction and logic of the integrated development of out-of-school education, and the functional orientation of public institutions outside the school is expanded from a position to a hub. The practical path of integrated out-of-school education is sorted out from the perspective of multi-subjects, new curriculum and data collection. In promoting the further development of integrated regional out-of-school education, the consensus of out-of-school education subjects should be forged, the professional guidance capacity of out-of-school education should be improved, and the results of branding should be utilized.

Key words: "home-school-community" collaboration; off-campus education; integration

2021年7月24日,中共中央办公厅和国务院办公厅联合印发了《关于进一步减轻义务教育阶段学生作业负担和校外培训负担的意见》(以下简称"双减")。"双减"政策更强调公立校外教育的功能定位:在基础教育中,其与学校教育是"一体两翼""衔接互补"的关系。而学校家庭社会协同育人是新时期全面落实党的教育方针、落实立德树人根本任务的重要要求,也是培养担当民族复兴大任的时代新人、打造"梦之队"的重要路径,更是建设高质量教育体系、实现"五育并举"和"三全育人"的重要方式。在基础教育领域,全国各地中小学通过成立家长委员会、开办家长学校、引入社会资源等方式,开展了多样化的学校、家庭、社会协同育人的实践探索。新时期公立校外教育机构在区域层面功能的拓展及公益性等特点使其在促进学校、家庭、社会协同育人体系发展中的价值日益凸显。如何让家校社各方形成共识、发挥优势、共享资源,形成协同育人机制? 如何开展基于家校社协同的校外教育实践,形成协同育人模式? 如何利用信息技术为协同育人赋能,确保协同育人的效果和质量? 这些问题事关校外育人一体化的成败。本文以闵行区青少年活动中心 8 年的实践探索及一系列实证研究为基础,探讨家校社协同视角下的校外育人一体化的理论依据、实践路径和发展策略。

一、从提供活动到促进家庭共学互学:打造区域育人共同体

(一)何谓育人共同体:校外教育家校社协同育人的新主张

首先,由于场地、师资和课程资源的限制,青少年活动中心所提供的校外教育活动无法满足区域内广大青少年在课余时间参加兴趣活动和培养特长的需求,只有部分青少年能争取到学习的机会。随着经济的发展,社会场馆和基地、校外培训机构、高校及企事业单位等校外教育主体利用各自优势,纷纷面向青少年开办各种教育活动,极大地丰富了区域校外教育活动资源。但由于管理体制等限制,各类校外教育主体都是独立运行,未能联动协同形成合力,造成了资源的浪费和效益的损失。而且对于部分非教育系统的主体而言,虽有教育资源,但缺少专业的师资,活动过程重知识传授和技能训练,轻价值观的引导,活动育人效果不甚明显。因此,活动中心对家校社协同育人体系的探索与实践,旨在通过整合社会资源,拓展活动场地,规范教育活动,发挥家长能动性,进而提升区域校外教育的整体能级,满足区域青少年对优质校外教育服务的强烈需求。

其次,家校社协同育人是校外教育发展的内在理论,符合校内外教育一体化发展的方向和逻辑。以叶澜教授提出的"社会教育力"概念及相关理论为依据,将其贯穿运用于校外教育家校社协同育人实践——家校社协同育人就是要将散落在区域内的校外教育资源和活动汇聚起来,通过协同机制形成育人合力,从而将校外教育的"星星之火"发展成"燎原之势",实现校外教育的一体化发展。家校社协同育人合力的形成就是将家长、教师、学校、社会机构、企事业单位等个体和系统的教育力量汇聚连通,形成力量网络,实现能量的传递、交换与汇集,形成校外教育家校社协同的整全性的育人体系。

最后，校外教育家校社协同育人共同体意味着家庭、学校、社会各方需要朝着共同的目标各司其职、分工协作、持续运行、合力育人。校外教育家校社协同与学校教育的家校社协同在育人目标和方向上是一致的，但是在育人内容和形式上相互衔接、互为补充、共生共融。校外教育家校社协同育人作为中观层面的学校教育外的协同育人实践，也应该被纳入宏观决策层面，纳入地方和国家有关家校社协同育人体系的政策文本中。

（二）如何育人一体化：从校外教育阵地转向枢纽作用的发挥

校外教育家校社协同育人体系就是以青少年活动中心为主体，以学校和社会机构为两翼，采用活动中心牵头、多方合作、家长参与的运作模式，在平等尊重、相互协商基础上形成有效、可持续的合作与协同机制，以促进青少年健康成长为目标愿景的校外课外活动育人体系。

自 2014 年起，活动中心逐步转变功能定位，从单纯的校外教育活动的组织扩展为区域校外教育活动的组织、统筹、指导与服务。活动中心通过项目开发、资源共享、合作共建等方式，开发和挖掘区域校外教育资源，扩大教育供给，缓解校外教育供给与青少年教育需求之间的矛盾，并在实践过程中，探索形成了联盟式、项目式、工作站式、购买服务式等不同主体间的合作与协同机制。

2018 年成功打造的"闵行区学生校外实践活动管理平台"包括活动中心课程管理、活动（竞赛）管理、学校少年宫活动管理、社会场馆聚享等四个子平台。汇聚和共享区域校外教育的活动信息和优质资源，校外教育一门式信息化平台为家校社协同育人提供了有效支撑，资源的汇聚使活动中心成为了区域校外教育的重要枢纽，极大地提升了区域校外教育的协同效率和育人效果。从中心课程管理平台到全区学生竞赛管理平台，再到学校少年宫平台和社会场馆聚享平台的建设使用，信息技术的应用加快实现了区域校外教育从活动中心向学校、社会场馆、企事业单位的延伸，初步形成了一体化的闵行校外教育的大生态圈。信息技术在助力区域校外教育家校社协同育人方面更是起到了支撑和引领作用。闵行区校外教育一门式服务云平台的建成，聚合了区域内校外教育主体和相应的活动资源，实现了基于信息化平台的多主体协同育人的新机制，家校社协同、校内外一体的青少年校外课外活动成为一种常态。

二、多主体、新课程、采数据：助推校内外育人一体化的实践路径

校外教育家校社协同育人机制和育人共同体是开展协同育人实践的前提和基础，协同育人的合力在实践中形成和显现。如何开展基于家校社协同的校外教育实践，进而形成相对成熟的育人路径，这是必须重点解决的关键问题。

（一）建立校外教育家校社协同育人的有效机制

由于校外教育主体的多元化，活动中心在实践中并未形成通用的协同机制，而是根据不同主体的性质、优势和诉求，形成了多样化的协同育人机制，提升了不同主体参与校外教育协同育人的积极性,形成了持续有效的协同效果。根据协同机制的形成路径,可以分为自上而下和自下而上两种协同机制,前者用行政力量干预,以制度为依据;后者自发自主,以平等协商为基础。比如,学校少年宫的协同机制是由文明办和教育局牵头,以自上而下的管理体制和相关工作制度为保障,在活动中心指导下形成统一目标、统一步调、统一平台基础上的协同育人。而与社会场馆、企事业单位的协同则是在平等尊重、相互协商的基础上,为了共同的目标,按照优势和资源互补的原则,自发自愿地合作开展校外教育项目和育人活动。此外,在实践过程中,根据协同育人的现实需求,活动中心采用分类分层的思想建立协同机制。分类协同机制通常是以问题或主题为导向的协同,将问题或主题相关的主体放入同一个协同圈;分层协同机制则是根据不同主体所具有的优势、资源和协同程度,把相关主体放入同一个协同圈。比如,联盟式的合作与协同属于分类协同,根据某个主题,把家长、学校、企业、高校等主体按照不同的角色分工进行协同育人。以品牌活动或系列活动和短期项目为载体的协同育人则体现了同类主体的分层协同。

(二)打造三类活动课程体系,形成家校社联动开发模式

活动中心从科技、艺术、群文少先队、综合实践等活动内容和学生全面个性化发展需求出发,协同学校、企业、高校、社会场馆等校外教育主体,在现有课程基础上,整合学校少年宫课程、社会场馆活动项目等校外活动课程,打造了体验型、发展型和深度化三类活动课程体系。学生在体验型课程中对校外课外活动进行初步认知和学习体验,逐渐了解自己的学习倾向和偏好;通过发展型课程学习获得个性化的指导,了解并发现自身的优势课程;在发展型课程的学习基础上又能进一步进入创新型课程,成为区域科技、艺术、传统文化等方面的青少年后备人才梯队。经过多年的实践,我们建构了立足地域文化、彰显校园特色、体现协同育人的逐级递进的课程体系,完成了三类课程方案设计和部分课程指南的编制,形成了长短课程群、线上线下同步推进的课程样态,同时建立了以活动中心为开发主体,学校合作共享、社会机构和家长参与服务的课程开发模式,利用信息化平台完善了课程开发的全流程管理。

(三)采集学生校外活动数据,实施技术支持的学生评价

学生在校外活动中的参与情况与学习成效反映了校外教育协同育人的效果与质量。如何对学生在参与各种校外活动中的整体表现进行全面评价是协同育人模式需要解决的关键问题。活动中心按照"校外活动更关注其过程习得、激发兴趣和培养素养"的理念,研发设计了一套伴随课程行进的评价体系,通过家校社协同评价机制,利用信息技术手段,将不同活动平台中的评价数据、百家社会场馆的项目学习数据以及不同评价主体、多种评价方式产生的数据进行全面采集和汇总,全面呈现学生在区域校外教育机构中的学习情况和具体表现,分析和评价学生在德智体美劳以及兴趣特长等多方面、立体化、综合性的学习与发展情况,进而生成校外教育活动的个体画像和群体画像。在技术的支持下,以竞赛成绩作为学生校外活动评价唯一依据的传统评价方式被彻底打破了,学生每一次在学校少年宫或社会场馆的刷卡学习,每一次在"星"空间的分享和给同伴的点赞留言,都被转换成相应的积分,汇聚到学生的"校外活动琅琊榜",学生通过活动中心参加的任何一项校外活动都会留下过程性的痕迹。大数据技术的应用推动了数据驱动的学生综合素质评价、个性化资源推送和智能化教育治理,家校社协同基础上的校外教育因材施教正在成为现实。

三、同向同行,携手共育:青少年活动中心推进校内外教育一体化的发展策略

校外教育的家校社协同育人模式就是以青少年活动中心为主体,以学校和社会机构为两翼,以持续有效的协同机制和育人共同体为基础,落实立德树人根本任务、德智体美劳五育并举和全员全程全方位三全育人,采用活动中心牵头、多方合作、家长参与的运作模式,通过目标和理念的共识与认可,优势和资源的汇聚与共享,协同开展以促进青少年健康成长为目标的校外课外活动,全面提高校外教育育人水平和育人质量。在实践中,活动中心以家校社协同育人机制和育人共同体为基础,在育人目标的引领下,协同建设体验型、发展型和创新型三类活动课程体系,着力推进多方联动的协同教研和教师培训,借助信息技术提升协同育人和管理效能,探索构建数据驱动的融合式校外教育学生评价体系,整体提升了区域校外教育的协同育人效果和服务能级。

(一)凝聚共识:明确协同育人的目标愿景

活动中心在开展家校社协同育人实践的过程中,站在为党育人、为国育才的高度,全面贯彻党的教育方针,坚持把立德树人作为根本任务,根据"五育并举""三全育人"的教育思想和理念,始终将培养学生的高尚品德、健全人格、高雅情趣和创新精神放在育人目标的首位,坚持学科德育的课程观和活动观,常态化开展各类大型的科技、艺术、健康教育、综合实践、学校少年宫建设等主题教育活动和少先队主题教育活动,帮助学生树立正确的世界观、人生观、价值观,造就一批"阳光健康、情趣高雅、乐于探究"的时代少年,让校外教育真正成为学生思想引领、价值培育、素质培养的重要阵地,让越来越多的闵行学生在校外这片广阔的天地中健康快乐地成长。

活动中心与家长、学校、社会教育机构在合作和协同实践中逐步凝聚共识,围绕"为了闵行每一个学生的健康快乐成长"的目标愿景,在具体的活动项目中明确各方职责、基本原则和运作方式。例如,在青少年公益实践活动项目中,活动中心以课题研究为引领,开展了"基于家校社协同的青少年公益实践活动研究"课题,在实践中提出了青少年公益实践活动中教师、家长、学校、社区等相关主体的职责,以及可持续原则、进阶型原则、双向性原则、整合性原则,逐步形成了中心牵头、学校组织、社区支持、家长和师生共同参与策划的运作模式,合力打造青少年公益实践活动的育人共同体。

闵行创客教育联盟则既是一种协同机制,更是协同育人共同体,活动中心、基地学校、科技

企业以及高校科研机构围绕"为了闵行每一个学生的健康快乐成长"的目标愿景,各方分工协作,持续有效地运行,创立了"创客运动汇""少年爱迪生科技创新秀""青少年创客博览"等多个品牌活动,打造了闵行青少年创客教育协同育人共同体。

(二)专业优先:开展联动式教研和培训,提升协同育人的专业能力

专业能力是校外教育协同育人的关键,协同育人的合力源自教师、家长和社会场馆宣教人员的专业能力。相较于中小学教师,校外教育教师的教研和培训更为复杂,需要兼顾活动中心的专兼职教师、学校少年宫的教师、社会场馆的宣教人员,尤其是社会场馆的宣教人员虽然在自身活动领域具有专业性较强的知识和技能,但是往往缺乏教育视角,活动育人的专业能力相对缺乏。为此,活动中心牵头建立了多方联动的教研和培训机制,依托科技、艺术、人文、德育等领域的多个市级名师工作室、市级课程分中心、市级特色教研组,对不同类型的教师和宣教人员进行专业培训,开展联合教研活动。

家长是校外教育协同育人的重要力量,家长对校外教育的重视程度也在逐年上升,相应的教育投入也逐年增多。活动中心依托课题"校外教育机构开展家庭教育指导服务的思考与实践",通过开展家长沙龙、专题讲座等方式,提升家长对于校外活动的认识和服务能力。比如,活动中心组织策划的"你好,寒假"项目,组织开展系列家长沙龙活动,从"给孩子一个怎么样的寒假"到"综合实践活动那些事"的沙龙活动,再到家长志愿者服务课程,极大地提升了家长对项目活动的认识、参与热情和志愿服务能力。

(三)品牌辐射:多渠道、多形式推广协同育人的模式和成果

家校社协同打造的校外教育品牌活动是育人的重要载体,也是衡量家校社协同效果的重要标尺。几年来,活动中心携手家长、学校、社会机构联合打造了一批在区域内颇具影响力的品牌活动,取得了较好的育人效果,如适应新时代校外教育发展的"五结合"系列活动。文教结合:与闵行电视台联手打造周播少儿电视栏目"成长 ING",与上海民族乐团联手打造闵行区唯一的市级学生艺术团——闵行区青少年活动中心学生民乐团;科教结合:与闵行区科委、科协共同打造闵行区科技后备人才培养体系"科技启明星计划";医教结合:与闵行区卫健委下属单位共同开展"我的健康我做主"健康教育主题活动;体教结合:与区体育局下属场馆合作开展闵行学生"每天锻炼一小时"活动;校校结合:联手 33 所学校少年宫,开展丰富多彩的学生课外兴趣活动,成为闵行区校外教育一张靓丽的品牌名片。此外,活动中心协同打造的国乐少年、上海市古诗词展演活动、中草药文化系列活动、我是非遗传承人、家庭梦想秀、"我的天地我做主"、"你好,寒假"等综合实践活动在区域乃至上海形成了品牌影响力。品牌活动的打造和实施连通了家校社,与学校携手、与场馆共建、与家庭共育,形成区域校外课外品牌活动共建共享共研的新局面。

综上,家校社协同的校外教育为青少年提供了相对充足的教育资源和学习机会,极大缓解了校外教育资源供给与青少年需求之间的矛盾。而校外教育家校社协同育人体系的构建与实践解决了区域内校外教育主体多元但独立松散、未能形成育人合力的问题,同时打开了区域校内外教育一体化发展的新格局。校外教育不再只是青少年活动中心的责任,而成为了家庭、学校、社会共同的责任。区域校外教育发展的内涵从青少年活动中心发展拓展到以青少年活动中心主导、家长参与、学校少年宫和社会机构协同的整体性发展。通过课程育人、活动育人、服务育人、文化育人等方式,实现全员全程和全方位育人。家校社协同育人也意味着家长和社会机构也是"三全育人"的主体,全员育人从活动中心和学校少年宫延伸到了家庭和社会,育人成为家庭、学校和社会的共同责任,青少年一旦进入校外教育机构和社会场馆,就发生着育人效果,家庭、学校和社会机构的环境和文化给了青少年全方位的育人。家校社协同使"三全育人"从单一机构走向家庭、学校和社会的整体性育人,技术赋能下的家校社协同育人逐步实现了校内外教育课程建设一体化的进程。在信息技术的加持下,实现校内外育人一体化在师资培训一体化、学生评价一体化和信息管理一体化,将协同育人的物理空间向资源更丰富、主体更多元、评价更科学的网络育人空间过渡。这也将从整体上推进校外教育的数字化转型,真正实现作为体制内的校外教育单位如《校外教育促进法》中预期的一般,发挥对其他如博物馆、图书馆、科技馆等其他校外教育机构的引领示范作用。

参考文献

[1] 王玲.统筹推进大中小学劳动教育一体化建设的若干思考[J].思想理论教育,2020(6):22—27.

[2] 俞国良,张亚利.大中小幼心理健康教育一体化:人格的视角[J].教育研究,2020,41(6):125—133.

[3] 马晓丽,白芸.家校社协同育人的基本内涵、关键要点与过程机制[J].福建教育,2021(24):6—9.

家庭校外培训需求动因及对落实"双减"政策的启示

刘钧燕

【摘要】2021 年 7 月,中央出新政要求进一步减轻义务教育阶段学生作业负担和校外培训负担,该新政实施的顺利程度及实际效果很大程度上取决于家庭的态度和选择。本文从责任化的理论视角,首先基于中国教育财政家庭调查(CIEFR‐HS)2017 年的数据描述中国义务教育阶段学生的校外培训需求规模;其次基于访谈信息着力厘清家庭选择校外培训背后的动因,发现学科类培训的动因有课后看护、升学择校等七种类型,非学科类培训的动因有课后看护、全面发展等五种类型。一些需求可能被消减,一些需求可能被部分吸纳,一些需求依然会刚性存在。应基于对不同动因培训需求的认识,有针对性地科学施策,才可能有效减轻校外培训负担,进而实现"双减"。

【关键词】双减;校外培训;负担;需求;动因;治理

【作者简介】刘钧燕/华东师范大学课程与教学研究所副教授

【特别说明】本文系 2021 年度国家社科基金高校思政课研究专项一般项目"健全基础教育阶段学校、家庭、社会协同育人机制研究"(项目编号:21VSZ101)的研究成果之一。本文已在《全球教育展望》2021 年第 11 期发表。

Motivations Underlying the Demand for Private Tutoring and Its Implications for Policy Implementation

LIU Junyan

Abstract: Chinese central government issued a new policy to ease the burden of excessive homework and private tutoring among students at primary and lower secondary levels in July 2021. The challenges in implementing this policy and its effects depend largely on how families think about and react. This paper draws upon the theory of responsibilisation as a theoretical lens. It presents the participations rates of private tutoring among primary and lower secondary students based on a nationwide survey data. Then it investigates the motivations underlying the demand with interview data collected in Beijing. There are seven types of motivations for academic tutoring, such as need of after-school care, and desire of school-choice at transition points. And families usually demand for non-academic tutoring with five different motivations like seeking after-school care, or promoting all-round development. At the end, the paper concludes with five implications for implementing the new policy.

Key words: policy; private tutoring; burden; demand; motivation; regulation

一、问题提出

2021年7月，《关于进一步减轻义务教育阶段学生作业负担和校外培训负担的意见》（以下简称"双减"）出台，从构建教育良好生态，促进学生全面发展、健康成长的原则出发，从机构审批、服务规范、运营监管三个方面明确"从严治理，全面规范校外培训行为"。对学科类校外培训，极大压缩培训时段，不得在国家法定节假日、休息日及寒暑假期开展；对非学科类培训机构，将分类制定标准，严格审批，严禁从事学科类培训。

这次的治理工作纳入建设高质量教育体系的大框架，在深化校外培训机构治理的同时更强化学校教育主阵地作用，提出"提升学校课后服务水平，满足学生多样化需求"，鼓励"有条件的学校在课余时间向学生提供兴趣类课后服务活动"。整体工作目标是减轻学生过重作业负担和校外培训负担，减轻家庭教育支出和家长相应精力负担，从而提升人民群众教育满意度。

但值得注意的是，家庭对于校外培训治理的态度却并不完全一致，有些家庭的态度较微妙。2021年6月的一项822人参与的在线调查中，91%的家长表示应加强对校外培训机构的监管，但是75.2%的家长认为不应该禁止校外培训机构周末及寒暑假开课，且有63.8%的家长表示若禁止则给孩子请个体家教[1]。事实上，"双减"出台以来，家长众筹攒小班、请私教、以高端家政名义提供培训等"花招"已屡见报端。另一方面，作为校外培训的（部分）替代方案，官方的课后托管服务有很多家长并不买账，报名者寥寥[2][3]。例如，上海自2014年就开设小学生爱心暑托班，2021年暑假参与学生近4万名，按同期在校小学生规模计算托管比例仅为4.6%。

校外培训从严治理但需求有"粘性"，课后服务大力推进但叫好不叫座，这是"双减"政策落地面对的现实挑战。是继续想方设法给孩子提供校外培训，还是调整需求并接受课后托管服务，或兼而有之，或两者皆弃，关键在于个体家庭的选择。因此，"双减"实施的顺利程度及实际效果很大程度上取决于家庭的态度和选择，合理预判家庭可能的选择，并按需适当调整相关政策细节，有助于政策更好地落地。而要预判家庭在"双减"政策下可能的选择，必须首先厘清该政策之前家庭的选择：多大规模家庭选择学科类/非学科类校外培训？选择的动因是什么？哪类动因更普遍，哪类动因较少见？这些正是本文要回答的问题。

二、文献综述

随着教育市场化的发展，家庭对孩子的教育拥有了更多选择权。越来越多的家长不仅为孩子选择学校，而且选择社会教育资源以助力孩子的学业成长和全面发展，包括校外培训机构的服务[4][5][6],这反映的是家长对孩子教育责任的履行,可以借助责任化(responsibilisation)理论来理解和分析。按照皮特斯的定义,责任化是"一种现代意义上的自治,要求个体对自身的生活方式、教育、健康等做出自主的选择"(p.131)[7]。他认为"在新自由主义下,选择不仅仅意味着消费者主权,而是……将在市场中做选择的责任从政府转移到个体"。在教育领域,学者用责任化的视角审视教育责任从政府向个体家庭的转移[8],也有学者借此分析家庭对校外培训的需求及其动因。

例如,多尔蒂和杜利指出教育领域的责任化迫使家长为孩子教育寻求保险的策略以使得利益最大化而风险最小化,澳大利亚家长选择一对一或小组培训以补充公立教育[9]。德维勒和埃哲顿研究加拿大中产家庭主动承担孩子教育的主体责任,通过安排丰富的活动和校外培训来实施对孩子的积极干预型教养方式,以帮助孩子获得竞争优势[10]。

国内学者也在探讨教养责任的私人化,分析随着教育市场化的发展,家长如何借助校外培训服务来践行自身的教养责任。例如,杨可基于8个北京城市中产家庭的案例,提炼出母职(motherhood)经纪人化这个概念,指出城市家庭高度重视子女教育投入,甚至替代学校承担起组织孩子个性化学习方案的责任,投入大量精力了解校外培训市场产品与目标学校需求,有策略地使用校外培训,从而定制个性化学习方案,以帮助子女在激烈的教育竞争中获得优势[11]。李一深入某知名辅导机构在北京6个城区的教学点开展调研,基于15个中产家庭的案例分析验证了教养的责任逐渐从学校转移到家庭,责任私人化、市场化趋势明显,中产家庭承担教育责任以期实现阶层优势的传递,校外培训作为一种可行的市场化教养方式而被普遍采用[12]。

由上可见,在新自由主义思潮影响下,随着教育市场化,教育责任从政府向个体家庭转移的态势在全球范围内广泛可见,家长,尤其是中产及以上阶层家长积极地承担孩子教育的责任,基于经济、社会和文化资本,充分利用各种教育资源,包括校外培训服务助力孩子教育发展[9][13][14][15]。对于这类责任化的家长(responsibilised parents),校外培训通常是其教养策略的一个重要组成部分,会根据情况不断调整,以更好地促进孩子教育成长[16],因此这类家长的校外培训需求不会轻易终止。韩国是一个很典型的例子,韩国政府曾尝试从源头遏制校外培训需求,先后取消了小升初考试和中考,改革了大学招考制度,但都未能如愿;1980年韩国明令禁止高中生参加校外培训,禁止大学生和学校教师提供任何形式的收费辅导服务,禁止培训机构老师在机构以外的场所提供培训服务等,但禁令依然没有奏效,需求仍在,只是被迫采用秘密的方式接受培训[17]。

本文将从责任化的理论视角,分析中国家庭的校外培训需求规模,并分别厘清学科类、非学科类校外培训的需求动因,进而探讨哪类动因的需求可能因"双减"政策而消减,哪类动因的需求可能被"双减"的具体措施有效吸纳,哪类需求可能依然存在,在此基础上给"双减"政策落地提出一些启示建议。

三、研究方法

本研究采用顺序式解释性混合研究设计。首先使用调查数据呈现全国范围内义务教育阶段学生校外培训参与情况,数据来自2017年中国教育财政家庭调查(CIEFR-HS)。该调查覆盖除西藏、新疆和港澳台外29个省的363个县,共涉及40 011户(农村12 732户,城镇27 279户)的127 012个家庭成员,本研究使用其中中小学在校生1.4万人的数据。

接着使用质性访谈数据挖掘家庭选择校外培训的动因。2015年11月至2016年3月笔者在北京对51位家长(父亲或母亲,每个家庭一位)进行了访谈,2017—2018年间又对其中12位家长进行了2到3轮的跟踪访谈,并新访谈了9位家长。在这60个访谈对象中,有47位母亲,13位父亲;41位北京户籍,19位非京户籍;涵盖了低(14位)、中(32位)、高(14位)不同社会经济地位家长;其孩子就读学校涵盖了农村学校、打工子弟学校、城市普通学校、城市优质学校,就读年级覆盖了1到9年级。

表1 家长访谈对象

孩子就读年级[1]		孩子就读学校类型[1]			家长社会经济地位[2]		
		农村/打工子弟学校	城市普通学校	城市重点学校	低	中	高
小学	1—3	2	10	9	2	15	4
	4—6	6	7	5	7	7	4
初中	7—9	7	3	11	5	10	6
合计		15	20	25	14	32	14

注.1. 对于进行了跟踪访谈的家长,其子女就读学校类型和就读年级均为第一次访谈时的信息。
2. 家长的社会经济地位,根据其家庭收入、受教育程度和职业情况综合判定。

针对本文特别关注的校外培训需求动因,访谈中笔者详细询问每位家长其子女迄今为止有没有接受过校外培训,每一个校外培训需求(包括已经结束的和正在接受的)的动因,未来是否计划接受什么科目的校外培训及其动因。对于从未给子女报过培训班的家长,询问其原因,了解其有没有未兑现的校外培训需求,若有,其需求动因是什么,未兑现的原因是什么。访谈录音转录成文字后,笔者首先将所有涉及需求动因的相关资料进行开放编码(open coding),以尽可能挖掘呈现家长自述的需求动因;然后进行主轴编码(axial coding),在第一轮形成的需求动因之间建立联系,最终归纳整理出学科类和非学科类校外培训需求的几类动因。

四、家庭校外培训需求规模

根据CIEFR-HS 2017年数据,我国中小学生校外培训(包括学科类和非学科类)总体参与率达到48.3%。其中,小学生的学科类培训参与率为33.4%,非学科类参与率27.9%。校外培训参与率呈现显著的城乡差异,城市地区显著高于农村地区,但农村地区小学生群体中也有20.8%参加学科类培训,6.8%参加非学科类培训;从家庭经济状况来看,无论是学科类还是非学科类培训,其参与率都随着家庭收入水平的提升而提高,但即便是收入处于最低5%水平的家庭也有一部分为其小学阶段子女购买校外培训服务(学科类6.4%,非学科类

1.3%);从父母受教育程度来看,校外培训参与率也呈现相似的变化规律,值得注意的是未受教育的父母也有一定比例为其小学阶段的子女购买培训服务(以该类父亲群体为例,学科类11.4%,非学科类1.9%)。初中生群体中,43.7%参与学科类校外培训,16.2%参与非学科类培训,参与率因区域、家庭收入、父母受教育程度而变化的规律与小学生群体一致。

综上可以看到,我国中小学生校外培训参与不是限于某个特定群体的现象,而是遍及各区域,覆盖不同经济、文化背景家庭的普遍现象。因此,对校外培训的治理必然影响千家万户。个体家庭面对治理政策会基于自身教养责任做出不同的反应及选择,这很大程度上取决于其选择校外培训的动因,对此下文将重点分析。

表 2　我国义务教育阶段学生校外培训参与率(%)

		小学		初中	
		学科类	非学科类	学科类	非学科类
总体		33.4	27.9	43.7	16.2
区域*	一线城市	39.4	48.5	54.0	36.9
	二线城市	42.5	39.4	56.5	21.1
	其他县市	37.5	34.9	48.7	19.6
	农村	20.8	6.8	24.4	3.1
家庭收入*	最低收入(最低5%)	6.4	1.3	4.4	0.0
	低收入(第1四分位)	16.6	6.6	17.3	5.3
	中低收入(第2四分位)	26.0	14.1	35.5	4.8
	中高收入(第3四分位)	34.2	29.8	46.7	15.7
	高收入(第4四分位)	44.9	44.9	57.4	29.0
	最高收入(最高5%)	47.0	51.7	61.9	44.1
母亲受教育程度*	未受教育	16.4	3.8	18.0	1.5
	小学	22.6	8.2	29.7	5.9
	初中	34.0	22.5	45.2	14.4
	高中	41.4	39.1	58.3	23.1
	大学及以上	45.3	63.9	68.1	42.0
父亲受教育程度*	未受教育	11.4	1.9	19.0	0.0
	小学	21.2	7.8	25.7	5.0
	初中	32.6	19.3	43.6	10.7
	高中	38.0	35.5	50.3	20.2
	大学及以上	43.5	59.9	64.9	41.7

*经卡方检验,校外培训参与率因区域、家庭收入、父/母受教育程度不同而有显著差异(0.05的显著性水平下)。

五、家庭校外培训需求动因

中国的校外培训在过去 20 年迅猛发展[18][19]，背后除了经济因素，更得益于家长教养责任意识的变化，直观体现是家长的集体焦虑[20][21]。素质教育改革大势、减负工作的推进、义务教育升学方式的变化（由考试到就近入学）、课程教学的改革等都可能引起家长对于学校教育的担忧，对于自身承担的孩子教育责任的强化，进而可能引起对市场化的校外培训服务的需求。而培训需求不能一概而论，也不是一成不变的，它是家长出于自身教养责任，基于各种动因选择的结果并可能不时调整[16]。

（一）学科类校外培训的需求动因

对于学科类校外培训需求动因，本文对家长的自述进行整理，可归纳成如表 3 所示的七类。

表 3　学科类校外培训的需求动因

学科类校外培训需求动因	需求动因被提及的次数及占比				
	家长社会经济地位			小计	占比
	低	中	高		
1. 课后看护型	2	7	5	14	7.57%
2. 日常辅导型	11	10	3	24	12.97%
3. 弥补短板型	6	8	4	18	9.73%
4. 补充学校型	2	22	6	30	16.22%
5. 培养优势型	3	31	25	59	31.89%
6. 升学择校型	0	14	16	30	16.22%
7. 未来发展型	0	5	5	10	5.41%

1. 课后看护型

对于学科类校外培训需求，课后看护的动因被提到 14 次，占到 7.57%。在本研究主要数据收集时段（2015 年 11 月—2016 年 3 月），北京提供课后服务的中小学校还很少，部分校外培训需求来自孩子放学和家长下班之间这个时段的看护需要。随着"减负"工作的推进，中小学下午放学时间普遍提前，约在三点半左右。放学之前孩子的看护教育责任由学校承担，放学之后则由家长承担，但家长可能忙于工作或其他事务不便及时交接，部分家长因此选择学科类培训服务来填补这段空档，既解决了托管看护需要，又能让孩子学到一些知识。

2. 日常辅导型

日常辅导也是家长选择学科类校外培训的动因，占到 12.97%。一些学生需要日常辅导以弥补学校学习中留下的缺漏之处或解决作业中的疑难。部分家长因忙于工作无暇辅导而寻求校外培训，如 W 家长因忙于经营公司，给在读初一的孩子购买了一对一的辅导，每周 3

次,每次 2 小时,主要负责学校学习内容的答疑解惑、学校测验的错题讲解、作业辅导、复习巩固等;部分家长由于知识所限没能力辅导,只能通过市场化的方式来外包自己的责任,如某农村中学初二学生的家长 X 所言,"我们辅导不了他,只能送他去培训班,每天放学后去那儿写作业,不懂可以问,老师解答……不管是否有效,至少我们尽到了做家长的责任"。

3. 弥补短板型

通过学科类校外培训弥补孩子学习中的短板,这一动因占到 9.73%。在家庭经济条件和孩子时间允许的前提下,通常觉得哪科相对短板报哪科的培训班。值得一提的是,短板是相对于期望值而言,不管孩子学业本身处于什么水平,都可能有想弥补的短板。例如家长 P 的孩子在某重点初中精英班读初一,觉得学校"内容特别难教得又快",给报了培训班补基础,"学校课上没听懂的在这班上再学一遍"。这一动因引起的培训需求可能长期持续,也可能是短期。例如 Y 家长曾在孩子六年级某次英语测试成绩不佳时寻求一对一的辅导,就试卷反映出的薄弱之处着力弥补,待确认提升后即停止了该项辅导服务,共计上了四次课。

4. 补充学校型

用校外培训来补充学校教育也是很多家长采用的策略,这一动因占到了 16.22%。一方面来自对减负令下在校学习时间和作业量减少,考试方式、难度及频率被严格控制,但中考和高考尚无实质性改变的忧虑,很多家长担心作业和练习不足,影响知识的掌握和运用,从而寻求学科类校外培训来弥补。这一动因也得到了学校教师的印证,例如西城区某小学一年级语文老师解释:"比如,一年级上学期 100 个独体字要达到四会,还有 250 个字需要认读;下学期要求四会的字增加到 250 个,还有认读字 500 个。现在一堂课就 35 分钟……既要教新的知识,还要留出一点时间写课堂作业,时间很紧;又不能布置家庭作业,靠这每天的课堂 35 分钟是很难扎实掌握的。家长怎么办?要么自己辅导,要么上培训班。"

另外,有些家长对学校教育的担忧与课改有关。学校鼓励多样化的教学方式,引进多元化、发展性的评价体系等,有家长担心孩子不适应,无法保证学习效果,从而给孩子报培训班。例如,D 家长因担心孩子无法适应"翻转课堂"这一教学模式,给孩子报培训班接受传统模式的培训。同时,对某些课程教学重点的改革也直接导致了对该科目校外培训的需求。例如为改变"哑巴英语"的问题,小学英语注重综合性地听、说、模仿和运用,而不再要求死记硬背,不再系统讲语法知识,这给英语培训班带来了巨大的需求,自然拼读班、音标班、语法班、阅读班等都受到家长的追捧。

有些学生因为就近入学而就读于并不满意的学校,或对所在班级或任课教师不满意,家长到培训机构寻求优质教育资源以弥补。如某大型培训机构一校区负责人所言,"学校是有差异的,学生因为一分之差或因为居住地的缘故导致无法上理想的学校,那怎么办呢?借助另外一个体系去弥补……我们这儿是按水平分班的,家长可能在这里给孩子选到最好的班级,最优的老师,最棒的同学"。一般说来,这类校外培训需求多发生在城市家长群体,因为相对于农村地区,城市教育竞争更激烈同时教育资源也更丰富,家长有更强烈的动机通过各种途径选择优质教育资源且有选择的可能性。

5. 培养优势型

培养优势是最常被家长提到的动因,占到了31.89%。该动因引起的校外培训需求常见于升学前阶段。很多家长不仅帮孩子做好"起跑"准备,更希望助力"抢跑",获得领先优势,借助校外培训提前学习是常用策略。常看到家长送学龄前的孩子到培训班学习拼音、识字写字、练习英语等,更有家长在孩子学前一年时放弃幼儿园转投校外的学前班集中提前学习小学知识。例如J家长在访谈中提到孩子所在的公立幼儿园"原本是4个班,到大班时合并成了2个班,因为很多孩子不上大班,去上学前班"。在小升初阶段更多见这类培训需求,家长在孩子被初中录取后随即报培训班让其提前学习初中知识。例如C家长在孩子升初一的暑假安排了语数英三科的培训,且分时段在两家机构报班,都是教初一的内容,"暑期先学两遍,等学校再学的时候总能有些优势"。部分已经非常优秀的学生也在小升初阶段寻求校外培训以巩固和扩大优势,访谈中了解到一些优异学生在五年级时就被某顶尖初中点招,有机构为这群学生专门订制培训班,让他们从五年级下学期开始学初中数学,五升六的暑假开始学初中物理。

培养优势型动因也常见于非升学阶段学生家长群体,在校外提前学、学得深,以获得在学校学习中的优势。事实上超前教学是校外培训机构惯常的策略。面向小学生的学科培训一般不使用学校课本,而是自编或引进学习资料,所教知识点超前于学校课程体系;中学阶段的学科培训大多与学校内容保持一致,但教学进度超前于学校。从对某大型培训机构负责人的访谈中了解到其惯常进度是暑假班讲秋季学期内容,寒假班讲春季学期内容,如果下一个学期的内容特别多无法全部教完,则至少要讲完期中考试之前的内容;学期班则对课程内容进行巩固和拔高。"当同学还是第一次接触这些知识的时候,你已经可以灵活运用,那你就比其他同学有优势。"

6. 升学择校型

通过校外培训来助力升学择校的动因占到16.22%。尽管我国义教阶段招生早就取消了考试,实施就近入学,但在好学校需要好学生,好学生想上好学校的双向"吸引"下总会有一些择校的机会,即使非常微小,也足以吸引很多家庭。尤其在小升初阶段,由于初中学习难度相比小学更大,学生学业表现的差距会进一步拉大,而且中考成绩直接影响到读哪所高中,进而影响到其高等教育的机会和资源,因此家长普遍有强烈的责任感帮助孩子小升初择校。

在北京,小升初择校的一类机会是极个别优质校的教育实验项目,如人大附中的超常儿童早期培养实验项目(早培项目),八中的中学超常教育实验班和智力优秀学生综合素质开发实验班,通过考试择优录取。该类选拔竞争无比激烈,例如早培项目的考试录取率仅约1%,但每年吸引约数万的家庭参与。另一类机会存在于一些民办学校当时还允许开展的选拔招生,竞争也非常激烈。想在这类选拔中赢得录取机会,让孩子在培训机构学习和考前针对性培训是家长普遍采取的策略。

还有一些机会存在于个别学校秘密地点招,这通常不依据学校成绩。如刚经历过小升初的 C 家长解释的,"光看学校成绩册是选不出好学生的,学校考得太简单没有区分度"。以前一些学校参与办培训班,可直接从培训班学员中考试点招;学校与培训班的这种直接关联被禁止后,更简便的方式是通过竞赛成绩和证书筛选学生,除了一些官方竞赛(如华罗庚杯、迎春杯等)的成绩,还有一些机构组织的竞赛(如学而思杯等)。能力证书,尤其是英语证书也常被用于挑选学生,如剑桥通用英语五级考试被家长疯狂追捧,每次开考一位难求,之前二级 PET 证书足矣,到 2020 年时三级 FCE、甚至四级 CAE 证书才能在小升初的简历比拼中有一定竞争力[22]。无论是竞赛还是能力证书,都需要系统的训练备考,校外培训是必要需求。

升学择校型校外培训需求不仅需要家长投入大量资金,还需要家长全面了解升学资讯、理性选择可靠机构和合适班型、及时掌握竞赛考证信息等,对家长的经济实力、社会资源、信息渠道等方面都有较高要求,因此这类动因更多出现在社会经济地位较高的家庭[13][23],这点也得到了本研究数据的验证。

7. 未来发展型

为孩子未来发展做准备也是学科类校外培训的一类动因,占到 5.41%。如常被家长提及的是为了给孩子出国留学做准备而选择英语培训。在新冠疫情之前留学是很多家庭的选择,家长很早就开始筹划送孩子留学,而外语,主要是英语被认为是孩子出国前必须要掌握的技能,因此很注重培养孩子的英语能力,而报培训班是一种策略。而且越来越多家长接受了三到四岁是语言敏感期的判断,让孩子从学前阶段就开始上英语培训班。还有家长为了孩子将来更好适应出国后的学习生活,选择特定科目的校外培训,如 M 妈妈给高二年级的儿子报了《英语美国历史》的培训课程,"除学习历史知识外,外教上课一方面有英语交流环境,另一方面也能接触外国老师的教学方式"。

也有家长考虑得更长远,为了孩子未来的工作和生活而购买校外培训服务。如 F 爸爸认为"孩子要在全球化时代更好地工作生活,英语是基本能力",让儿子自四岁开始学习英语。

为孩子未来发展未雨绸缪的这个动因也多见于社会经济地位较高的家庭。社会经济较低家庭可能缺乏经济实力供孩子留学,可能无暇或无能力长远规划孩子的发展并为之付诸行动,自然也就没有这一动因。

(二)非学科类校外培训的需求动因

对于非学科类校外培训需求,家长自述的动因可归纳成如表 4 所示的五类。

表 4　非学科类校外培训的需求动因

非学科类校外 培训需求动因	需求动因被提及的次数及占比				
	家长社会经济地位			小计	占比
	低	中	高		
1. 课后看护型	2	7	2	11	6.67％
2. 全面发展型	5	63	22	90	54.55％
3. 助力学习型	2	18	6	26	15.76％
4. 升学择校型	1	13	3	17	10.30％
5. 未来发展型	1	12	8	21	12.73％

1. 课后看护型

同前文分析,送孩子参加非学科类培训班也是很多家长用以解决"课后三点半"难题的一种方式,该动因占非学科类培训动因的 6.67％。该类动因的非学科类培训更多见于小学低年段的学生群体,此时学业压力相对还不大,家庭作业量少甚至没有,上兴趣类培训班一则解决托管,二则能学一些才艺,三则可与同伴相处。

2. 全面发展型

促进全面发展是非学科类校外培训的最主要动因,占到了 54.55％。素质教育自 1980 年代首次提出,1999 年被写进国家重大教育改革文件,这一理念已经深入人心,包括家长。家长对孩子教育的期待从单纯的学科分数扩大到全面发展,而很多家长认为学校在培养孩子综合素质、促进孩子全面发展方面有欠缺,因此积极寻求非学科类校外培训以助力。

根据访谈资料,家长给孩子选择的非学科类培训科目繁多,总的来看涉及体育类(含棋类)、文化艺术类、科技类。体育类近年属于兴趣班的热门科目,家长提到了诸如篮球、足球、羽毛球、网球、乒乓球、橄榄球、冰球、游泳、击剑、轮滑、短跑、跆拳道等。2016 年国务院发布《关于强化学校体育促进学生身心健康全面发展的意见》,在学校大力推动体育教育,这也引起了家长对体育、体能的高度关注,进而引发了培训需求。多位家长在访谈中表示,"身体健康是第一位的,光靠学校体育锻炼远远不够,报个培训班跟着老师练,既专业又能督促孩子长期坚持"。体育类的培训需求通常是长期的,可能从学前开始一直持续。

除了学习掌握某项技能外,家长通常还希望孩子从非学科类培训中锻炼良好的意志品质和能力,如坚持不懈的品质、审美情趣、自我表达能力、人际交往能力、团队协作精神等等。如 J 家长所言,"我让女儿练钢琴,并不是希望她成为钢琴家,只希望她能借此了解音乐,欣赏音乐……同时在每天的练习中锻炼出坚持不懈的品质,这对于她将来的学习和工作都至关重要"。

一项兴趣的开发和培养除了在培训班训练外,还需要耗费大量时间精力重复练习,而中学的闲暇时间明显少于学前和小学阶段,因此该动因引发的校外培训(体育类除外)更多见于学前和小学生群体。同时,由于城乡家长教育责任感知和教育理念的差异,以及培训班资源的差异,这类需求也更多见于城市地区。

3. 助力学习型

有一部分家长会出于促进文化课学习的目的给孩子选择一些非学科类培训班,这一动因占到了 15.76%。例如棋类,尤其是围棋培训受很多幼儿及小学生家长欢迎,因家长认为学习围棋有助于锻炼和提高孩子的专注力、开发智力,从而有助于文化课特别是数学的学习。书法培训也受到很多小学生家长欢迎,因为通过练习写一手好字,卷面整洁美观,有助于提高试卷中主观题的得分,还有作文的得分。钢琴在诸多乐器培训中受到很多家长的青睐,部分原因在于家长相信弹奏钢琴需要左右手的协调,这能促使大脑发展更为均衡,从而有助于文化课的学习。

4. 升学择校型

通过非学科类校外培训培养孩子的兴趣特长,从而以特长生资格争取入读优质中学,这一动因占到 10.30%。北京有一小部分中学可以录取一定名额的艺术、体育、科技等方面的特长生。尽管名额非常有限,例如海淀区 2018 年的初中招生指标(26 845 人)中,仅有 3.8%(1 025 人)用于招收特长生,但这种择校可能依然极大地调动了家长培养孩子特长的积极性,刺激了对非学科类校外培训的需求。

这一动因引发的需求在临近小升初的阶段更密集,小升初结束后可能就会终止。例如,Q家长在孩子五年级时打听到某目标中学招收科技和声乐特长生后,立刻报了科技培训班,并报了一对一的声乐培训,在六年级确认孩子被某优质中学录取后,这两项培训随即终止。

如果家长很早就筹划助力孩子以特长生资格升学,则对非学科类校外培训的需求早在小学低年段甚至学前阶段就会发生。由于可能的变动,家长不确定到孩子小升初时哪类项目是学校招收的特长,从而不确定该给孩子培养开发哪些兴趣,故一些家长会选择多个校外兴趣班去尝试并不断调整。如 C 家长解释,"我们不知道到时候哪项算特长,也不知道孩子究竟有什么特长,所以只能报很多兴趣班,一项项去尝试,尝试的过程需要很长时间,所以必须尽早报兴趣班,3 岁就开始了"。

初中生的体育类校外培训还有一个目的是提高中考体育测试成绩。体育列入中考科目,例如 2017 年时北京中考满分是 580 分,体育占 40 分,其中现场考试 30 分,过程性考核 10 分。虽然占比不高,但学生和家长都期望拿到高分甚至满分,因此寻求校外培训的帮助。

5. 未来发展型

一些家长在选择非学科类校外培训时也会考虑孩子的未来发展可能性,这一动因占到了 12.73%。一则是考虑未来工作生活的需要,如 T 家长给四年级的孩子报了舞蹈、古筝、声乐和绘画的培训,因为她基于自身经历认为"孩子如果有一些爱好特长,将来在工作单位会更自信,自信了好机会就更多,这样生活质量也会更高"。H 家长给二年级的女儿报了舞蹈和小提琴,她认识到"孩子将来的工作很可能跟她读什么大学、什么专业没有直接关联,现代社会有各种机会和可能性,孩子小时候让她多学一些,除了文化课,也学一些艺术特长类,将来她工作生活也许就用得上"。

一些家长也会从孩子出国留学后的学习生活交友等方面的需要出发选择非学科类校外培训。如访谈时 W 家长正打算把孩子(在读重点初中初一)的羽毛球培训换成网球,因为考虑"过几年孩子可能出国,尤其是去北美,那就要学网球、棒球、垒球这一类的,更容易融入那边的圈子"。

六、对"双减"政策实施的启示

落实"双减"政策是各地教育行政部门的一项重要工作,具体落实过程必然受到家庭态度和选择的影响。前文对"双减"政策前家庭校外培训需求动因进行了分析,显然,其中一些需求可能被消减,一些需求可能被部分吸纳,一些需求依然会刚性存在。需要基于对不同动因需求的认识,有针对性地科学施策,才可能有效减轻校外培训负担,进而实现"双减"。

1. 提升课后服务的品质及可选择性

由上文分析可知,家长的校外培训需求确实有较大比例是解决课后看护难题,在"双减"新政下,各地政府多措并举力保课后服务全覆盖,可能消减课后看护型校外培训需求。但更关键的是要提升课后服务的品质及可选择性,因为家庭的培训需求,尤其是非学科类培训需求最主要的动因是促进孩子全面发展,高品质、特色化的课后服务才能赢得家庭选择,吸引学生参加,有效吸纳部分校外培训需求。课后服务是学校教育服务的延伸,背后体现的是学校教育主体性角色的回归和强化,应把课后服务纳入学校教育教学工作整体设计安排,服务内容与学校特色相结合,开设丰富、多彩的拓展型、探究型活动,促进学生全面发展。

2. 加强作业辅导并提升作业设计

前文分析发现部分家庭选择学科类校外培训是出于日常辅导的动因,一些学生在作业过程中确需帮助。学校应在课后服务时段配备专门教师提供作业服务,按需给学生提供作业辅导和查漏补缺式答疑,做到知识盲点不累积,小学书面作业不出校、初中作业难点不遗留。

另一方面,家庭的培养优势等动因的培训需求也可以通过提升作业设计质量来部分吸纳。学校应基于课程目标系统性地设计作业,发挥作业的诊断、巩固功能,并促进学生个性化学习,给予学有余力的学生提升学习效果并培养优势的空间。在类型上,除了知识和技能巩固类、预习类作业外,应加强拓展类和综合运用类作业的设计,提高学生在不同情境下灵活运用所学知识和方法解决问题的能力,促进学生核心素养水平的提升。

3. 促进学校教育的均衡优质发展

家庭选择校外培训的一大动因是助力升学择校,背后是对优质学校的执着追求,消减这类培训需求必须从学校教育自身着手,治本之策还是促进学校教育均衡发展。扩大优质教育资源覆盖,促进新优质学校成长,通过集团化办学、学区化治理和城乡学校共同体建设等多措并举整体提升办学水平,缩小城乡、区域、学校间教育水平差距。

前文研究还发现部分校外培训需求是为了补充学校不足,说明家庭对学校教育优质发展有更高的期待。一方面,学校应进一步探索因材施教,突出学生的学习主体地位,加强个别化指导,满足学生多样化学习需求;另一方面,推进素养导向的课堂教学改革,探索大单元教学,积极开展主题化、项目式学习活动,培养学生举一反三、融会贯通、灵活运用的能力,广泛开展学科探究活动,增强学生认识真实世界、解决真实问题的能力,促进学生优质卓越发展。

4. 推动校外培训机构合规转型规范发展

根据前文分析,一些校外培训需求,如课后托管型、日常辅导型动因引起的需求,可能被课后服务吸纳;一些需求,如弥补短板型、培养优势型动因的学科类培训需求以及全面发展型动因的非学科类培训需求可能被部分消减;但仍有部分需求,如未来发展型需求会刚性地存在,因此校外培训机构依然有存在的市场空间。首先,培训机构应走出路径依赖,降低经济利益预期,秉承教育初心,站稳"有益补充"定位,从服务人的终身学习、服务教育改革创新的站位出发依法依规转型,在加强素质教育、助力学校教育、指导家庭教育等领域谋求发展。其次,转型后的培训机构应坚持规范发展,在培训目的、内容、方式、评价、材料、师资、收费等各方面保证依法依规,着力提升培训服务品质。

5. 充分挖掘利用社会资源

在夯实学校教育主阵地作用,治理规范校外培训机构的同时,还须充分挖掘利用社会资源,协同合作,助力"双减",构建教育良好生态。能提供校外教育服务的除了培训机构,还有青少年宫、科技馆、博物馆等校外活动场所。我国的共青团、教育、妇联、科协等系统都在全国各地建设了大量的青少年校外活动场所,这些成建制、分布广的场所理应承担起社会教育的责任,与学校、家庭协同育人,促进学生全面发展。一方面,应积极支持校外活动场所基于自身特色开展体育、文化艺术、科技类等项目或活动,以满足学生全面发展的需要;另一方面,开展校社协作,鼓励少年宫、青少年活动中心等校外活动场所在课后服务中发挥积极作用。

参考文献

[1] 郭瑞婵.若周末、寒暑假培训班停课,过半家长或找家教?[EB/OL].[2021-06-23]. https://www.jiemodui.com/N/125395.

[2] 叶雨婷,樊未晨."官方带娃"为何叫好难叫座[N].中国青年报,2021-04-26.

[3] 刘效仁.暑期托管何以叫好不叫座?[EB/OL].[2021-07-22]. https://baijiahao.baidu.com/s?id=1705934254033636109&wfr=spider&for=pc

[4] Davies, S. School Choice by Default? Understanding the Demand for Private Tutoring in Canada

［J］. American Journal of Education, 2004,110(3):233 - 255.

［5］ Kazimzade, E., & Jokić, B.. The roles of parents in the decision concerning the use of private tutoring ［M］. In B. Jokić(Ed.), Emerging from the shadow: A comparative qualitative exploration of private tutoring in Eurasia. Zagreb: Network of Education Policy Centres. 2013:209 - 238.

［6］ 刘钧燕.我国中小学生校外教育需求的家长因素分析［J］.全球教育展望,2020,49(2):83—95.

［7］ Peters, M. A. The New Prudentialism in Education: Actuarial Rationality and the Entrepreneurial Self ［J］. Educational Theory, 2005,55(2):123 - 137.

［8］ Halse, C., Hartung, C. & Wright, J. (Eds.). Responsibility and Responsibilisation in Education ［M］. Abingdon: Routledge, 2018.

［9］ Doherty, C., & Dooley, K. Responsibilising Parents: The Nudge Towards Shadow Tutoring ［J］. British Journal of Sociology of Education, 2018,39(4):551 - 566.

［10］ DeWiele, C. E. B., & Edgerton, J. D. Parentocracy Revisited: Still a Relevant Concept for Understanding Middle Class Educational Advantage?［J］. Interchange, 2016,47(2):189 - 210.

［11］ 杨可.母职的经纪人化——教育市场化背景下的母职变迁［J］.妇女研究论丛.2018(2):79—90.

［12］ 李一.中产家庭教养实践的选择与困境——以参加"XES"辅导班为例［J］.青年学报,2018(2):76—86.

［13］ Liu, J. Parents as Consumers in a Marketised Educational Environment: The Demand for Private Supplementary Tutoring at Primary and Lower Secondary Levels in China ［D］. The University of Hong Kong, 2017.

［14］ Tan, C. Private Supplementary Tutoring and Parentocracy in Singapore ［J］. Interchange, 2017,48(4):315 - 329.

［15］ Peters, M. A. From State Responsibility for Education and Welfare to Self-Responsibilisation in the Market ［J］. Discourse: Studies in the Cultural Politics of Education, 2017,38(1):138 - 145.

［16］ Liu, J., & Bray, M. Evolving Micro-Level Processes of Demand for Private Supplementary Tutoring: Patterns and Implications at Primary and Lower Secondary Levels in China ［J］. Educational Studies, 2020,46(2):170 - 187.

［17］ Jeong, T. S. 7.30 Education Reform ［M］. Seoul: Yejigak, 1991.

［18］ 楚红丽.我国中小学生课外补习家庭之背景特征及个人因素［J］.教育学术月刊,2009(12):22—27.

［19］ Zhang, W., & Bray, M. A Changing Environment of Urban Education: Historical and Spatial Analysis of Private Supplementary Tutoring in China ［J］. Environment and Urbanization, 2021,33(1):43 - 62.

［20］ 韩海棠.中产阶层家长的教育焦虑:现状、问题与原因［D］.武汉:华中科技大学,2018.

［21］ 起司黄.全民鸡娃战,中国家长到底有多焦虑［EB/OL］.［2020 - 12 - 27］,https://m.thepaper.cn/

baijiahao_10556760.

[22] 冯琪.是盲从还是升学筹码? 剑桥通用英语五级考试"疯狂"为哪般[N].新京报,2020-12-20.

[23] Park, S. J. Mothers' anxious management of the private after-school education market [M]. In N. Abelmann, J. A. Choi, & S. J. Park (Eds.), No Alternative? Experiments in South Korean Education. Berkeley: University of California Press, 2013:115-131.

精疲力竭的家长：居家在线学习下的情绪性工作

侯滟斯　陈霜叶

【摘要】在支持学生教育发展的过程中，家长的投入实践在很大程度上是一种高度情绪化的劳动，并可能导致倦怠的产生。本研究将新冠疫情下的居家在线学习作为探究家长情绪性工作（emotional work）的典型案例，调查了家长在此过程中产生的负面情绪以及选择的应对策略，使用从开放式在线调查中获得的数据，本研究的重点是小学阶段孩子的父母。结果表明，家长体验到了焦虑、生气、沮丧和内疚四种情绪。为了规避可能的破坏性伤害，他们采取了主动的自我反思和被动的他人介入两种应对策略。相较于家庭背景更好的家长而言，那些社会经济条件相对更差的家长不仅自身缺乏应对的意识和情绪管理能力，也难以从所处环境中获得相应的支持资源。本研究为理解家长在家校合作中的投入实践提供了新的理论化视角。

【关键词】家长投入；家长倦怠；情绪耗竭；情绪性工作；居家在线学习

【作者简介】侯滟斯/华东师范大学课程与教学研究所
　　　　　　陈霜叶/华东师范大学课程与教学研究所

Exhausted in Supporting Children's Learning: Exploring Parents' Emotional Work During Home-based Online Learming

HOU Yansi & CHEN Shuangye

Abstract: Parental involvement in supporting student educational development is highly emotional work and can lead to burnout. This study explores parental emotional work using home-based online learning during the COVID – 19 pandemic as a typical case. More specifically, this study investigates parents' negative emotions and their coping strategies, using data obtained from an open-ended online survey; this study focuses on parents of children at the elementary school level. Results show that parents experienced four negative emotions: anxiety, anger, frustration, and guilt. In order to avoid possible destructive harm, parents adopted two possible coping strategies: active self-reflection and passive intervention by others. Compared to parents with higher socioeconomic status, those in relatively poorer socioeconomic conditions tended to lack the awareness and skills of emotion management, and experienced difficulty in obtaining appropriate support resources from their environment. The findings of this study provide a new theoretical perspective for understanding parental involvement in home-school partnership.

Key words: parental involvement; parental burnout; emotional exhaustion; emotional work; home-based online learning

家校合作已成为教育领域备受关注的重要议题。特别是在新冠疫情之下,家长在居家在线学习中的积极补位成为保障学校教育得以顺利继续的重要力量。疫情之后,家校合作被提升到了新的高度。教育部在 2020 年《关于秋季学期中小学教育教学有关工作情况介绍》中强调了"家校协同育人的极端重要性"。在"十四五"规划和 2021 年政府工作报告等文件中,家校合作更是被列为我国教育战略的重要组成部分。

不同于以往学校主导、家长被动参与的模式,新时代下的家校合作更强调家庭与学校之间紧密协作的伙伴关系,关注家长的能动性与主动投入。换言之,家长扮演着与教师同等重要的教育性角色,其投入子女教育的实践经验是促进学生身心健康发展的关键力量。[1]过往研究显示,家长投入能够积极影响学生的学业成绩提升和社会情感发展,[2][3][4][5]弱化家庭背景、家长受教育程度等方面的影响。[6][7][8][9]基于此,为促进家长持续、有效地投入,有必要关注家长在投入过程中的情绪体验以及可能随之而来的倦怠感。有研究者曾指出,教师是一个以高度倦怠和情绪耗竭为特征的职业。[10]然而,家长的投入劳动也从来都不是一项简单的工作。承担家长角色在很大程度上意味着闲暇时间的减少,而望子成龙的迫切心情则进一步强化了家长的投入程度,对其学科知识、辅导能力等提出了更高要求。这些都会增加家长体验到严重负面情绪甚至是倦怠的风险。[11][12][13]

疫情下的居家在线学习作为一个家校合作的极端案例,既强化了家长的投入,也放大了家长的情绪,具有独特的理论价值。本研究希望考察家长在居家在线学习中的情绪性工作,即家长所体验到的负面情绪以及采取的应对举措,以期为新时代的家校合作带来新的理论化视角。

一、文献综述

(一)家长倦怠与情绪耗竭

近年来,家长倦怠成为一个新兴的研究关注点。家长的育儿实践既能赋予其生活以重要意义,同时又产生了许多充满压力的复杂劳动,[14]以至于家长可能会因此而疲惫不堪。[15][16][17]然而与职业倦怠不同的是,个体如果在职场中感觉到持续的破坏性压力时,可以选择暂时或永久地离开。但家长却无法做到,即他们不可能随意地辞去作为父母的职责。因此,对家长倦怠的关注显得更为必要。如果不能合理地认识和处理家长倦怠可能会引发诸多破坏性影响，如家长自身的成瘾行为和睡眠障碍，[18][19]家庭内的亲密关系恶化以及伴侣/亲子间的疏离，[20]甚至是对儿童的忽视和暴力行为。[21][22]

罗斯克姆（Roskam）等人总结了家长倦怠研究的三轮发展脉络。[23]在研究的初期，家长倦怠并没有与职业倦怠相区别，对家长倦怠的测量也常常是使用职业倦怠的工具。[24][25]其中马勒诗（Maslach）关于职业倦怠的研究，特别是开发的 MBI 量表已成为研究倦怠的主要框架：从情绪耗竭（Emotional exhaustion）、人格解体（Cynicism）以及效率低下（Inefficacy）三个关键维度来衡量。[26][27]后来，家长倦怠逐渐从职业倦怠中衍生出来并进一步发展。[28]例如，研究者发现人格解体并不适用于家长情境。[29][30]如上所言，极度疲惫的员工可能会将自己的服务对象"非人化"，但家长并不能这么做，他们只能从情感上而非身体上脱离疲惫的根源：依然提供实际的照顾，但较少情感上的投入。这被视为是职业倦怠和家长倦怠的一个重要区别。[31]相应地，家长倦怠被认为包含四个维度：其一是与家长角色相关的情绪耗竭，感到倦怠的家长认为扮演家长角色需要过多的投入和付出，他们总是在情感上感觉疲惫；其二是需要将现有的倦怠状态与之前的状态进行比较来确认；其三是与孩子情感的疏离，已经精疲力竭的家长会展现出逐渐减少的参与和承诺，他们仅仅完成最低限度的必要劳动，而不愿意在情感上与自己孩子深入互动；其四是倦怠的家长在承担父母角色时会失去快乐和满足感，当他们认为自己无能力处理育儿问题时，他们会陷入深深的沮丧之中。[32]

目前，罗斯克姆认为家长倦怠的概念化需要基于家长的证词来验证和（重新）构建，以明确当前的测量指标是否是研究家长倦怠的最佳代表。[33]以往大部分的研究都是基于职业倦怠的验证性量化研究，且仅提供了有关家长倦怠的一般性信息。鉴于家长倦怠应该是特定于不同情境的，[34]因此有必要使用质性研究的方式来探究家长在家校合作情境下的倦怠感受，从而为该主题提供进一步的深入见解。

（二）教师情绪与应对策略

在家校合作的情境下，家长与教师的投入实践具有一定的相似性。他们既分工明确，又努力在行为、价值观等方面保持一致，以追求家庭—学校这一中观系统对学生发展的作用最大化。[35]因此，虽然过往研究对家长倦怠中的情绪耗竭维度的单独关注较少，但仍可以从对教师情绪的研究中得到一些启发。

在定义教师的职业倦怠时，情绪耗竭一直是最突出的核心维度，以持续的负面情绪为主要特征。[36][37]在过往研究中，教师体验到的负面情绪主要可以分为生气、沮丧、焦虑和内疚。[38]当处于可能会影响自己目标达成的不确定情境时，教师可能会产生焦虑的情绪；[39][40]而当教师认为教学中的困难是由他们无法控制的情况引起时，他们常常会因自身的无能为力而感觉沮丧。[41]当教师认为学生的不当行为或学业失败是有意为之或是可控的时候，他们可能会感觉生气。[42]从另一个角度来看,感觉生气的教师也可能是认为自己的权威受到了威胁或是被削弱。[43]与之相反的是内疚感,其多源于对学生的高度关心和责任感。[44]这是教师职业道德视角下常见的一种情绪。当教师认为自己应该对学生的学业失败负责时,他们可能会因此而内疚。

教师需采取有效的应对策略以管理持续感知到的负面情绪。根据拉扎勒斯(Lazarus)和福克曼(Folkman)的观点,情绪应对本身也是情绪感知的一部分,其意味着个体在认知和行为层面的变化,以管理个体内外部需求的过度消耗。[45]对于教师而言,他们需要持续地自省,以实时监控自己的压力水平及情绪状态。[46]不同的应对策略——重新评估或压抑克制——也会进一步影响应对成效。[47]其中,重新评估可以帮助教师重塑对问题的认知并减少不愉快的情绪体验,而压抑或回避则可能引发更强烈的倦怠感。[48]

综上,家长倦怠作为一个新兴的研究领域仍有待进一步地挖掘。特别是在深化家校合作的背景下,家长的投入实践不仅关乎个体家庭,更与整体学校教育相关联,有必要关注家长在家校合作过程中所产生的倦怠感。除此之外,家长的情绪耗竭作为倦怠的核心维度,需要更聚焦的考察。最后,群体在不同国家或文化背景下的倦怠程度是有差别的。例如,中国香港教师比美国教师的情绪耗竭程度明显更高。[49]那么对于同样非常关心孩子发展的中国家长而言,他们在家校合作中所产生的情绪以及相应的应对管理值得关注。

二、研究问题与方法

居家在线学习为家校合作创造了一个新的技术场景:家长能够在家庭场域下近距离、长时间地参与和观察学校教学。他们承担起了"家长"和"代理教师"的双重角色,拓展了原本的责任范围,大幅提升了既有的投入强度和广度,也使得在投入过程中所感知到的情绪更加明显和强烈。因此,其可以作为探究家长情绪耗竭的典型案例。当前,已有少量研究者开始关注到家长在疫情下一般育儿实践中的倦怠与负面情绪,[50][51]抑或是家长在在线学习中的角色变化以及可能涉及的心理健康问题。[52][53]然而,对于家长在投入子女教育实践过程中的情绪性工作仍缺乏系统的探索。

本研究采用质性研究的方法,并提出以下研究问题:家长在居家在线学习中产生了怎样的负面情绪?他们如何应对和管理这些情绪?本研究使用的数据来源于北京大学中国教育财政科学研究所发起并公开发表的一项征文活动。自愿匿名的形式能够促使参与者的坦诚,而发起方与参与者之间的非利益关系则能避免评判的压力。在免去访谈者的有意提问和引导后,参与者获得了更多深入思考的空间,更能展露出最真实、自然的情绪。

鉴于家长的情绪体验可能会与自己的投入强度相关联,本研究集中在相对更缺乏自律自决能力的小学学段,并筛选出相关稿件 90 份,合计字数超 10 万字。[54]

表 1　参与者信息

基本信息	人数（n＝90）	占比（%）
家长角色		
母亲	60	66.7
父亲	7	7.8
未知	23	25.5
最高受教育水平[a]		
高中以上	51	56.7
高中及以下	39	43.3
所在地		
城市	46	51.1
乡村	44	48.9

[a]由于少量家长未对此进行说明，其最高学历水平是由两位作者根据同类职业的学历要求、所在地区以及在文稿中暴露的其他信息来进行估计的。两位作者在独立完成判断后，将初步结果进行讨论并最终达成一致。比如有家长为农村地区的教师。根据其他同为农村地区教师家长的学历水平（大专）以及目前中国农村教师招聘的一般要求，我们判断其最高学历水平为"高中以上"。

数据分析使用了 Nvivo12 软件，并参考了布劳恩（Braun）和克拉克（Clarke）提出的主题分析六步骤。[55]出于伦理和保护个人信息的考虑，所有稿件都进行了编号处理。因稿件内容为公开发表且部分参与者选择了不匿名，故尽量避免直接引用。

表 2　编码流程示例

主题	编码	摘　录　示　例
家长在居家在线学习中体会到的负面情绪	焦虑	"我焦虑是因为意识到了，这种线上网课教学的方式可能会让孩子之间的两极分化拉大，也就是学习自主性强、成绩好的孩子会越来越好，而成绩中等或自觉意识差的孩子就会更差。"
	生气	"我们每天给小朋友安排一些语数外作业。他常常做了一会儿作业，就看课外书去了，然后就忘了时间。每次问他作业做完没，回答都是没有。当问了三四遍之后，脾气不好的我常常怒火中烧，大吼一通，小朋友也因此生气，说要离家出走。"
	沮丧	"我家孩子是属于那种比较难管的，说全面点的就是那种软硬不吃的，时间长了我们也是感觉很无奈，每次学习写作业的时候都让我非常抓狂。"
	愧疚	"我是一个 9 岁多的男孩的妈妈，刚提笔，心头就涌起满满的愧疚感。回顾在疫情三个多月的居家线上学习过程中，对孩子的管理、引导和关注确实很不到位。"

三、研究发现

（一）家长感知到的负面情绪

在居家在线学习中，家长为了兼顾工作、生活以及孩子的学习，投入大量时间和精力，并因此感到精疲力竭。虽然原有的部分学校投入，如参与学校活动等暂时消失，但他们却又承担起了"代理教师"的新角色。为此，有家长提到，以前每天晚上的作业辅导已经是"鸡飞狗跳"；而现在全天候的伴学更是让她难以心平气和,不良情绪一触即发(45-BJ-M)。总的来看,家长的负面情绪包括焦虑、生气、沮丧和愧疚。

1. 焦虑:对学习成效的担心

在居家在线学习的初始阶段,焦虑情绪便已出现。面对突如其来的新冠疫情和学校关闭,线上教学被视为一种临时性的补救举措。相较于面对面的学校学习,缺乏互动的线上教学对学习者的自律能力提出了更高的要求。当家长基于对学生的长时间观察与陪伴,或是自己过往经验,甚至是一些既有研究,认为自己的孩子尚难以成为自律的理性学习者时,焦虑情绪便会产生。换言之,他们对线上教学的成效,特别是线上教学对于自己不自律的孩子的成效,保持怀疑的态度。对此,有家长(100-HB-M/119-YN-M)描述道,自己的焦虑来源于在线学习可能造成的两极分化。这对于处在学习关键时期的孩子来说,影响是巨大的。

这样的担心一直持续在整个居家在线学习的过程中。对于那些缺乏时间或能力而难以伴学的家长而言,他们总在担忧自己的孩子是否真的能够在网课中认真学习(96-HN-M/121-ZJ-M);而对于那些正在伴读的家长来说,他们又时刻处于提防的紧张状态。一位陪伴在家的母亲讲道,自己已经神经紧绷到只要孩子在非上课时间用电脑就以为他在玩游戏(02-BJ-NA)。长此以往,督促、说教的频率越来越高,亲子之间的关系也愈发紧张化(22-BJ-M/83-HN-N)。

2. 生气:不认真的孩子与施加压力的教师

家长的生气情绪主要来源于两个主体:学生与老师。对于前者而言,家长常常因学生的不自律和不认真而生气。当家长接受孩子年龄尚小而缺乏自我约束能力时,他们可能会因担心在线学习可能带来的负面影响而感到焦虑;但当家长认为自己的孩子理应保持高度自律时,他们常常会因孩子所表现出的缺乏积极性和主动性、做事拖延、开小差等而感到生气(09-BJ-M)。需注意的是,家长的生气程度并非恒定的,而更类似于一个连续体:从生气地说教,到大声呵斥,最后暴躁如雷(07-BJ-M)。

除了学习态度不端正之外,学习成效不好也是促使家长生气的一个重要原因。在居家在线学习中,信息技术打破了既往的限制,让家长能够更加了解孩子日常的学习内容和进度。当然,权力的获得也意味着责任的增加,他们也比以往更能关注到学生学习成效的变化。因此,当家长在辅导过程中发现孩子对学习内容掌握得不好时,他们可能会将其归因为孩子学习不认真,并因此感到生气(35-BJ-M/121-ZJ-M)。特别是对于那些在疫情时期既需要完成日常工作又不得不承担起孩子的监督与辅导任务的家长来说,其所承受的压力更是巨大的。当各方压力集聚在一起时,他们更加寄希望于孩子能够自主认真完成学习任务(12-BJ-M/15-BJ-M)。

除学生以外,家长还常常受到来自教师的压力。在"停课不停学"期间,年龄尚小的小学生还不能完全自主操作各类电子设备,家长被要求要配合做好通知传达和作业提交等工作。以往,这些任务是直接发生在教师与学生之间的,而家长则是扮演中间的缓冲地带。但现在,其反过来成为了学生的"代言人",甚至承担起了部分学生的压力(37-BJ-M)。他们需要严格遵守教师制定的烦琐流程,保证学生按照通知要求认真完成各项任务。有家长提到,当没有按时提交作业时,不仅孩子的名字会直接公布在班级群里,教师还会饱含深意地附带一句"家长是孩子的榜样"(61-HN-M)。当感知到来自教师的压力和指责后,家长会产生更加强烈的生气情绪,并将其进一步转加在孩子身上。此时,家庭成为了没有硝烟的战场,亲子关系也在急速恶化。

3. 沮丧和愧疚:家长的无助与歉疚

居家在线学习对于家长的时间精力、学科知识以及数字素养都提出了更高的要求。然而并非所有家长都能同时兼具以上所有条件。面对作业提交和通知传达的烦琐流程以及严格要求,他们常常会因自己缺乏相应的素养而沮丧。例如,有家长提到在监督孩子完成作业之后,自己还需要花费大量的时间和精力去注意作业提交的格式以及图片质量等问题。但即使如此小心,依然常常因格式问题被教师退回(15-BJ-M/20-BJ-M)。此时,这些看似简单的任务成了天大的难题,而让他们倍感受挫。与之类似的还有家长对孩子的辅导与管理。如上所言,家长在居家在线学习中投入了大量的精力以帮助孩子顺利度过这一特殊时期。但是,他们的投入有时却没有得到期望的回报。一面是自己对孩子学习的担忧与焦虑,另一面是不受管教的孩子以及因此频出的亲子冲突,再一面是来自其他上进的孩子和教师的压力,他们更感无助和沮丧,并进一步深化了对于开学的渴望(16-BJ-M/92-HN-M)。

当家长认为居家在线学习中出现的各类矛盾和问题主要是源于自己的原因时,他们会产生愧疚的心情。例如,当家长因自己的偷懒或侥幸心理而没有按时提交作业并被老师或孩子指出时,他们会因此感觉着愧。同时,当家长因自身能力以及时间精力有限而没有妥善处理好亲子关系,或是对孩子管理、引导不够时,他们会表达出内疚的心情(106-SX-M)。比如,一位职业为高三年级老师的家长将更多的注意力放在了即将升学的学生身上,而认为自己在一定程度上耽误了孩子学习时,她满怀愧疚(59-GX-M)。值得注意的是,沮丧和愧疚的情绪大多出现在居家在线学习的中后期,且家长未表明其对亲子关系有进一步的影响。

(二)负面情绪的应对与管理

焦虑、生气、沮丧以及愧疚四种情绪或多或少地伴随着负面影响的产生。为了尽可能规避,家长或主动或被动地采取了一些应对策略。总的来看,家长的应对可以分为主动的自我反思和被动的他人介入。对于前者而言,有的家长会积极进行自我反思,调整自己对于学生行为的归因以及对线上教学的期望。例如,一位母亲写道:自己冷静后想想,便意识到自己对于孩子学习表现的要求过高,总在强调完美。但实际上,学习本身也是伴随犯错发生的(15-BJ-M)。相类似地,另一位母亲反思道,自己不应高估孩子的自控力。当面对缺乏互动的线上教学以及缺少全天候高质量的家庭陪读时,不应过于纠结于孩子的不自律(57-GD-M)。除了自我调整以外,还有家长会开展亲子谈话,与孩子一起协商改变现有的紧张状态:如制定一日安排表、改变沟通模式等(02-BJ-NA/20-BJ-M)。

当家长难以及时地意识到自己的情绪问题时,身边重要的他人成为了关键资源。其中,家庭中的伴侣扮演了重要角色。一位母亲在经历了严重的亲子冲突后提到,自己在居家在线学习中常常感觉暴躁如雷,导致母女关系陷入僵局。此时,父亲注意到了这种紧张关系,并沉下心来与这位母亲沟通。他先是分析了孩子的发展现状以及性格特点,提出有效引导的重要性;又指出母亲在管教孩子过程中的情绪问题和错误应对策略,促使母亲进行反思;最后,父母与孩子展开了一次深度交谈,进而改善了现有的僵持状态(07-BJ-M)。除了伴侣的帮助以外,教师的支持也发挥着重要作用。特别是对于初任"代理教师"的家长而言,教师是经验丰富的权威人士,拥有强大的专业知识和实践经验。他们对于孩子学习状态和成效的判断具有很强的说服力。例如,当一位家长因孩子在线上教学中学习习惯变差、学习成效不好而焦虑和沮丧时,教师的一句宽慰就能让她瞬间感觉轻松(22-BJ-M)。同样,另一位家长在辅导孩子时发现其并没有掌握课上所学知识而生气于孩子的不认真。但与教师沟通后,她了解到孩子在听一遍网课的情况下出现不理解的情况是很正常的,即使是线下学习也是需要反复的讲解。此时,家长改变了自己的既有归因,生气的情绪也得到缓解(121-ZJ-M)。

需要注意的是,并非所有家长都能有效应对和管理自己的负面情绪。本研究发现,无论是主动或被动的情况,对情绪的应对和管理大多出现在家庭背景更好的家长中。对于那些社会经济条件相对更差的家长而言,他们不仅自身缺乏应对的意识和管理的能力,也难以从所处环境中获得相应的支持,而只能一直徘徊在负面情绪的漩涡之中,感知到强烈的沮丧与无奈。更重要的是,他们似乎更习惯于逃避的应对策略:将问题归因于孩子,并寄希望于教师和学校来解决。例如,在管教学生时屡遇冲突后,家长会认为教师的话特别管用,而自己管不住学生(10-BJ-M)。这导致他们仅仅在行为上维持着日常投入,但在情绪上已经无比期盼能够早日开学。此时,"开学"对于他们而言,意味着可以更大程度上地减少投入,从而避免情绪问题。

四、讨论

家长的投入实践往往伴随着大量情绪的产生,在家校合作的情境下更是如此。当家长越发关心学生的学习和发展时,他们就越有可能投入更多并因此而体会到复杂的多样情绪。此时,"不提学习,母慈子孝;一提学习,鸡飞狗跳"成为家长投入中的常态。而情绪的产生又进一步对学生学习表现、家长投入程度以及家庭内的亲子关系产生影响。

通过分析90位小学家长的自叙征文,本研究发现家长在居家在线学习中产生了焦虑、生气、沮丧和愧疚四种情绪。其中,焦虑主要来源于对学习成效的担心。这在强调学习者自律能力的线上教学中更为明显。生气作为提及最多的一种情绪,主要来源于学生与教师。当家长认为学生有意背离自己的期望时，往往会感到生气；如果家长还同时感知到了来自教师的压力，那更是宛如火上浇油。沮丧情绪的出现常常伴随着家长的无助感。而当家长认为自己应该为学生的不良表现负责时，他们会因此而感到愧疚。与过往针对教师的研究类似，家长情绪的产生大多基于他们对相关事件的感知、判断、归因以及期望。[56]换句话说，学生的不自律行为不会必然引起家长的负面情绪。只有当家长将其判断为错误行为时，才会因此而感到生气。与此同时，居家在线学习放大了家长投入的强度，对家长的时间精力、学科知识、教学能力以及数字素养都提出了更高要求。如果缺乏相应的条件，则可能感知到更为强烈的负面情绪。

面对不断出现的负面情绪以及随之而来的消极影响，家长需要清楚标记并反思自己的情绪以及所做的判断。此时，家长个人的自省能力、所能寻求的支持资源、家庭内的沟通习惯等都成为了影响情绪管理的因素。[57]对于有能力反思的家长而言，他们往往会在标记情绪并确定自己的判断之后，及时地予以反思，以确认自己的判断和归因是否合理。当家长缺乏相应的能力或习惯时，伴侣和教师的支持与帮助就显得格外重要。作为有重要关联的"局外人"，他们可以引导家长对事件进行反思和重新评估，进而实现有效的情绪管理。

尽管对负面情绪的应对十分重要，但并非所有家长都能做到。本研究显示，相较于家庭背景更好的家长而言，那些社会经济文化水平较低的家长往往更难以有效应对情绪问题：他们一方面更难意识到自己对事件的判断和归因，另一方面也缺乏相应的支持资源。当家长难以采取有效且多元的应对策略以恢复家庭内的和谐时，他们往往选择回避的应对手段，并将"教师"和"学校"视为自己的救命稻草。此时，他们更加肯定教师的权威感——能"管得住"学生。当然更常见的是家长对于开学的迫切期盼以及在开学后难以掩饰庆祝"神兽归笼"的激动。通过本研究可以发现，家长的欢呼不仅是一种博取眼球的网络段子，更传递出了一个值得关注的信息：学校极有可能被家长视为转移自己投入压力的场所，以逃避自身情绪以及应对不良所引发的倦怠问题。换言之，投入过程中所产生的情绪耗竭问题造成了家长在家校合作中的低效能感。当学生在家学习时，他们不得不维持着最低程度的必要投入；而当学校开学后，他们便寄希望于教师和学校来完成全部的投入劳动。这也意味着家长从家校合作的伙伴关系中退出来，而将全部的教育责任转移到教师与学校身上。

五、结语

在布朗芬布伦纳(Bronfenbrenner)著名的生态系统理论中，家庭和学校是促进学生发展的两大关键微观系统，而家校合作则是建基于家庭—学校相互作用的中观系统。[58]新时代下的家校合作中，家长早已摆脱以往的被动地位，而扮演着与教师相同的教育性角色。基于此，在教师倦怠与情绪耗竭已广受关注的情况下，更有必要聚焦家长的情绪性工作。对于大部分家长而言，他们长期与学生生活在一起，重视其在成长中所获得的学业成就。然而，当期望越高时，他们也不自觉地投入更多，并产生了复杂的情绪体验。本研究发现，家长在家校合作中的投入实践在很大程度上是一种高度情绪化的劳动。但在多数情况下,其被笼统地掩盖在对于家长焦虑的广泛讨论之中。为此,本研究揭示了家长在投入实践中所产生的四类具体情绪:焦虑、生气、沮丧和愧疚。

在情绪管理方面,虽然家长不必像教师一般受制于一系列情绪展示的职业规则并付出大量情绪劳动,但他们也更为缺乏相应的专业知识和情绪管理能力,而可能导致倦怠和相应隐性伤害的出现。[59]从另一方面来看,在家校合作视阈下,无论是学校内的师生关系还是家庭中的亲子关系,归根结底都是一种重要成人与孩子之间的教育性关系。此时,家长的情绪已不仅仅是一项私人事务,更是一项公共性议题,以回应家长角色在学生学习和发展中所需承担的关键责任。[60]

为了有效应对情绪,家长需要发展出相应的识别以及反思能力,以了解自己的情绪和潜在的认知判断。此外,必要的情感支持和社会资源有助于缓解家长的压力和倦怠感受。最重要的是,家长在面对情绪耗竭问题时,应该尽量多使用重新评估而非回避的应对策略,因为后者可能进一步导致家长对学生的冷漠和忽视,甚至是在家校合作中的逃避与退场。

本研究的发现推动了对家长情绪性工作以及倦怠的深入理解,其在家校合作的背景下尚未获得广泛关注。疫情下的居家在线学习暴露了既往隐藏在个体家庭中的家长情绪以及倦怠问题,提供了理解家长情绪性工作的典型案例,更有助于我们从新的理论视角——情绪——去理解家长在家校合作中的投入实践。当前,家校合作被赋予了新的时代意义。有效的家校合作离不开对家长投入的关注,而家长的情绪耗竭问题以及情绪管理能力的培养和支持也应该得到持续的探索。

参考文献

[1][4] Jeynes, W. H. A Meta-Analysis of the Relation of Parental Involvement to Urban Elementary School Student Academic Achievement [J]. Urban Education, 2005,40(3):237-269.

[2] Jeynes, W. H. A Meta-Analysis: The Effects of Parental Involvement on Minority Children's Academic Achievement [J]. Education and Urban Society, 2003,35(2):202-218.

[3] El Nokali, N. E., Bachman, H. J. & Votruba-Drzal, E. Parent Involvement and Children's Academic and Social Development in Elementary School [J]. Child Development, 2010,81(3):988-1005.

[5] Fan, X. & Chen, M. Parental Involvement and Students' Academic Achievement: A Meta-Analysis [J]. Educational Psychology Review, 2001,13(1):1-22.

[6] Schreiber, J. B. Institutional and Student Factors and Their Influence on Advanced Mathematics Achievement [J]. The Journal of Educational Research, 2002,95(5):274-286.

［7］ De Civita, M., Pagani, L., Vitaro, F. & Tremblay, R. E. The Role of Maternal Educational Aspirations in Mediating the Risk of Income Source on Academic Failure in Children from Persistently Poor Families ［J］. Children and Youth Services Review, 2004,26(8):749 - 769.

［8］ Patall, E. A., Cooper, H. & Robinson, J. C. Parent Involvement in Homework: A Research Synthesis ［J］. Review of Educational Research, 2008,78(4):1039 - 1101.

［9］ Jeynes, W. H. The Relationship Between Parental Involvement and Urban Secondary School Student Academic Achievement: A Meta-Analysis ［J］. Urban Education, 2007,42(1):82 - 110.

［10］ Hakanen, J. J., Bakker, A. B. & Schaufeli, W. B. Burnout and Work Engagement Among Teachers ［J］. Journal of School Psychology, 2005,43(6):495 - 513.

［11］［32］ Mikolajczak, M., Raes, M. E., Avalosse, H. & Roskam, I. Exhausted Parents: Sociodemographic, Child-Related, Parent-Related, Parenting and Family-Functioning Correlates of Parental Burnout ［J］. Journal of Child and Family Studies, 2018,27(2):602 - 614.

［12］ Mouton, B. & Roskam, I. Confident Mothers, Easier Children: A Quasi-Experimental Manipulation of Mothers' Self-Efficacy ［J］. Journal of Child and Family Studies, 2015, 24 (8): 2485 - 2495.

［13］［16］［24］ Lindström, C., Åman, J. & Norberg, A. L. Parental Burnout in Relation to Sociodemographic, Psychosocial and Personality Factors As Well As Disease Duration and Glycaemic Control in Children with Type 1 Diabetes Mellitus ［J］. Acta Paediatrica, 2011,100(7):1011 - 1017.

［14］ Deater-Deckard, K. Parenting Stress ［M］. Yale: Yale University Press, 2008.

［15］ Janisse, H. C., Barnett, D. & Nies, M. A. Perceived Energy for Parenting: A new Conceptualization and Scale ［J］. Journal of Child and Family Studies, 2009,18(3):312 - 322.

［17］［25］ Lindahl Norberg, A., Mellgren, K., Winiarski, J. & Forinder, U. Relationship Between Problems Related to Child Late Effects and Parent Burnout after Pediatric Hematopoietic Stem Cell Transplantation ［J］. Pediatric Transplantation, 2014,18(3):302 - 309.

［18］ Deleuze, J., Rochat, L., Romo, L., Van der Linden, M., Achab, S., Thorens, G., Khazaald, Y., Zullinod, D., Mauragea, P., Rothend, S. & Billieux, J. Prevalence and Characteristics of Addictive Behaviors in a Community Sample: A Latent Class Analysis ［J］. Addictive Behaviors Reports, 2015,1:49 - 56.

［19］ Armon, G., Shirom, A., Shapira, I. & Melamed, S. On the Nature of Burnout - Insomnia Relationships: A Prospective Study of Employed Adults ［J］. Journal of Psychosomatic Research, 2008,65(1):5 - 12.

［20］［21］ Mikolajczak, M., Brianda, M. E., Avalosse, H. & Roskam, I. Consequences of Parental Burnout: Its Specific Effect on Child Neglect and Violence ［J］. Child Abuse & Neglect, 2018, 80

(1):134 - 145.

[22] Crouch, J. L. & Behl, L. E. Relationships Among Parental Beliefs in Corporal Punishment, Reported Stress, and Physical Child Abuse Potential [J]. Child Abuse & Neglect, 2001, 25(3): 413 - 419.

[23][31][33] Roskam, I., Brianda, M. E. & Mikolajczak, M. A Step Forward in the Conceptualization and Measurement of Parental Burnout: The Parental Burnout Assessment (PBA) [J]. Frontiers in Psychology, 2018, 9(9):758.

[26] Maslach, C. Burnout: A Multidimensional Perspective [A]. Professional Burnout: Recent Developments in Theory and Research [C]. New York: Taylor & Francis, 1993:19 - 32.

[27] Maslach, C. & Jackson, S. E. The Measurement of Experienced Burnout [J]. Journal of Organizational Behavior, 1981, 2(2):99 - 113.

[28] Lebert-Charron, A., Dorard, G., Boujut, E. & Wendland, J. Maternal Burnout Syndrome: Contextual and Psychological Associated Factors [J]. Frontiers in Psychology, 2018, 9:1 - 12.

[29] Pelsma, D. M., Roland, B., Tollefson, N. & Wigington, H. Parent Burnout: Validation of the Maslach Burnout Inventory with a Sample of Mothers [J]. Measurement and Evaluation in Counseling and Development, 1989, 22(2):81 - 87.

[30][34] Roskam, I., Raes, M. E. & Mikolajczak, M. Exhausted Parents: Development and Preliminary Validation of the Parental Burnout Inventory [J]. Frontiers in Psychology, 2017, 8:1 - 12.

[35] Bronfenbrenner, U. Ecology of the Family as a Context for Human Development: Research Perspectives [J]. Developmental Psychology, 1986, 22(6):723 - 742.

[36][38][41][43][46][48] Chang, M. L. An Appraisal Perspective of Teacher Burnout: Examining the Emotional Work of Teachers [J]. Educational Psychology Review, 2009, 21(3):193 - 218.

[37][49] Schwarzer, R., Schmitz, G. S. & Tang, C. Teacher Burnout in Hong Kong and Germany: A Cross-Cultural Validation of the Maslach Burnout Inventory [J]. Anxiety, Stress & Coping, 2000, 13(3):309 - 326.

[39] Hargreaves, A. Beyond Anxiety and Nostalgia: Building a Social Movement for Educational Change [J]. The Phi Delta Kappan, 2001, 82(5):373 - 377.

[40] Lazarus, R. S. Relational Meaning and Discrete Emotions [A]. Appraisal Processes in Emotion: Theories and Research [C]. Oxford: Oxford University Press, 2001:37 - 67.

[42] Ben-Ze'ev, A. & Ben-Ze'ev, A. The Subtlety of Emotions [M]. Cambridge: MIT Press, 2000.

[44] Hargreaves, A. & Tucker, E. Teaching and Guilt: Exploring the Feelings of Teaching [J]. Teaching and Teacher Education, 1991, 7(5 - 6):491 - 505.

[45] Lazarus, R. S. & Folkman, S. Stress, Appraisal, and Coping [M]. New York: Springer Publishing Company, 1984.

[47] Gross, J. J. Emotion Regulation: Affective, Cognitive, and Social Consequences [J]. Psychophysiology, 2010,39(3):281 – 291.

[50] Henter, R. & Nastasa, L. E. Parents' Emotion Management for Personal Well-Being When Challenged by Their Online Work and Their Children's Online School [J]. Frontiers in Psychology, 2021,12:1 – 8.

[51] Prikhidko, A., Long, H. & Wheaton, M. G. The Effect of Concerns about COVID – 19 on Anxiety, Stress, Parental Burnout, and Emotion Regulation: The Role of Susceptibility to Digital Emotion Contagion [J]. Frontiers in Public Health, 2020,8:567250.

[52] Davis, C. R., Grooms, J., Ortega, A., Rubalcaba, J. A. A. & Vargas, E. Distance Learning and Parental Mental Health during COVID – 19[J]. Educational Researcher, 2021,50(1):61 – 64.

[53] Freisthler, B., Gruenewald, P. J., Tebben, E., McCarthy, K. S., & Wolf, J. P. Understanding At-The-Moment Stress for Parents during COVID – 19 Stay-At-Home Restrictions [J]. Social Science & Medicine, 2021,279:114025.

[54] Erichsen, E. A., DeLorme, L., Connelley, R., Okurut-Ibore, C., McNamara, L. & Aljohani, O. Sociotechnical Systems Approach: An Internal Assessment of a Blended Doctoral Program [J]. The Journal of Continuing Higher Education, 2013,61(1):23 – 34.

[55] Braun, V. & Clarke, V. Using Thematic Analysis in Psychology [J]. Qualitative Research in Psychology, 2008,3(2):77 – 101.

[56] Friedman, I. A. Student Behavior Patterns Contributing to Teacher Burnout [J]. The Journal of Educational Research, 1995,88(5):281 – 289.

[57] Lazarus, R. S. Emotions and Interpersonal Relationships: Toward a Person-Centered Conceptualization of Emotions and Coping [J]. Journal of Personality, 2006,74(1):9 – 46.

[58] Bronfenbrenner, U. & Ceci, S. J. Nature-Nurture Reconceptualized in Developmental Perspective: A Bioecological Model [J]. Psychological Review, 1994,101(4):568 – 586.

[59] Burić, I., Kim, L. E. & Hodis, F. Emotional Labor Profiles among Teachers: Associations with Positive Affective, Motivational, and Well-Being Factors [J]. Journal of Educational Psychology, 2021,113(6):1227 – 1243.

[60] Mills, C. W. The Sociological Imagination [M]. Oxford: Oxford University Press, 2000.

"双减"背景下，优秀传统文化如何走入儿童生活
——基于 MUS 的"馆校合作"模式构建

何珊云

【摘要】如何让优秀的传统文化走入儿童生活一直是教育研究者和博物馆教育研究者共同关注的问题。随着"双减"政策的颁布，新的学校教育生态的重构为这一问题的探究提供了新的话语背景。依托国家文物局研究项目，本研究以"宏大图景·真实生活"为理念，构建博物馆—高校—学校（MUS）的"馆校合作"模式，聚焦博物馆教育的概念、主体、方式和过程等基本问题，最后以"丝路文化进校园"项目为例，呈现基于 MUS 模式的课程设计与实践范式。

【关键词】博物馆；馆校合作；博物馆教育；项目化学习

【作者简介】何珊云/浙江大学教育学院副教授

How the Excellent Traditional Culture into Children's Life in the Context of Double Reduction Policy: Construction of Museum School Collaboration Based-on MUS Mode

HE Shanyun

Abstract: How to bring excellent traditional culture into children's lives has always been a concern for educational and museum-education researchers. With the implementation of the "double reduction" policy, the reconstruction of the new school education ecosystem provides a new discourse background for exploration of this matter. Drawing on research supported by the State Cultural Relics Bureau, this study takes "Grand Picture · Real Life" as the core concept. It examines the collaboration mode of Museum-University-School (MUS), and focuses on basic problems such as the concept, space, mode and center of museum education. Finally, the China National Silk Museum is taken as an example to present the curriculum practice paradigm based on MUS mode.

Key words: museum; museum-school collaboration; museum education; project-based learning

2021年7月,中共中央办公厅、国务院办公厅颁布了《关于进一步减轻义务教育阶段学生作业负担和校外培训负担的意见》,要求减轻学生过重的作业负担,提升学校课后服务水平,满足学生多样化需求,大力提升学校教育教学质量,确保学生在校内学足学好。从需求侧来看,"双减"政策提出新的学校育人需求,它要求学校要以综合素质的培养为目标,提供高质量的学校课程和课后托管服务;从供给侧来看,"双减"政策把学生从作业、校外培训等过重的学业负担中解放出来,我们的学校教育究竟需要提供给学生哪些新的成长养分,如何在丰富学生生活,促进学生成长的过程中助力学校,不增加学校和教师过重的负担等成为亟待解决的问题。

另一方面,博物馆是重要的教育部门。其收藏和展览的材料是世界自然和文化的共同财富,博物馆有责任分享其优秀的资源,"以促进知识的发展和人类精神的滋养"。[1]在学校教育中,引入博物馆教育资源无疑丰富了学校的教育资源,增加学生直面优秀人类文化遗产的机会,对学生的素养发展有着不可替代的重要作用。在这个过程中,博物馆的资源要如何落实到儿童的生活中呢? 这不仅仅需要博物馆、学校的努力,还需要引入高校的力量。因此,在"双减"这一政策背景下,如何建立有效的"馆校合作"机制,将优秀文化资源转变为优质的教育资源,落地到学校,在不增加学校和教师过重负担的前提下提供学生不同于国家课程的成长养分,真正在给学生减负、教师减负、学校减负的同时,丰富学生生活,促进学生成长,落实素质教育和人才培养的任务等问题成为具有价值的议题。

一、博物馆教育的发展与转向

(一)从"基于场馆"转向"社会合作"

自18世纪末法国卢浮宫成为国家艺术博物馆向社会公众开放,博物馆就从私人收藏物品的地方转变为公共教育的空间。在近两百余年的时间发展中,博物馆的教育功能不断加强,诚如1984年博物馆界名著《新世纪的博物馆》(*Museums for a New Century*)所言,"若典藏品是博物馆的心脏,教育则是博物馆的灵魂"。传统的博物馆教育主要依靠学习者实际参访博物馆而开展。博物馆被认为是学习中心,不同年龄层次、文化背景的人通过藏品、展览以及在学术研究基础上设计出的博物馆教育活动来提高自己的认知。[2]为了突破实地参访的限制,博物馆教育也开始构建更为广泛的社会合作,尤其是"在学前阶段到高中阶段的教育生态中发挥越来越重要的作用"。[3]博物馆教育也打破了围墙的限制,走出场馆,通过多种类型的"馆校合作"而拓展博物馆教育的辐射渠道,从而覆盖更多的教育受众,更好地发挥博物馆教育的功能。

(二)从"基于展品"转向"基于学习者"

博物馆教育被认为主要是一种拓展式教育,旨在帮助公众更好地理解展品及展览所传播的内容。[4]随着"学习者为中心"理念的发展,"博物馆教育"正在向"博物馆学习"[5]转变,关注发生于个人的、社会和物质情境中的经验,[6]强调以博物馆为主体的教育行为转向以观众为主体的学习行为,为观众建构更加平等、更符合其特点的学习机会,[7]满足学习者多元的学习需求,[8]承认不同的诠释视角,提供多层次的内容切口。

(三)从"基于讲述"转向"基于建构"

传统的博物馆教育主要以文物等展品介绍作为参访者的学习方式。随着建构主义等理论在博物馆教育中受到关注后,建构博物馆教育理念、情境教育理念和学习理念成为重要的问题。博物馆教育也越来越重视学习的即时可理解性、身体互动性和概念连贯性。[9]在数字化发展和后疫情时代的背景下,重视观众参与博物馆的行为变化,[10]注重观众的学习和体验,创造多样化的学习场景。[11]随着技术的发展,利用数字化资源提升交互水平也成了新的问题。[12]场馆中学习环境设计,数字资源的开发、利用与评价,基于学习科学和学习分析技术促进场馆学习的深度发生等方面也将成为博物馆未来的研究方向。[13]技术的应用让博物馆教育面貌随之发生剧烈变化,[14]同时,新冠疫情让在线学习在博物馆教育中的重要价值也受到众多研究者的关注。[15]

二、馆校合作的新阶段:馆校融合

习近平总书记提出,"一个博物馆就是一所大学校"。博物馆作为承载优秀传统文化的场馆,拥有重要的优秀文化教育资源。尽管我国博物馆有了很大的发展,"十三五"期间实现了每25万人拥有一座博物馆,年度参观人数也已经增至12亿人次,[16]但对于学生而言,每年走进博物馆的次数依然屈指可数,参访博物馆也主要以家庭为单位,这与家长的教育理念与意识有着很大的关系,学校课程与研学旅行因为安全、经费等现实问题并未真正融合,只是"偶尔为之"的活动,距离满足学生多元的学习需求依然还有一定的差距。加之,博物馆地域分布、建设质量的不均衡,也使得地处偏远地区、农村地区的儿童缺少走进博物馆实地学习的机会。因为新冠疫情等公共卫生事件的影响,全球博物馆都面临着临时关闭、缩短开放时间的现实困境。因此,以"儿童进入博物馆"作为单一方向、以"博物馆"作为单一教育场地的教育模式无法完全发挥博物馆的教育价值功能,馆校合作也成为理论和实践领域的重要研究内容。

结合不同学者对于传统的博物馆教育与学校教育的理解与比较,[17][18]博物馆教育和学校教育在类型、场所、目标人群上有着较大的差异(见表1),也因此具有不同的优势与局限。馆校合作,简单而言,即为博物馆与学校开展多种形式的合作,旨在实现教育的目的。这样的合作,本质上是为了融合博物馆教育和学校教育这两种教育类型各自的优势,从而促进学生的发展。

表1 传统博物馆教育与传统学校教育的比较

	传统的博物馆教育	传统的学校教育
类型	非正式教育	正式教育
位置	场馆	学校

	传统的博物馆教育	传统的学校教育
目标人群	所有人	学生
学习特点	具体的、综合的学习	抽象的、条块清晰的学习
实施人员	讲解员	教师
学习渠道	展览、讲解	课程
针对年龄	普适性	针对特定年龄
学习资料	环境和实物	教材
评估	没有要求	有明确要求

早在 1999 年,中共中央、国务院颁布的《关于深化教育改革全面推进素质教育的决定》中已经提到博物馆等文化场馆要为学生提供优秀的精神产品。2015 年,国务院正式颁布《博物馆条例》,教育被认为是博物馆三大功能中的首要功能。2020 年,教育部、国家文物局联合印发了《关于利用博物馆资源开展中小学教育教学的意见》,对博物馆教育资源的开发利用、教育方式拓展、馆校合作机制建立和组织保障加强提出了具体的指导意见。2022 年,文化与旅游部、教育部、国家文物局联合发布了《关于利用文化和旅游资源、文物资源提升青少年精神素养的通知》,旨在进一步推动"文教合作"的开展。

在具体的馆校合作中,主要有"以博物馆为主体的拓展"和"以学校为主体的拓展"两种范式。第一种"以博物馆为主体的拓展"范式,主要以博物馆教育工作者为主体,向外拓展了博物馆教育的空间范围,以进入学校办展览、举办讲座等作为主要形式。如同博物馆教育,这一范式的特点在于博物馆教育者通常缺乏对于学校育人需求、教师教学能力、学生学习兴趣和水平等情况的具体了解,教育过程也通常站在"展品"的立场,缺乏关注学习者的真实学习需求,且教育活动通常为单次,内容较为零散、缺乏逻辑性和整体性的设计。第二种"以学校为主体的拓展"范式,以教师为主体,以研学等形式展开。由于安全、经费、路程等实际条件的限制,这一范式并不一定能够长期性常规化开展。同时,教师对于博物馆中的展品本身了解比较有限,由于学科的限制,很难展开跨学科和综合性的学习指导。因此,融合"以博物馆为主体的拓展"和"以学校为主体的拓展"能发挥两种范式的优势,实现"学生进博物馆"与"博物馆进校园"的双向互动和融合贯通是落实"双减"政策的有效路径。

三、MUS 馆校合作模式的构建

(一)理念:宏大图景·真实生活

博物馆本身拥有宏大的历史图景和丰富的文化资源,但这些器物、内容等本身有着一定的历史年代感,其丰富性与复杂性对学生的认知水平有着很大的挑战。建构主义学习理论认为,学习的真正发生是学生的自我建构,而这种建构是以学生的真实生活与经验作为基础的。当学生在真实的生活情境中解决问题,并积累情境化的经验,学生的学习才变得"有意义"。因此，馆校合作开展的教育活动并非传统意义上的客观知识的灌输与记忆，也不是增加学生的学习负担，而是将宏大的图景与儿童的真实生活相连接，根据学生的认知风格与能力水平，设计课程、教学与评价，拓展学生的视野，丰富学生的体验。

（二）谁来参与？ M－U－S 共同体

有学者在美国博物馆经验的基础上总结了馆校合作的形式包括校外参访、学校拓展服务、教师专业发展、博物馆学校以及区域性整体合作等五种类型。[19]有学者认为馆校合作的形式主要引起了四方面的改变，包括教育空间的社会拓展，教育内容的综合利用，教育方式的多元设计以及教育主体的共同参与。[20]诚如上文分析的，从这些丰富的馆校合作模式中可以看到，单纯依靠博物馆、学校的力量是远远不够的。在将优秀传统文化转化成优质教育资源的过程中，博物馆教育者和教师都有各自的教育立场，也因此有着相应的局限性。"双减"政策的提出，对学校教育的学习时间、学习空间和学习资源如何更好地发挥立德树人的育人价值提出了新的要求，意味着要以优质、饱满、丰富的课程与活动去填补因为作业、培训减少而新增的教育时间，要利用空间、资源去丰富学生的学习与生活，促进教育的质量提升。因此在博物馆（museum）和学校（school）之间引入高校（university），构建 M-U-S 的合作机制，对博物馆优秀传统文化进行专业的"精选"与"转译"，使其转变为符合教育价值和教育规律的学校课程和教育活动落地学校，就显得尤为重要。

（三）如何组织学习经验？ 正式学习与非正式学习相结合

"双减"政策的提出，一方面对学校课程质量提出了要求。减负并不是改革的最终目标，而是希望通过解决影响素质教育的两大"顽疾"——作业负担和培训负担，来提高学生学习质量，实现学生素质发展。因此，在利用博物馆优秀传统文化资源过程中，既可以将其转化为学生的课内教学资源，进行正式学习的设计，丰富学生的学科学习；也可以转化为学生的课后托管服务，进行非正式学习的设计，提升课后托管服务质量。其中，在正式学习的设计中，可以结合国家课程标准和博物馆教育资源设计课程。世界范围内的博物馆都开始关注学生的学校教育，并结合国家学科课程标准，进行课程与活动设计。如世界上最大的博物馆综合体史密森尼学会（Smithsonian Institution）旗下的多个博物馆就充分根据国家课程标准，制定具体的学习目标，结合博物馆馆藏资源开发相应的学习活动和材料。[21]在非正式学习的设计中，则可以更多地联系儿童的日常生活，围绕儿童的生活经验进行活动的组织，从而使宏大的历史主题与内容以儿童能够理解的方式进行联结。

（四）如何学习与评价：多元方案

近几十年世界范围中的教育改革都以培养学生的核心素养和变革学习方式为核心。项目化学习、问题化学习、现象化学习等学习方式被认为能够激发学生的学习兴趣以及形成问题解决能力等。"双减"政策的提出,进一步强化课堂作为育人主阵地的地位,并在课堂中开展研究型、项目化、合作式学习,从而提升学生学习的主动性与有效性。哈佛大学的加德纳提出的多元智能理论,认为每个人都有语言、数理逻辑、音乐等八种智能。[22]"双减"政策也注重学生的全面发展,提倡"五育并举"的育人理念。除了语言、数理逻辑等学术性智能的发展,非学术性智能的发展也成为学校育人的工作重点。馆校合作基于博物馆资源,可以提供丰富的劳育、美育、体育、德育等教育资源,并在此基础上,设计表现性评价,让学生的核心素养在解决实践问题中得以"显性"。

(五)课程如何开发?标准化与校本化相结合

优秀传统文化进入儿童生活是一个课程设计与实施的过程,也是一个标准化与校本化相结合的过程。这个过程在设计形成标准的课程的同时又在实践中形成具有校本特色的实践样态。馆校合作的课程开发是一个行动研究的过程,MUS 共同体也是课程开发的共同体。由于博物馆的教育资源在空间分布上的差异,因此,共同体首先梳理博物馆教育资源的具体领域和内容。根据学校和学生的需求,精选博物馆资源内容。共同体借助教育专业力量构建课程框架,组织相关内容,设计教学与学习活动,以及评价方式。这一标准化、半结构化的课程产品随即进入类型多样的教学现场进行教学实践。MUS 共同体在丰富的实践场域中,对学校的校本化、创新性实践进行指导,并将优秀的案例在共同体中进行分享和交流,形成实践分享网络。共同体在前期的基础上,进一步完善和修正设计的课程。

图1　课程开发的过程

四、案例分享:"丝路文化进校园"

"丝路文化进校园"是国家文物局推动的"博物馆进校园"的示范项目,得到国家文物局博物馆司的指导与支持。这一项目试图解决如何让优秀传统文化进入校园,如何让学生能够领略到祖国璀璨文化,如何能让学生在与优秀传统文化的互动中促进素养的发展。

项目从一开始就构建了"博物馆—高校—中小学校"(MUS)的合作模式。项目以中国丝绸博物馆为主要博物馆,同时联合了陕西历史博物馆、甘肃省博物馆、新疆维吾尔自治区博物馆、内蒙古博物院、中国港口博物馆、贵州省博物馆6家博物馆,形成庞大的关于丝路优秀传统文化资源的博物馆群组。同时其联合浙江大学教育学院的研究团队,在高校教育学者和博物馆教育专家的合作下,精选博物馆中壮阔伟大的中国优秀传统文化,根据儿童身心特征和教育规律转变为学校教育中可运用的课程和教学资源,并以10所中小学作为基地学校进行课程行动研究与试验,开展课程"校本化"实施与修订。在"双减"背景之下,该项目助力学校,提供博物馆与高校合作开发的优质课程与教学资源,丰富学生学习内容,提升教学质量。

本项目以"宏大图景·真实生活"为理念,联结起宏大的历史文明图景与儿童的真实生活,使灿烂的文明与文化不仅仅是抽象的文字与符号,更多地融入学生的生活之中以赋予真实的意义。在体验、制作、创新中,学生提升解决问题的能力;在丝路文化的学习中,学生习得认识世界的方法,理解世界的思维以及参与世界的行动力。

这一项目结合中小学不同学段的学科课程标准,开发设计了覆盖基础教育阶段的"丝路"课程,涵盖了丝绸、蚕桑、织造工具、服饰文化、丝路文明等主题内容,涉及工具器物、神话习俗、技法工艺、诗歌文学与历史文化等。课程一共设计了五个单元,分别是走进丝路、小蚕大世界、小小织造家、云想衣裳花想容、锦绣文章(见图2)。五个单元分别以历史、科学、技术、艺术、文学等作为锚定学科领域,但又不仅仅局限在这些学科之内。每个单元都是跨学科的学习单元,同时结合中小学不同学段的学科课程标准,聚焦学生核心素养以及课程核心素养,同时设置了不同的真实生活情境和问题网络,并以项目和任务驱动,促进学生的自主建构(如图3)。同时,课程也以"多元智能"为理论依据,设计了多元的评价任务。

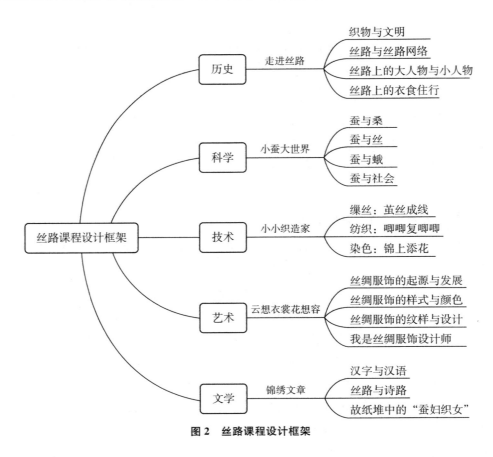

图2　丝路课程设计框架

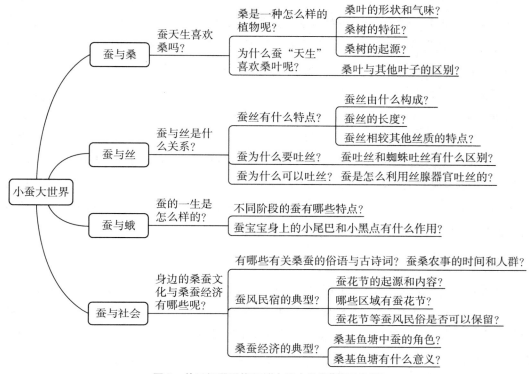

图3 单元问题网络(以"小蚕大世界"单元为例)

课程形成的过程也是一个生成性、实践性的行动过程。在高校教育专家、博物馆专家初步完成教学设计初稿后,这些课程也进入了"丝路文化进校园"学校联盟的示范校中,在教学现场实践之后,形成了最终的项目化学习方案。本书的形成,并非仅仅是一个标准化的课程产品,更是为不同学校基于校情开展"丝绸与丝路文化"课程提供了一个工具箱,学校可以在工具箱中选择自己需要的部分,并进行丰富的校本化实施,尤其是对于学生学习结果的作品任务设计,更可以体现出不同学校的特色。在高校、博物馆专家具体化、差异化的指导下,前期多所示范学校在实施"丝路课程"中也设计了丰富多样的项目任务。如有些学校的项目任务为"为亚运会设计一款丝织文创纪念品",有些学校则设计了"表演一个丝路人物故事的皮影戏"的任务,还有一些学校要求学生"设计岑参的丝路之行路线图"。同时,这一课程的产品也进入了西部乡村学校教育现场进行"试炼"。西部乡村学校的学生虽然远离博物馆,但依然可以在丰富的"丝路文化"课程中认真思考、热烈讨论和大胆表达。这一课程让那些暂时没有机会进入博物馆的学生,依然可以在学校课程中领略"丝路文化"的伟大与璀璨,实现了优秀传统文化与儿童真实生活的交织。

经过课程的实施、修订与迭代,项目组也设计、丰富、修正了不同学科的教学资源、任务单等支架,并最终形成了《丝路奇幻之旅》的读本。这本书并不仅仅是传统的以知识的逻辑编排的读本,而是一本学习进展管理手册。其中,有需要完成的情境任务,也有学习目标和评价标准,有丝路文化的知识内容,也有半结构学习支架,还有反思表单和成果档案集。不仅为学生学习而设计,也是为教师进行课程教学而设计,同样也是为学校开展跨学科学习而设计。

应该看到,我国优秀传统文化博大精深,仅以一个课程试图穷尽"丝路文化"这一宏大图景是不可能的。但这一项目,为学生提供了领略丝路文化的一扇窗,让他们一瞥其中的瑰丽风景,并在未来的日子中有更多走入壮阔文化探寻的兴趣与意愿;同时,这本书也为学生提供了进入丝路文化的一张地图,让学生可以按图索骥,对其间的人物、文物、故事、历史有更深刻的挖掘和理解。这一项目是在"双减"背景之下,"博物馆进校园"的有效尝试,结合课程标准,丰富学生学习的视野和内容,运用项目化学习等创新学习方式,让学生学得愉快,学得有效,也为学校、教师落实"双减"提供了教育内容和教育方式上的助力。其为进一步探索未来博物馆教育发展更好地融入多方社会力量,形成教育合力提供了借鉴与参考。

五、结语

在近十几年的世界教育改革浪潮中,促进学生素养发展成为基础教育阶段的重要议题之一。2019年6月,中共中央、国务院颁布了《关于深化教育教学改革全面提高义务教育质量的意见》,提出坚持"五育"并举,全面发展素养教育,强化课堂主阵地作用。2020年,中共中央、国务院先后颁布《关于全面加强新时代大中小学劳动教育的意见》《关于全面加强和改进新时代学校体育工作的意见》和《关于全面加强和改进新时代学校美育工作的意见》,从劳育、体育、美育三个角度,强调了新时代学校提升学生综合素质的使命和实现立德树人的根本任务。"双减"政策正是这一系列教育改革政策的延续,同时也对学校教育工作的开展提出了新的挑战。在这一背景下,馆校合作的发展首先要考虑如何更好地"合作"这一问题。"双减"是新的教学生态的重构,在这一过程中,学校需要大量校外优质的教育资源,因此基于具体教育资源的开发与利用,与博物馆、高校和其他学校的稳定的合作是满足学校"双减"政策下教育资源需求的有效方式。其次,馆校合作如何更好地"教育"也是需要思考的问题。结合国家课程方案与学科课程标准的需要,结合学校的校本特色和学生的真实成长需求,馆校合作需要有更深入、更有效、更多元的开展形式,将博物馆的优秀传统文化资源转变为优质的教育资源,开发特色课程,创新学习方式与评价方法,提升学校教育的质量和育人的成效。最后,馆校合作也需要进一步解决如何更好地"发展"的问题,如建立馆校合作的规范,形成新型的合作机制等,从而能将博物馆资源持续、稳定地融入学校教育。

参考文献

[1] Fortescue A, Hakala J, Kelly K, et al. Excellence in Practice: Museum Education Principles and Standards[J]. Museum News, 2006, 85(4):57-64.

［2］桂潇璐(译).新世纪博物馆宣言[J].上海科技馆馆刊,2009,1(1):57—59.

［3］谢颖.美国博物馆联盟战略规划(2016—2020)[J].科学教育与博物馆,2016,2(5):384—387.

［4］严建强.拓展式教育:博物馆文化的新内涵[J].中国博物馆,2013(1):2—12.

［5］Falk J H, Dierking L D. Learning from Museums [M]. Walnut Creek: Alta Mira Press, 2000.

［6］King B. & Lord B. The Manual of Museum Learning (2rd) [M]. Lanham: Rowman & Littlefield, 2016.

［7］席丽,赵星宇,涂强.博物馆微学习资源设计思路初探[J].中国博物馆,2020(4):36—42.

［8］宋向光.博物馆教育的新趋势[J].中国博物馆,2015,32(1):1—5.

［9］Allen S. Designs for Learning: Studying Science Museum Exhibits that Do More than Entertain [J]. Science Education, 2004,88(1):17-33.

［10］宋向光.“后疫情时代”博物馆教育:新理念和新疆域[J].文博学刊,2021(4):46—53.

［11］周婧景,马梦媛.博物馆教育理论及其发展初探:内涵、发展和未来[J].博物院,2021(4):39—45.

［12］Chong C, Smith D. Interactive Learning Units on Museum Websites [J]. Journal of Museum Education, 2017,42(2):169-178.

［13］王丽娜,黄秋生,江毅.国际场馆学习研究现状与发展分析[J].科普研究,2017,12(4):25—32,102,104—105.

［14］Freeman A, Becker S, Cummins M, et al. NMC Horizon Report:2016 Museum Edition [R]. Austin, Texas: The New Media Consortium, 2016:3.

［15］Dishon G. What Kind of Revolution? Thinking and Rethinking Educational Technologies in the Time of COVID-19[J/OL]. [2022-04-20]. https://doi.org/10.1080/10508406.2021.2008395.

［16］人民资讯.“十三五”期间全国博物馆数量增长至5788家年度参观人数增长至12亿人次[N/OL]. [2022-04-20]. https://baijiahao.baidu.com/s?id=1706152691443133638&wfr=spider&for=pc.

［17］Serrano-Pastor F, Miralles-Martínez P. Perceptions of Educational Agents Regarding the Use of School Visits to Museums for the Teaching of History [J]. Sustainability, 2021,13(9):4915.

［18］Chen H-C. Exploration of the Development of Museum-School Collaboration in Art Education: Prospects and Difficulties in a Case Example [J]. International Journal of Arts Education, 2007(5): 97-118.

［19］宋娟.中国博物馆与学校的合作机制研究[D].上海:华东师范大学,2014:45.

［20］王乐.馆校合作研究[D].武汉:华中师范大学,2015:36.

［21］Smithsonian. Smithsonian Learning Lab [EB/OL][2022-04-13].

［22］Gardner H. Taking a Multiple Intelligences (MI) Perspective [J]. Behavioral and Brain Sciences, 2017,40:e203.

新冠疫情时期韩国的影子教育政策

朴汇燕　梁慧敏

【摘要】在新冠疫情期间,韩国政府针对各行业制定并实施了相应的应对策略。本文主要聚焦于影子教育领域,对新冠疫情期间韩国教育部所实施的影子教育政策措施进行了系统回顾与分析。借助现有影子教育政策的分析框架,本文从法律法规、自我监管、教育消费者以及伙伴关系四个维度对政策进行了深入剖析,着重关注在新冠疫情背景下影子教育的市场转变、相关利益者的态度以及政策实施及回应。最后,本文梳理了新冠疫情期间影子教育的总体发展脉络,以期推测未来韩国影子教育政策的发展路径。

【关键词】新冠疫情;韩国影子教育;教育政策;补习机构

【作者简介】朴汇燕/沈阳师范大学教育科学学院
　　　　　　梁慧敏/韩国梨花女子大学中韩翻译学院

Shadow Education Policy in Korea During the COVID - 19 Pandemic

PIAO Huiyan & LIANG Huimin

Abstract: Korea has released various policies in various industries during the COVID - 19 pandemic. This study reviews the shadow education policies introduced by the Korean Ministry of Education during the COVID - 19 pandemic. Using the analytical framework of shadow education policies, Korean policies during the COVID - 19 pandemic are mainly reflected in four areas which are laws and regulations, self-regulation, educating consumers, and partnerships. Moreover, this study focuses on the effect of the COVID - 19 pandemic to shadow education market and stakeholders. In the end, an examination of Korea's recent shadow education policies suggests future trends in the revision and development of shadow education in the country.

Key words: COVID - 19 pandemic; shadow education in Korea; education policy; tutoring providers

韩国在影子教育方面作为积极干预的典范,[1]受到多国关注。根据韩国 2019 年对影子教育现状分析,目前韩国小初高中接受影子教育培训的学生占学生总人数的 74.8%。根据经济合作与发展组织(OECD)在 2020 年发布的针对各国影子教育开支的统计数据,韩国的影子教育支出占国内生产总值(GDP)的比例位居亚洲首位。影子教育这一概念最初由马克·贝磊(Mark Bray)教授以隐喻的方式提出,[2]在韩国,影子教育被称为私人教育(Sa Gyo Yuk),指以主流教育体系的辅助教育模式进行的课外有偿教育之总称。

所谓影子教育,即指学校公共教育体系之外的教育形式。此概念易与私立学校教育相混淆,但实际上,韩国部分学者主张私立学校教育应被视作公立教育的延伸。[3][4]因此,影子教育相应地等同于课外补习教育。从法制层面来看,依据韩国学院法("关于学院的设立、办学和课外补习的法律",以下简称"学院法")的界定,所谓"私人教育"的影子教育指针对小学、初中、高中及相应学段学生,或针对入学或学历认证相关考试备考的学生进行知识、技术及艺体方面教育辅导的教育行为。韩国学院法及其施行令作为代表国家教育部的权威观点,旨在向各地方教育厅提供详尽明确的法规框架。至于各项具体细节的规范与落实,则通过权力下放的方式,由各地方政府作为主要责任方负责执行。

《补习法》及其配套执行令由国家教育部制定并严格执行,同时,国家教育部也为地方教育部门制定影子教育自治法规提供了全面、系统的总则性法令,以确保教育法律法规的规范与统一。根据韩国各地方教育厅(如庆尚南道昌原教育支援厅)对影子教育机构的分类,韩国的影子教育具体可分为三类模式,分别是学院、培训班(Gyo Seup So)以及私人补习教师。其中,学院可容纳的学生人数最多,其可教授的学科种类最为丰富;培训班(或称教习所)则限制于一科教学,且对学生人数有所约束;而私人补习教师则相当于家教,对教学场地和设施要求较为宽松,多为大学生和研究生的兼职手段。

从补习机构的三种模式来看,对学院和培训班的具体约束条款相较于私人补习教师更多,且在法制层面的规定主要针对广泛的线下补习机构。韩国的影子教育政策不仅从法制角度对各类补习机构进行分类,还对生均面积、设施、教学场所、环境卫生、安全、补习费用以及讲师等方面作出了明确规定。2020 年,韩国共有 73 865 所补习(线下)学院为学生提供辅导及培训服务。

表 1　三类补习机构

区分	线下学院	线上学院	培训班	私人补习教习者
班额	>10	无规定	≤9	≤9
教学科目	无限制	无限制	单科	无限制
是否允许开设分校	允许	—	禁止	无规定

区分	线下学院	线上学院	培训班	私人补习教习者
生均面积	教室 1 m² 人均 1 人以下	—	1 m² 人均 0.3 以下	无规定
办公面积	—	30 m² 以上办公室	—	—
设施规定	有规定	国内服务器	有规定	无规定
是否允许在地下设立	禁止	无规定	禁止	无规定
教育环境卫生要求	有规定（只限于学校教学培训学院）	—	有规定	无规定
场所要求	• 专用面积 190 m² 以上 • 出具安全设施等证明	无规定	无规定	无规定
是否可以录用讲师	可聘用	可聘用	禁止聘用	禁止聘用
讲师资质	专科以上	专科以上禁止聘用居住在国外的外国人	专科以上	无规定
公开补习费用等	适用	适用	适用	适用（父母要求时适用）
补习费用等的调整命令	适用（只限于学校教学培训学院）	适用	适用	适用
开具补习费用发票	适用	适用	适用	适用
补习时间限制（22点）	适用（不包含终身职业教育学院、阅览室）	—	适用	适用

　　自大韩民国成立以来,韩国针对影子教育颁布了诸多法律法规及相关政策。从政策角度出发,根据朱(Chu,2018)对监管政策的定义,[5]课外补习政策具有限制和控制影子教育的特性,因此,韩国的影子教育政策倾向于监管政策(Regulatory policy)的范畴。进一步而言,政策制定的核心并非将课外补习现象本身视作教育问题的唯一关注点,而是强调预先进行整体规划与理性分析,之后根据实际情况进行动态调整。正如奥斯马迪(Alsmadi,2016)所言,政策的重点在于动态性,具备适时调整或更新相关政策的功能,[6]在解决现实中新问题的同时,可以回应社会舆论的关切。韩国在调整或扩展现行政策时,能够针对紧急情况和舆论作出反应,因此,韩国的部分补习政策可被视作积极政策(Reactive policy)的体现。本研究以新冠疫情时期的影子教育政策为出发点,探讨作为监管政策的初始政策或新政策,同时,在部分原始政策的基础上,阐述疫情中的积极政策,并力求对其进行深入分析。

一、政策对新冠疫情的回应

　　在影子教育的政策实施方面,张薇和贝磊(Zhang & Bray,2020)提出了五个与影子教育法制化、法规化相关的维度,包括法律法规、自我监管、教育消费者、人员配备以及伙伴关系。

依据此理论框架,韩国新冠疫情期间的政策主要体现在四个方面。其一,在法律和法规层面,表现为学院法修订及政府提出的休院建议,旨在维护学校作为公共教育的主导地位,同时确保补习班处于从属地位。[7]其二,韩国学院总联盟会(Korea Association of Hakwon,简称KAOH)在自我监管的框架下,推动政策执行的各项举措。其三,体现在补习费用公开化及其控制方面。其四,展现在韩国政府与影子市场资源间的协同发展,其中,协同发展具体表现为韩国政府数字资源平台EBS从国家层面整合影子市场资源,并将诸多数字教学资源免费提供给学生。

本研究采用了张薇和贝磊提出的影子教育政策分析框架,并运用文本分析法进行研究。具体而言,本研究选取了以下三类文本作为分析对象:(1)新修订的法案与法令条例;(2)韩国教育部以简报形式发布的政策和规定;(3)韩国KAOH协助发布的政策通知。本研究主要基于新冠疫情期间教育部与韩国KAOH所发布的文本材料,并辅以新闻文本材料为验证材料,以期深入了解并准确把握韩国在新冠疫情期间对影子教育的管控政策。

(一)新冠疫情下法制层面的政策应对

在新冠疫情期间,韩国针对影子教育的法律层面回应表现为修订法律的即时性以及关闭学院的非强制性。在法律层面的即时性方面,韩国政府在新冠疫情暴发之初,便立即从法律层面予以应对。非强制性则体现在政府并不具备从法律层面关闭学院的权力,仅能采取建议或强制劝告的方式,要求补习班关闭。

韩国对影子教育的法制监管体现为三个方面:学院场地的选择、退款标准以及教育厅长的权力赋予。其中,具体的规定和修订条例已纳入建筑法与学院法中。从条例的内容中,可以了解韩国影子教育法规的实时性。2020年1月23日,韩国《建筑法施行令》第14条明确规定,学院开办场所的范围从允许第一类(居民生活设施)和第二类近邻生活设施(如便利生活设施等较大规模的设施)调整为仅限于第二类近邻生活设施。鉴于地域面积、人口密集度、社会管理与控制等方面的因素,对学院的空间和场地选择提出了新的要求。从实施时间来看,《建筑法施行令》的修订与颁布正值韩国新冠疫情暴发初期,对于学院场所变更的要求是在政府建议学院暂停运营之前,作为一种动态应对措施,这一行动的时效性值得关注。

此外,2020年3月31日,韩国在原《学院法施行令》基础上,增设了第18条规定,涉及"退还补习费用标准"及"罚款标准"。针对新冠疫情所引发的学业新情况,该规定明确了在学习者被隔离时;学院、培训班、私人补习讲师(因新冠疫情等原因)无法正常运营时;学习者主动放弃课程或使用学院设施等特定情况下的退费规定,同时设定了相应的未及时退还补习费用的罚款标准。

鉴于新冠疫情的影响,为了加强新冠疫情防控并监管学院在新冠疫情期间的多项措施与行动,《学院法》以及《学院法施行令》第16条进行增补,明确了教育厅长的权力规定。作为独立的条例，它细列出了各项具体权力，彰显出政府通过加大监管力度，以控制影子教育市场的决心。① 同时，新赋予的权力在法律层面赋予了教育厅长"有权"进入现场进行监督的权限。

（二）新冠疫情下规章层面的政策回应

相较于法制层面的影子教育政策，规章（regulatory）层面的新冠疫情政策则特指政策的应对策略与行政指令。与法制化相似，规章领域的新冠疫情政策同样体现出政府为保持影子教育从属地位所做出的努力。

在新冠疫情期间，尽管政府无法对关闭学院这一举措采取强制性法律制裁，但随着疫情行政干预范围扩展至全社会，学院作为社会群体的一部分，亦成为整体统一监管的组成部分。在社会性防疫体系下，学院受限并遵循相关规章制度。在韩国，随着全社会实施"社交距离"限制政策，学院的运营与否取决于整个社会对人群密集程度的评估与监管。鉴于"社交距离"规定及相应的禁止聚集命令，学院的生存发展受到严重影响。对于小规模学院而言，政府的"保持社交距离"政策成为决定其存续与否的关键因素。在 2020 年 8 月 23 日 0 时，政府正式决定将"全国社交距离"由第 1 阶段提升至第 2 阶段②，此举标志着对新冠疫情的管控力度进一步强化。紧接着，韩国政府自 2020 年 8 月 31 日起，针对"社交距离"在首都圈及首都圈以外地区分别实施第 2.5 阶段和第 2 阶段的相应措施，特地对首都圈内的所有补习班实施了禁止集合的政策措施。此举旨在最大限度地减少学生集体活动的发生，从而有效遏制新冠疫情的扩散。然而，由于类似于补习班的"讲习所"与"私人补习教者"得以全面运营，便引发了众多学院的不满情绪。即便如此，首都地区的大型补习班仍一直严格遵守禁止集合的命令，直至 10 月 11日。自该日起，依据"社交距离第 1 阶段调整"的规定，原先针对超过 300 人的大型学院的"禁止集合"措施已放宽至"限制集合"，进而使得这些学院得以恢复运营。

然而，鉴于新冠疫情的反复，政府针对补习活动制定了一系列或宽松或紧张的政策要求，进而对"讲习所"也提出了相应的疫情规制要求。根据中央灾难安全对策本部于 2020 年 11 月22 日发布的政策报告，学院和培训班需要遵守以下两项规定之一：其一，限制每 8 平方米的设施面积仅容纳一名人员或设置座位时相隔两个座位；其二，限制每 4 平方米的设施面积仅容纳一名人员或设置座位时相隔一个座位，并须在 21 点前关闭补习机构。接下来，随着新冠疫情形势日趋严峻，韩国中央灾难安全对策本部于 2020 年 12 月 11 日举办记者见面会，郑重宣布全面暂停各类补习机构的运营活动，并在寒假期间严令禁止所有形式的线下学习与课后补习

---

① 教育厅长（superintendent of education）的职权主要涵盖如下八个方面：(1)适度指导与监督；(2)设定学院、培训班及私人教者的教学时间；(3)核实私人教者的补习费用等申报事项；(4)处理补习费用超标等投诉问题，设立非法影子教育投诉中心，并向投诉者提供奖金；(5)办理办学、休业手续；(6)实施行政处分；(7)征收罚款；(8)检查学院设施（场所）、设备、补习费用、账簿、补习相关事宜，以及检查学院是否遵守道路安全法，指令改善设施、设备或其他方面。

② 新冠疫情发展阶段的上升意味着新冠疫情状况加剧，对人口密度的管控也更为严格。

行为。到了 2021 年年初,随着新冠疫情逐渐得到控制,特别是伴随着新学期的开始,社交距离措施得以适度放宽。政府经审慎评估后,逐步允许学生在补习机构内进行室内用餐,并解除了学院的营业时间限制。

进入 2021 年下半年,随着全国范围内疫苗接种的广泛实施,韩国疫苗接种率迅速攀升至 70%。在此背景下,韩国政府逐步放宽新冠疫情防控措施,尽管对首都圈学院的营业时间作出晚 10 点的限制,对非首都圈学院则规定为晚 12 点,但线下教育活动已逐步恢复正常。甚至在 11 月份韩国高考结束后,针对补习机构的限制全面取消。值得一提的是,2021 年的 11 月 1 日,韩国政府正式启动"疫苗通行证"政策。截至 2021 年底,青少年群体只需出示疫苗接种证明或 24 小时内核酸检测阴性报告,便可自由出入各类补习机构等场所。自 2022 年 4 月 18 日起,韩国全面取消维持社交距离的防疫措施,至此,历时 2 年 1 个月的韩国社交距离政策得以解除。

(三)新冠疫情下自我监管的影子教育

韩国政府为应对新冠疫情,除了加强法制化、法规建设外,亦发布了一系列关于学院非强制性行动的建议。然而,这些建议由于未能转化为具有强制执行力的政策文件,故只能通过教育部或中央灾难安全对策本部以简报或信息发布的形式向下级传达。这一现象的出现,主要源于政府在涉及行业自立与自理等具体领域的法制维度上力量稍显不足,因此,不得不更多地依赖于学院及 KAOH 的自我监管机制来实现相关目标。

在非强制性建议方面,政府的行为活动涵盖关闭学院的建议以及降低补习费用的建议。在强制性政策方面,主要涉及政府推行的各类防疫规定与措施。其中,防疫措施的具体实施程度受 KAOH 的监督和管理。针对与补习机构多数利益相关且自认为不合乎情理的政策性文件,作为自我监管部门的 KAOH 会与政府展开政策博弈。

在关闭学院的措施上,政府在遵循影子教育行业自主运营的原则基础上,扮演调解者的角色,为陷入困境的商户提供扶持性政策,同时支持学院遵守安全防疫规定,确保在保障卫生和安全的前提下开展教育活动。关于关闭学院的引导措施首次发布于 2020 年 3 月,当时韩国政府刚刚启动社交距离管制政策。

自 2020 年 2 月起,在韩国 KAOH 的号召下,部分学院开始自发组织休业行动。随后,根据教育部的相关文件,政府于 2 月 23 日正式向学院发出休业劝告,并在 3 月 2 日进一步强化该劝告。据 KAOH 在 2 月 28 日对学院的统计数据显示,当时全国已有高达 67% 的学院实施了休业措施。然而,由于政府并无直接强制辅导机构关闭学院的权力,因此相关政策的发布仅限于劝告性质,并未采取强制执行手段。虽然政府有关部门可以通过检查补习机构的卫生标准,对不符合新冠疫情规范要求的学院实施强制关闭措施,但其手段所能达到的效果仍显有限。由于新冠疫情的严重影响,大部分学院因休业失去了主要收入来源,进而面临着沉重的经济压力。鉴于当时的严峻形势,KAOH 于 3 月 2 日主动与教育部开展座谈交流,旨在寻求政府的支持与援助。座谈会的核心议题是提出针对长期休业学院的专项支援政策,缓解其经济困境。此次座谈会的召开,得益于 KAOH 作为韩国学院利益的代表方,对学院行业发展的高度责任感和使命感。同时,也暴露出政府在扶持中小型企业计划中,未将学院纳入扶持范畴的不足之处。鉴于学院并未被列入"中小企业经营稳定资金支持对象"范畴,①KAOH 与韩国教育部针对资金扶持问题,于 3 月 2 日、3 月 5 日、3 月 9 日及 3 月 18 日共计举办了四次座谈会。在最后一次座谈会上,政府决定推出休业确认书制度。该制度的核心内容为,一旦学院成功申请到休业确认书,将有利于协助小商户申请获得稳定资金及享受银行提供的特例商品支持。

这一政府行为作为一种补偿性政策,旨在表彰积极响应政府号召暂停运营的学院,并在一定程度上保障其经济利益。然而,对于那些忽视政府劝告及 KAOH 号召,坚持办学的学院则被排除在此次补偿性政策的范围之外。换言之,在早期未能响应政府号召的学院将无法获得休业确认书的申请资格。因此,这一资金扶持政策不仅激励了学院群体积极响应政府号召,同时也间接惩罚了未遵循政府指令的学院群体。

经四次座谈会推出的扶持方针最初构想由韩国 KAOH 提出,后经与教育部的沟通与协商,得以明确制定。教育部的此项决策一经发布,便受到了各地区学院的普遍欢迎。自 3 月 19 日起,各地方政府相继出台了各自的扶持方案。釜山、江原道、首尔等地区自 3 月 19 日起,便启动了休业证明相关文件及流程的申报工作,旨在为那些因遭受新冠疫情影响而无法正常开展教学活动的相关学院(辅导机构)顺利出具休业证明。在此政策的引导和推动下,部分学院及教习所积极响应政府号召,关闭辅导机构,从而在一定程度上降低了新冠疫情传播的风险。

接下来,关于强制性规定的落实,则是由以新冠疫情中央灾难安全对策本部为核心的中央政府部门制定出一系列政策和防疫措施。特别是自政府颁布《2021 年分阶段恢复日常生活大众利用设施等基本防疫守则》以来,补习机构为确保正常运营,不得不严格遵守其中的八项防疫要求。这些要求包括公布并宣传防疫守则内容、对出入人员的基本信息管理、佩戴口罩、加强通风和消毒工作、控制学生密度、指定专门的防疫管理人员、补充追加其他适用的防疫准则以及规范运营补习机构宿舍设施的防疫措施。

在遵守和执行政府强制性规定方面,KAOH 发挥了自我监管的积极作用。KAOH 自发组织了覆盖 17 个市道地区的"学院自律防疫检查团",负责对学院及阅览室的防疫措施进行检查。对于防疫措施落实良好的学院,KAOH 还特地颁发了"洁净区"证明,此举旨在方便学生辨识安全可靠的学院,并据此做出是否前往的选择。尽管在补习机构防疫守则的规范化与实

---

① 在当时的政策环境下,尽管政府为其他小型企业提供了资金支持或扶持资金,却未能将学院这一重要的市场主体纳入扶持对象名单之内。

施过程中,KAOH展现出了自发管理和监管的职能,但它并非无条件地完全遵从政府的相关政策。

在自我监管的过程中,KAOH并非政府政策的无条件执行者,而是扮演着学院与政府间沟通桥梁的重要角色。回顾2021年11月,政府在推行"疫苗通行证"政策初期,曾计划将补习机构纳入须核查"疫苗通行证"的场所范畴。然而,KAOH对这一举措表达了强烈的反对立场。其反对的主要依据在于,政府此举间接地将"强制性"接种疫苗的责任转嫁至补习班,并试图通过疫苗接种情况来限制学生自由学习的权益,显然有失偏颇。另外,通过实施"疫苗通行证"政策,政府对补习机构的运营施加了额外限制,并可能处以罚款等严厉措施。KAOH认为,此类政策不仅强硬,而且缺乏合理性。补习机构长期以来已接受了一系列规章层面的政策安排,如运营时间限制、对学院从业人员的PCR检测等。KAOH认为,在疫苗安全性尚且存疑的情况下,通过补习机构强制学生接种疫苗的做法侵犯了学生的学习权,甚至与宪法精神相违背。最终,自2022年1月18日起,政府似乎已注意到来自各行业的反对声音,政府对包括补习机构在内的六类设施取消了"疫苗通行证"检查规定。

(四)新冠疫情下消费者的消费控制

在新冠疫情期间,政府针对补习费用提出的调整建议,旨在实现对消费者消费行为的有效管控。尽管此项建议并不具备强制性,但其仍然引发了利益相关方之间的讨论与争议。与学界长期以来对课外补习费用的持续关注相呼应,[8][9][10]在新冠疫情期间,韩国影子教育政策依旧聚焦于补习费用问题,并致力于化解由此产生的社会矛盾。具体而言,2020年4月2日,韩国教育部针对学院在线课堂制定了新的收费政策建议,其中明确要求"线上课程的学费应至少比面对面授课降低30%以上"。在国家教育部的统一指导下,各地方教育厅如首尔特别市南部教育支援厅,京畿道安养果川教育支援厅等纷纷出台了相应的远程补习费用的收费指南。这些措施旨在有效应对新冠疫情期间在线教育过度发展的现象,通过学费控制及建议对策,促进教育市场的健康发展。

提案发布后,社会各界对此作出了不同的反馈。一方面,就价格数值而言,针对所规定的如30%、50%、70%等具体价格,有观点认为此种价格决策方式显得较为随意。另一方面,从法制层面(学院法)审视,政府允许线上课程的举措仅为临时性规定,在正常情况下此举涉嫌违反相关法律规定,因此降价要求并不具备法律效力。根据学院法相关规定,若线下学院欲开展线上教育活动,必须进行相应变更或者重新注册为远程补习学院。① 任何线下学院在未取得合法办学资格之前擅自开课,均构成违法行为。鉴于新冠疫情期间的特殊情况,政府为应对紧急状况,曾临时简化部分必要且复杂的程序,适当降低制度门槛,以允许部分线下学院临时开

---

① 提供学校课程的远程补习学院称之为远程教习学院,而提供终身教育课程的教育机构称之为终身教育设施。

展线上课程。

政府于2月份曾建议学院暂停线下授课,并临时批准实施双向(即线上)教学。随后,政府便要求学院降低补习费用。然而,由于转为线上的学院属于"临时"接受监管的范畴,即从线下转为线上教学,受利益驱使的学院主体普遍不认同降价的合理性。此外,由于上课形式由线下转移至线上,需求方与供给方对于收费标准的调整持不同意见。从需求方来看,学生普遍认为相较于专门的网络课程,线上学院课程在便捷性和实用性方面稍显不足。从学生所接受的教学质量出发,需求方认为应合理调整并降低收费标准。然而,从供给方来看,尽管课程从线下转移至线上,但由于并未减少学院教师的工作量,反而增加了其工作负担。因此,基于学院的经营需求和教师的劳动价值,供给方认为收费标准不宜降低。

尽管政府曾向学院建议降低补习费用,但由于各利益方的博弈,政府通过政策命令的方式干预市场价格决策的实际降价效果并不显著。然而,新冠疫情期间实施的降价政策与以往有所不同。该政策在1981年的价格公开化基础上,针对线上教育形式推出了全新的"收费标准"。尽管根据传统的补习费用政策来看,降低费用实施难度较大,但此次政府以线上课堂为切入点,在原本价格基础之上进行百分比调整,使得学院必须在公开的价格标签基础上采取实际的降价措施,而非采取先涨后降的手段。价格公开化加之新的降价标准共同形成了舆论压力,进而在一定程度上推动了收费价格的调整。

(五)新冠疫情下各组织机构与影子教育的伙伴关系

韩国教育放送公社(EBS),作为公共教育的延伸物,其运作以政府为主导,并依托政府财政支持。同时,EBS通过购买影子教育的优质资源,致力于通过校外时间有效补充线上教育的需求,从而搭建起一个面向公众的线上学习平台。此举不仅有助于满足学生的课外补习需求,亦能间接降低课外教育的成本,从而为社会大众提供更优质且经济的教育服务。

2020年2月24日,EBS平台推出"应对COVID-19教育支援非常时期对策团",旨在针对新冠疫情所引发的居家学习需求,提供一套全面覆盖小学、初中、高中学段的线上教育系统,共计包括28000多门课程内容。该平台作为政府主导的教育服务平台,融合了电视、广播、新闻、e-learning等多种媒介形式,在新冠疫情期间,它有效缓解了学校空间转型过程中的压力,积极助力学生培养居家学习能力,并广泛传播新冠疫情防控知识。同时,EBS平台作为远程学校教育(schooling)的有力补充,为众多学生家庭提供了教育便利。在疫情暴发之前,EBS平台尚处于影子教育的范畴。然而,随着韩国全面推行远程授课政策,政府明文规定"任务型课堂和EBS视频等内容提示型课程也理应被视作合法的远程授课形式",EBS进而成为公共学校教育体系中不可或缺的一部分。在此转型过程中,该平台通过系统升级的方式增加了平台的用户使用数量,同时增加了课程数量,并优化了课程质量。鉴于新冠疫情的持续影响,EBS自2020年8月21日起,决定进一步扩大和改编通识课程项目,此举对提升EBS平台的学生利用率产生了积极的推动作用。

此外,针对新冠疫情期间学习贫富差距逐渐加深的情况,首尔市政府为减轻这一现象特别推出了首尔学习平台(Seoullearn)。该平台作为首尔市致力于缩小因长期疫情等因素导致的收入阶层间教育差距的重要举措,是一个全新的、免费的在线学习网站。首尔学习平台于2021年正式建立,旨在通过网络授课的形式,为广大市民提供教育支持,促进教育公平。该学习平台旨在填补新冠疫情期间学生学习空白的缺口,同时致力于缓解学生间学习贫富差距加深的问题。该平台由首尔市政府主导设立,主要面向居住在首尔市、年龄介于6岁到24周岁的学生群体。首尔学习平台,作为政府主导的学习支援平台,积极引进补习市场中八家知名的课外辅导企业,以提供优质的网上学习内容。此外,该平台还广泛招募大学生,旨在为学生们提供一对一的个性化私教服务。这一举措实现了政府与补习市场的有机结合。

然而,无论是针对全国范围内的EBS还是专为首尔市学生群体设计的首尔学习平台,它们仅能满足部分补习需求。在特定情境下,学生和家长仍然渴望通过课堂的即时互动获取具有实时性与实效性的回复与反馈。为此,家长们愿意投入额外的资金寻求学院辅导服务,尤其在新冠疫情期间,这种需求表现得尤为突出。

EBS的局限性日益受到学院实时性、时效性优势的挑战,这也助长了那些有实力购买设备实现线上教学的学院的发展。与此同时,对于那些缺乏线上教学能力的学院而言,由于缺乏稳定的收入来源,许多学院正面临着破产倒闭的严峻形势。作为代表政府与韩国影子教育市场的合作伙伴,EBS虽然在一定程度上承担了韩国影子教育市场中的部分功能,如提供录播视频课程和优质课程内容,但在学生评价、反馈的即时性、课程内容更新的时效性以及师生互动性等方面,相较于学院机构,EBS仍显逊色。这些因素导致社会无法有效遏制收费型影子教育服务的发展。不仅如此,首尔学习平台在提供课程内容方面,与EBS存在重复之处,并且同样面临着非实时性的局限。在平台预算有限的情况下,首尔学习平台提供的私教服务也因私教大学生的教学质量问题受到学生家长和学生们的质疑。

二、讨论

新冠疫情对韩国政府政策的调整与重构产生了深刻且长远的影响。在应对新冠疫情的过程中,KAOH积极发挥了影子教育的自我调节作用。然而,由于政府、补习机构、家长及学生之间存在的复杂矛盾,补习机构的停业率呈现出波动。接下来,本文将进一步探讨新冠疫情对补习市场整体格局的综合性影响,并从不同利益相关者的角度出发,全面总结新冠疫情对相关政策制定的影响。最后,在回顾韩国影子教育相关法律法规、政策及制度框架的基础上,针对学费调控、在线辅导发展以及公共教育支持等政策提出适时的建议和期望。

(一)新冠疫情对补习市场的总体影响

在2020年新冠疫情初发及政府实施"维持社交距离"的政策初期,由于学校采取线上教学

方式,补习教育参与率下降至 67.1%。然而,进入 2021 年,公共教育体系仍未能充分满足学生的教育需求,导致补习教育参与率回升至 75.5%,创下历史新高。新冠疫情期间,不仅学校教育质量的下降和课堂向线上转移推动了补习市场的新一轮发展,"放学后学校"服务项目的变化也进一步促进了补习教育的扩张。根据韩国学者金成植(김성식)的研究显示,与 2019 年相比,尽管"放学后学校"的参与率在 2020 年显著减少,但课外补习教育的参与率并未出现大幅变动,反而学生人均补习支出费用呈现出增长趋势。[11] 由于受到新冠疫情的影响,导致"放学后学校"功能减弱,而补习市场则表现出更强的韧性,甚至进一步扩大了补习市场的服务范围。尽管政府出台了一系列监管政策,旨在提升公众对公共教育的信任感并抑制补习市场的过度扩张,但实际成效并不理想。

(二)新冠疫情对不同利益相关者的影响

从法律政策层面分析,韩国政府加大了对影子教育的监管力度,主要体现于对补习场所的规范、费用退款标准的明确以及行政监管权力的加强等方面。从产业自主发展的视角来看,KAOH 所推行的若干支持性政策,产生了出乎意料的成效。自 2020 年 3 月 19 日起,地方政府开始积极落实各项扶持政策。尽管补习机构本应对支持性政策的实施给予积极的响应,但实际情况却并未如预期般呈现出显著的效果。以首尔为例,补习学院和培训中心的休业率并未出现大幅上升。根据首尔市教育厅发布的每日简报数据显示,截至 2020 年 3 月 13 日,学院休业率尚维持在 42.1%。然而,自 2020 年 3 月 25 日起,休业率却呈现出明显的下降趋势,从之前的 20%—30%下降至 10%—20%。

补习机构休业率的显著下降,主要可归因于以下四个方面的因素。首先,尽管政府出台了一系列扶持政策,包括提供银行贷款和相应产品,并对符合条件的补习学校直接支付 100 万韩元的补助,然而这些政策未能充分补偿补习机构因新冠疫情原因导致的经济损失。大部分补习机构在讲师薪酬方面的支出已远超过 100 万韩元,加之人工费、租赁费等固定成本的持续上升,许多补习学校在综合考虑后,基于经济利益的考量,选择重新开办补习业务。

其次,政府的扶持政策并未全面满足补习机构的整体需求,导致政府要求关闭补习机构时,相关机构无法充分配合政府的决策。2020 年 3 月 25 日,教育厅举办了新闻发布会,补习机构对于政府针对存在新冠确诊病例的补习机构所采取的行政制裁和处罚举措表达了强烈不满与失望。尽管如此,政府对补习机构的这些行政制裁和处罚措施,实际上构成了有效的行政干预,有助于遏制新冠疫情的扩散。据 KAOH 透露的信息显示,政府在处理此事时,更偏向于主张行使自身的处罚权,而对于各补习机构提出的赔偿要求则未予充分重视。各补习机构曾向政府提出一系列诉求,包括希望政府除了提供现有的特殊银行福利产品外,还能提供更多的就业维持资金、紧急贷款政策,以及制定覆盖收入损失 50%以上的全面扶持方案。然而,对于这些实质性的提议,政府均未作出明确的回应。

第三,各地方政府在制定具体扶持政策时所存在的差异,可能会对补习机构的休业率产生显著影响。若地方政府在为补习机构提供资金支持时,设置了不利于大部分补习机构的繁琐程序与限制性规定,这些机构在面临新冠疫情挑战时,可能会倾向于继续营业而不是遵循休业建议。以首尔市为例,部分地区的实际情况表明,对于连续14天未参与休业或在规定日期前已经休业的补习机构,即使它们已经满足了休业满14天的条件,仍将无法享受到区级政府提供的扶持政策。这意味着,在申请扶持资金的过程中,即使营业天数仅相差一日,补习机构也可能因此被排除在扶持政策之外。由于扶持政策的标准是在休业行为发生后才予以认定,因此,部分补习机构可能会因为未能通过标准的筛选而不能获取应得的补偿,这种情况难免会使它们感到失望与不满,进而选择不遵从政府的休业建议。

第四,尽管公众已经深刻认识到新冠疫情的严峻性,但学生及其家长对于学生学业成绩的关切与焦虑依然存在,因此选择借助影子教育以提升学生的学习成效。在此情形下,众多补习学校为响应学生和家长面对面辅导的迫切需求,并为确保服务质量与顾客满意度,选择重新恢复营业。

(三)影子教育政策修订启示

从消费者视角出发,新冠疫情期间所采取的降价措施与过往全面降价要求存在显著差异。此次降价以"课程性质"变革为契机,基于对家庭教育支出负担与教育公平性的深切关怀,通过补习费用公开化的规定,明确要求学院在既有价格体系基础上实施具体的降价措施。相较于笼统且模糊的降价要求,此次降价更为明确且具体。但不得不承认,补习价格规定涉及多类相关群体,需全面考虑各方面因素。

从供给层面分析,存在三类学院群体:一是能够提供在线教育并具备直播互动课程功能的学院;二是虽能提供在线教育但仅限于提供录播课程的学院;三是无法提供任何在线教育的学院。在需求层面,学生群体亦呈现出多样化特征:一部分学生愿意支付高昂费用以接受最优质的课外教育;一部分学生则期望以较低成本获取更好的课外教育体验;还有一部分学生仅希望以较低费用接受平均或基本水平的课外教育。因此,政府在未来的费用制定过程中,需综合考虑不同学院的教学能力以及学生群体的多元化需求,既要合理控制收费标准以促进教育公平,又要积极扶植小工商业者以激发市场活力;同时,还需在教学劳动力输出、教学质量与辅导费用之间寻求最佳平衡点。

从影子教育伙伴关系角度出发,EBS 作为公共教育与影子教育之间深入协作的成果,在新冠疫情期间获取了相较于以往更广阔的成长空间。其影响范畴已由原先的仅覆盖学生的课外时间,扩展至如今可灵活调配的"课内"时段。然而,随着影子教育逐步向在线教学形态演进,其已然成为 EBS 面临的强劲对手,并随之引发了关于远程/在线学习费用定价机制以及新兴教学技术应用等方面的诸多议题。尽管针对线下补习活动已设定了相应的补偿标准,但《补习院法》对在线补习的时间安排、学生参与率、补习课程质量保障以及在线补习平台或技术支持等方面,均缺乏具体且明确的规范。因此,政府在调控在线辅导价格以及监督在线补习机构运营方面显得力不从心。针对这些政策层面的漏洞与不足,未来亟待加以完善和强化。

本研究还发现,尽管政府教育管理者具备对辅导时间的管控权,却由于在线平台的灵活性特质,使得对辅导时间的监管相较于线下辅导机构更为困难和复杂。在新冠疫情期间,部分补习机构利用官方对于在线辅导时间规定的漏洞,借助公立学校的课堂时间,通过网络渠道提供在线影子教育服务。因此,政策制定者应该高度关注网络教育中涉及的场地安排、学费标准以及教育厅长监督等问题,并考虑拓宽对在线辅导时间、学习参与率、在线辅导教学质量,以及在线授课平台和技术的监督和控制的范围。

鉴于新冠疫情的特殊情况,临时从线下转至线上的学院尚未受到法律及政策的全面监管。但在未来,随着线上辅导需求的迅猛增长,未来辅导机构的注册过程将更多地从单一的线上或线下注册模式转变为线上线下并行的双边注册模式。相较于现行的学院法,新修订的法规应更加注重对线上辅导机构的管理和控制,包括但不限于规范补习费用、合理安排补习时间、提升课堂质量以及监管线上授课平台/技术。同时,由于政府为主导的 e-learning 相较于补习机构拥有更为充裕的资金支持,若其能够充分整合并利用优质的教学资源,诸如 EBS 等数字化学习平台则有望在新冠疫情期间及以后满足更多学生的课外补习需求,进而更有效地实现以公共教育补充影子教育的战略规划。

参考文献

[1] 马克·贝磊,查德·莱金斯.影子教育:亚洲课外补习及其对政策制定者之启示[M].张薇,张周琳,译.香港:香港大学比较教育中心,2015:70.

[2] Bray, M. The Shadow Education System: Private Tutoring and its Implications or Planners [M]. Paris: Unesco, 1999.

[3] Kim, W. Unconstitutionality of the Prohibitive Law of Private Lessons [J]. Constitutional Case Study, 1999,1:125 - 142.

[4] Kwon, J. S. A Study of Path Evolution of Policies on Shadow Education in South Korea [D]. Dankook University, 2016. http://www.dcollection.net/handler/dankook/000000187124.

[5] Chu, M. Regulatory Policy. In: Farazmand A (eds), Global Encyclopedia of Public Administration, Public Policy, and Governance [M]. Cham: Springer, 2018:5396 - 5404.

[6] Alsmadi, I. The Integration of Access Control Levels Based on SDN [J]. International Journal of High Performance Computing and Networking, 2016,9(4):281 - 290.

[7] Zhang, W., & Bray, M. Comparative Research on Shadow Education: Achievements Challenges,

and the Agenda Ahead [J]. European Journal of Education, 2020,55(3):322 - 341.

[8] Byun, S. Y. Does Policy Matter in Shadow Education Spending? Revisiting the Effects of the High School Equalization Policy in South Korea [J]. Asia Pacific Education Review, 2010,11(1),83 - 96.

[9] Bray, M. (2015). What is Private Tuition Really Doing to-or for Education [EB/OL] [2024 - 5 - 06] https://headfoundation. org/wp-content/uploads/2020/11/thf-papers _ What-is-private-tuition-really-doing-to-or-for-education. pdf.

[10] Koh, H. Y., Lee, D. H. A Study of the Restructring of Education for Reducing Extra-Curricular Expenses Related to University Entrance Competition [J]. Sociology of Education, 2002,12:1 - 42.

[11] Kim, S. S. Analysis on Changes in Private Education and After-School Participation after COVID - 19:Focusing on the Effect of After-School on Reducing Private Education [J]. The Journal of After-School Research, 2022,9(1):75 - 102.

我国校外培训治理政策的变化与校外培训机构的回应

刘 莺

【摘要】2021 年 7 月 24 日，中共中央办公厅、国务院办公厅印发了《关于进一步减轻义务教育阶段学生作业负担和校外培训负担的意见》(以下简称"双减"政策)，提出从严治理，全面规范校外培训行为，校外培训治理的政策内容和治理路径发生了变化。本文运用组织行为及校外培训治理相关理论分析了我国校外培训治理政策的实施成效及校外培训机构对政策的不同回应。本文基于局内人和局外人的双视角，收集了不同机构和家长的访谈数据、观察资料以及相关的新闻媒体报道。其中家长的访谈数据和媒体报道对机构访谈数据进行了论证。本文论证了政策目标群体对政策执行的重要性，并揭示了目标群体政策遵从的影响因素，同时为校外培训治理政策的改进提供了理论依据。

【关键词】校外培训；治理；回应；政策遵从

【作者简介】刘莺/华东师范大学教育经济与管理专业

The Change of Governance Policy of Shadow Education in China and the Enactment of Tutoring Providers

LIU Ying

Abstract: On July 24, 2021, China's national government released a document entitled Opinions on further reducing students' homework burden and after-school training burden at the stage of compulsory education, which proposed strict governance and comprehensive standardization of shadow education, changing the governance path of shadow education. This article analyzes the different responses of tutoring providers to the central and local governance policies by using the relevant theories of organizational behavior and shadow education. Based on the dual perspectives of insiders and outsiders, this article collects interview data, observation materials and relevant news media reports from different institutions and parents. The interview data of parents and media reports demonstrate the interview data. This paper demonstrates the importance of policy target groups to policy implementation, reveals the influencing factors of policy compliance of target groups, and provides a theoretical basis for regulating tutoring.

Key words: shadow education; governance; policy enactment; policy compliance

一、问题的提出

校外培训的初衷是满足人们个性化多样化的教育需求,历经三十余年的发展,各种内容和形式的校外培训已经广泛存在于教育系统乃至整个社会系统中,在满足人们个性化多样化教育需求上起到了重要作用,成为学校教育的补充与延伸,对学校教育和家庭教育产生了深刻的影响。[1]但近年来,教育培训市场的无序且过度发展,衍生出了学生负担加重、教育资源浪费、教育不公平加剧、民众教育焦虑以及家庭养育成本上升等问题,这与我国素质教育、全面发展的教育目标背道而驰。2018 年 2 月,教育部等四部门联合颁布了《关于切实减轻中小学生课外负担开展校外培训机构专项治理行动的通知》(以下简称《通知》),开展了校外培训机构专项治理行动,使得我国校外培训市场的乱象得到了一定程度上的改善,但随着专项治理行动的开展,校外培训治理政策的推行,也产生诸多新现象新问题,引发了学者的诸多讨论。

梳理已有研究文献发现,国内外对校外培训治理政策的研究多集中于对政策文本的比较和分析,以理论辨析为主,[2][3][4][5][6]而对治理政策的执行研究较少,在这较少的治理政策执行研究文献中,多集中于对执行机制的探讨,[7][8][9]缺乏对政策执行中目标群体的分析。但目标群体作为政策执行中的重要一环,对政策顺利执行有至关重要的作用。政策的目标群体的态度和行为直接决定了政策是否能够得到贯彻。因此本文对治理政策的演进和变化与治理政策的目标群体,即校外培训服务供给者的态度和行为,进行深入了解和分析,以反馈政策文本设计和政策执行中的一些问题。

二、研究方法

本文基于上海市校外培训治理政策分析,采用了访谈、文本分析(document analysis)及参与观察(participate observation)等多种研究方法。本文研究结合了局外人和局内人两种视角,作为校外机构的一名工作人员,自 2011 年加入校外培训行业至今,在大型机构、中型机构和小型机构都有不同的工作经历,对校外培训治理政策的演进和变化有比较深入的体会,同时作为局内人,比较熟悉校外培训机构从业人员的态度变化、行为意义,相较于"局外人",更容易进入对方的"期待视野";[10]同时作者也是一个从事影子教育研究十多年的学者,能够从更加宏观且客观的角度对研究内容进行描述和分析。本文来源包括两个方面,一是教育部门及相关部门发布的政策文本,二是来自访谈资料、机构的各种文本资料和作为参与者的观察信息。

(一) 政策文本资料来源

本文对校外培训机构治理的政策文本进行了全面收集。政策文本主要来源于两个渠道:

一是教育部网站及中国政策网,二是北大法宝数据库。这两个来源渠道基本覆盖了政府公开的政策文献,保证了数据来源的完整性和可靠性。由于校外培训机构治理政策文献数量众多,内容繁复,为了保证政策样本的代表性和有效性,按照以下标准对文献进行遴选:一是发布的政策时间,时间节点为 2017 年 12 月 18 日至 2022 年 5 月 10 日;二是政策制定主体为上海市政府相关部门;三是政策内容涉及校外培训机构治理有关信息;四是文件类型须为法律法规、方案、意见、办法、通知、纲要、计划等体现政策意图的文件,不计入领导讲话、批复、函等非正式决策文件。最终整理有效政策文本共计 28 份,详见表 1 和表 2。

表 1　我国校外培训机构治理政策文本列表("双减"前)

序号	发布时间	单位	政 策 名 称
1	2018.2.22	教育部等四部门	关于切实减轻中小学生课外负担开展校外培训机构专项治理行动的通知
2	2018.8.22	国务院办公厅	关于规范校外培训机构发展的意见
3	2018.8.10	全国人大	中华人民共和国民办教育促进法实施条例(送审稿)
4	2018.12.29	教育部等九部门	教育部等九部门关于印发中小学生减负措施的通知
5	2019.4.2	教育部办公厅	禁止妨碍义务教育实施的若干规定
6	2019.7.12	教育部等六部门	关于规范校外线上培训的实施意见
7	2019.8.19	教育部办公厅等三部门	关于做好外商投资营利性非学历语言类培训机构审批登记有关工作的通知
8	2019.8.15	教育部等八部门	关于引导规范教育移动互联网应用有序健康发展的意见
9	2019.11.27	全国人大	中华人民共和国增值税法(征求意见稿)
10	2020.5.6	教育部办公厅	关于印发义务教育六科超标超前培训负面清单(试行)的通知
11	2021.3.30	教育部办公厅	关于进一步加强中小学生睡眠管理工作的通知
12	2021.3.30	教育部办公厅	关于大力推进幼儿园与小学科学衔接的指导意见
13	2021.4.8	教育部办公厅	关于加强义务教育学校作业管理的通知

表 2　我国校外培训机构治理政策文本列表("双减"后)

序号	发布时间	单位	政 策 名 称
14	2021.7.24	中共中央办公厅、国务院办公厅	关于进一步减轻义务教育阶段学生作业负担和校外培训负担的意见
15	2021.7.28	教育部办公厅	关于进一步明确义务教育阶段校外培训学科类和非学科类范围的通知
16	2021.8.27	民政部办公厅	关于进一步加强校外培训机构登记管理的通知
17	2021.8.30	教育部办公厅等三部门	关于将面向义务教育阶段学生的学科类校外培训机构统一登记为非营利性机构的通知
18	2021.9.1	教育部办公厅	中小学生校外培训材料管理办法(试行)
19	2021.9.2	国家发改委等三部门	关于加强义务教育阶段学科类校外培训收费监管的通知
20	2021.9.8	民政部	关于在校外培训机构登记审查中强化事先告知和捐资承诺等有关要求的通知
21	2021.9.10	教育部等六部门	关于做好现有线上学科类培训机构由备案改为审批工作的通知

序号	发布时间	单位	政 策 名 称
22	2021.9.9	教育部、人力资源社会保障部	校外培训机构从业人员管理办法(试行)
23	2021.9.27	教育部市场监管总局	关于印发《中小学生校外培训服务合同(示范文本)》的通知
24	2020.10.17 2021.6.1实施	全国人大	中华人民共和国未成年人保护法
25	2021.10.21	教育部办公厅等六部门	关于加强校外培训机构预收费监管工作的通知
26	2021.10.23 2022.1.1施行	全国人大	家庭教育促进法
27	2021.11.3	市场监管局等八部门	关于做好校外培训广告管控的通知
28	2021.11.30	教育部	教育部举行颁证仪式,为教育部机关首批取得中华人民共和国行政执法证的人员颁发证件

(二)访谈资料来源

目前我国义务教育阶段校外培训机构的项目被分为学科类和非学科类,[11]但在实际中存在大量同时开展学科类培训和非学科类培训的校外培训机构,因此研究对象需要均衡分布在学科类、非学科类和混合类培训项目中,并对接受访谈的校外培训机构办学内容、员工人数、学生人数、所在区域等背景信息进行均衡化处理。访谈采用滚雪球抽样的方法,尽可能在研究可接触范围内寻找更多具有代表性的访谈样本,通过实地走访、电话访谈、视频访谈、微信聊天等方式,共获取了10名校外培训机构被访者的访谈资料、12名校外培训机构就读学生家长的访谈资料。为了更好地了解被访者信息,本研究对被访者进行了代码标识。其中校外培训机构被访者代码为S,被访问家长代码为P。在征得受访者同意后,全程录音,并在结束访谈后将录音转为文字稿,进行编码。研究共转录访谈文本10万余字,访谈对象基本情况见表3和表4:

表3 校外培训机构被访者基本情况

编号	人员类别	办学内容	面积	办学时长	员工人数	学生人数	学生阶段	证照类别
SF1	创始人	学科	400平方米	6年	25人	500—600人	幼小	办学许可证(2021年)
SF2	创始人	学科	300平方米	11年	全职10—20人;兼职30—40人	600—700人	小学、初高中	办学许可证(2020年)
SF3	创始人	混合	300平方米	9年	20人左右	400—500人	幼小	营业执照
SF4	创始人	学科	200平方米	7年	20人左右	300—400人	初高中	营业执照
SF5	创始人	非学科	300平方米	4年	全职20人;兼职20人	500多人	幼小、初中	营业执照
SF6	创始人	学科	500平方米	1年	8人	30多人	小初	营业执照

编号	人员类别	办学内容	面积	办学时长	员工人数	学生人数	学生阶段	证照类别
SF7	校长	学科	500 平方米	11 年	10 人	500 多人	小初高	办学许可证（2018 年以前）
SF8	创始人	非学科	200 平方米	2 年	10 人	300 人左右	幼小初	营业执照
SF9	主管	学科	400 平方米	5 年	10 人	500 多人	小初	办学许可证（2018 年以前）
SF10	创始人	混合	200 平方米	7 年	4 人	100 多人	幼小	营业执照

表 4　校外培训机构就读学生家长的基本情况

序号	性别	子女就读年级	子女补习内容
P1	女	五年级	学科、非学科
P2	男	六年级	学科
P3	女	四年级	学科
P4	女	三年级	学科、非学科
P5	男	六年级	学科
P6	男	六年级	学科
P7	女	四年级	学科、非学科
P8	女	幼儿园	非学科、学科
P9	男	二年级	非学科、学科
P10	女	二年级	非学科、学科
P11	女	七年级	非学科、学科
P12	男	九年级	学科

三、我国校外培训治理政策的变化和争议

"双减"前后，我国校外培训治理政策发生比较明显的变化。在"双减"政策发布之前，治理秉持着规范校外培训机构行为，构建校外培训机构规范发展长效机制的治理目的，从设置标准、办学内容、办学行为、培训时间、作业布置、资金管理、师资等多方面对校外培训机构进行了规范，在一定程度上推动了校外培训行业的良性发展。[12]2021 年 7 月 24 日，中共中央办公厅、国务院办公厅印发了《关于进一步减轻义务教育阶段学生作业负担和校外培训负担的意见》提出了从严治理，全面规范校外行为的治理路径，标志着我国校外培训治理进入了一个新阶段。与之前治理政策相比，治理体系进一步完善，治理规定更加严格，与此同时，其中一些政策文本也引起了巨大的争议。

（一）政策变化：校外培训治理体系趋于完善，政策规定趋于严格

自"双减"政策出台后，截至 2022 年 5 月 10 日，我国相关政府相继出台了 28 份校外培训治理政策（见表 1 和表 2）。从政策内容来看，根据现阶段校外培训机构治理政策的梳理，可分

为四个维度,分别为设置标准、教学安排、资金管理、营销管理。其中设置标准主要包括机构的办学资质、机构名称、分支机构、人员管理、证照办理、场地设备、管理章程、办学投入等相关规定的遵从情况;教学安排包括课程内容、教材编写、作业布置、上课时间、竞争与考级等相关规定的遵从情况;资金管理包括学费定价、收费跨度、预收费保证金等相关规定的遵从情况;营销管理主要包括招生宣传、信息公开、信息保护以及校外培训合同签订的相关规定(见表2)。从政策执行过程来看,目前为校外培训治理的事前审批、事中监管、事后惩处都提供了完整的政策依据。事前审批的设置标准和审批流程已得以完善,校外培训机构可以通过民办培训机构管理服务台进行申请;事中监管涉及地方教育部门、人力资源社会保障部门、文化旅游部门、体育部门、科技部门、卫生健康部门、地方市场监管部门等超过20个部门,其对校外培训机构的证照、培训内容、收退费、从业人员、场地安全、市场竞争等方面进行监管,并通过民办机构信息管理数据平台进行披露;事后监管惩戒主要由市场监管部门对机构的擅自分立、合并、虚假宣传等违法经营行为进行惩处。整体来看,我国校外培训机构治理政策体系趋于完善。

但在"双减"政策后,校外培训治理政策规定更加严格。主要包括三个方面:第一,校外培训机构的审批更加严格。学科类培训机构停止审批,且现有学科类培训机构要全部登记为非营利性机构,对原备案的线上学科培训机构,改为审批制,且要对已备案的线上学科培训机构全面排查,并按照标准重新办理审批手续。第二,对培训行为的规范更为严苛。内容上,严禁超标,严禁非学科类培训机构从事学科类培训,且要建立培训内容备案与监督制度,制定校外培训机构培训材料管理办法;时间上,学科类培训不得安排在国家法定节假日、休息日及寒暑假期,线上培训每课时不超过30分钟,课间间隔不少于10分钟,培训结束时间不晚于21点;师资上,强调培训机构不得高薪挖抢学校教师,从事学科类培训的人员必须具备相应教师资格,并将教师资格信息公布在培训机构场所及网站显著位置;收费上,会根据市场需求、培训成本等因素确定培训机构收费项目和标准,并向社会公示、接受监督。第三,对校外培训机构的运营监管常态化。对培训机构的融资、收费、宣传、垄断行为加强监管。规定学科类培训机构一律不得上市,严禁资本化运作。其中还强调了线上培训机构不得提供和传播"拍照搜题"等惰化学生思维能力、影响学生独立思考、违背教育教学规律的不良学习方法。对于在境内的外籍人员也做了相关规定,严禁聘请在境外的外籍人员开展培训活动。

(二)校外培训治理政策的争议

"双减"政策对学科类培训机构的审批、规范和监管的规定更为严格。其中对学科类培训机构办学性质、营业时间的规定引起了较大争议。与之前治理政策有较大不同,在"双减"政策出台前,地区政策允许培训机构自主选择营利与非营利,"双减"政策出台后,学科类培训机构自主选择权被取消,只能被迫改为非营利性机构。且学科类培训机构营业时间的规定缩减为原来的三分之一甚至更少,使得学科类培训机构很难维持。这两项规定界定清晰,可操作性非常强,传达着比较强烈的打击学科类培训机构的意图,且国务院教育督导委员会办公室对各地落实"双减"情况建立半月通报制度,通报内容中包括学科类培训机构压减情况。

由于政策的规定,学科类机构发展空间被压缩,因此学科与非学科的划分成为校外培训机构关注重点。2021年7月28日,教育部出台了《关于进一步明确义务教育阶段校外培训学科类和非学科类范围的通知》(教监管厅函〔2021〕3号),对学科和非学科进行划分,但在非学科范围内综合实践活动这一内容没有清晰的界定,例如项目课程、口才与演讲、英语戏剧等无法从中央文件当中获得清晰的归类,在地方治理政策中具有不同的归属类别,有的地区遵从从严划分的原则,只要涉及学科知识就被划分为学科类机构,有的地区遵从合规性、独立性以及专业性三项原则,根据课程目的、内容、方式和评价四个维度来判定,如上海市出台的《上海市中小学校外培训服务类别鉴定指标》对持观望态度的地区起到了引领作用,对不知如何操作的地区起到了参考的作用。《上海市中小学校外培训服务类别鉴定指标》出台后,苏州、浙江、重庆等地相继出台了学科与非学科的鉴定指引,这在一定程度上避免了政策"一刀切"的情况。

其次,2021年9月2日发布的《关于加强义务教育阶段学科类校外培训收费监管的通知》中规定,对义务教育阶段学科类校外培训机构收费实行政府指导价管理,要求地方政府根据实际情况制定收费标准和浮动幅度,但政策的时滞性使得收费标准很难符合现下的状态,使得学科类培训机构的营业收入难以覆盖成本,机构运营难以为继。

另外,对于学科类培训机构能够同时开展非学科类培训课程尚未有明确的规定,地方政策执行标准并不一致,这也使得校外培训机构非常困惑和苦恼。

四、不同类型的校外培训机构的回应

本文将根据"差异性"和"普遍性"原则选择11个不同类型的校外培训机构对其遵从程度影响因素模型进行案例分析(案例机构名称已采用化名)。从规模来看,目前校外培训机构可以分为大、中、小三种类型;从业务范围来看,主要有学科类培训机构、非学科类培训机构,实际还存在大量的混合类校外培训机构;从证照持有情况来看,可以分为只有营业执照、证照都有和证照都无三种类型的校外培训机构。本文研究结合校外培训行业实际运营情况,依据对政策的遵从意愿和遵从行为两个角度将11个案例机构划分为四类(如图1)来分析不同类型的校外培训机构遵从程度及其影响因素的作用机制。本文从遵从意愿和遵从行为两个角度来分析校外培训机构对于治理政策的回应。对治理政策回应的内容主要包括设置标准、教学安排、资金管理和营销管理四个方面。

(一)有证学科类培训机构:从信任到愤怒的态度转变,由积极响应到策略遵从的行为偏差

案例一主要选择了T1机构-星火学堂、T2机构-千里马学堂、T4机构-未来学堂、T7机构-莘莘学堂四家有证学科培训机构作为研究对象。不同类型的校外培训机构中,在2018年

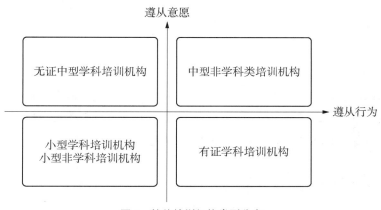

图1 校外培训机构类型分布

专项治理政策后获得办学许可证的机构负责人对"双减"后的校外培训治理政策的遵从意愿变化最明显。

2018年校外培训机构专项治理行动的开展,承认了校外培训机构的价值和地位,使得校外培训机构看到了行业规范发展的愿景,因此虽然对治理政策的一些条款如场地标准设置、组织结构、人员设置等颇有微词,但对治理政策遵从的意愿比较强烈,即使付出较大的遵从成本,也愿意合规化。

他们对治理政策的不满主要包括以下几个方面,一是对设置标准条款的质疑。例如对场地面积要求的不满,在中央政策中,对场地面积的规定是"人均面积不低于6平方米",但在地方政策中对场地面积进行了总体规定,上海市政策规定中要求校外培训机构设置标准为200平方米,"标准已经设置了比如说500平方米,像我们这种模式,我只要这样一间15平方米的(教室)就够了,我告诉你,我就绝对能活下来,还活得好好的,我不需要借这么大,但是标准设置500平方米,好了,……这使我的投入更多,那我怎么办?"(2021年10月11日T1-S1)例如对组织机构设置的不满,"需要有专家校长、教务人员,这些人都在起到什么作用呢?你说的这些你办7个校区,你要有7个校长,7个校长干活,7个教务人员干活,这些人起到什么作用呢,但是你成本必须增加,属于无效资源浪费。"(2021年10月11日T1-S1)例如对人员设置的不满,"现在要求有校长证,还得是退休的校长,我去哪找这样的人,找着了人家会来干活吗?还不是挂个证,白白付给人家钱。"(2021年10月11日T1-S3)二是对合规流程的不满,合规需要准备的材料繁复,合规流程冗长。

"各种乱七八糟的材料实在太多了,关键是没有明确的规定,具体到细节,很多窗口办事人员也不知道,交上去,不符合规定再退回来,不知道退了多少回,最后退的我也没脾气了。当时不是打印的那个要敲页码嘛,我当时借的银行的打码器,自己600多页一页一页敲上去的,后来知道不需要整理 600 多页,400 多页精简一些也可以的,这样让我再说一遍,我都觉得累。"(2021 年 10 月 11 日 T1 - S1)

"第一次交了 7 万 8 千元,说是已经送到评估中心了,等了三个月没有进展,还得再等三个月,然后钱还不够了,需要补交 12 万,然后再继续等,说是在等名额,等名额放出来就好了,我感觉一直让我等,三年也不一定有结果,最后通过一个学生家长的关系搞定,这个学生一直到高中的补习我都包了。"(2021 年 10 月 11 日 T2 - S4)

推动机构合规的原因除了对校外培训行业健康发展的期待外,还有一个重要原因:校外培训机构专项治理行动开展以来,违规被发现的概率大大增加了,惩罚的力度也增加了,迫使其不得不合规办学,但学科类机构校长认为,这对于提升机构教学质量、推动机构健康发展并没有作用,反而增加了机构运营成本,这些成本将会通过培训费用的提高被转嫁至家长和学生身上,无论对于学生和家长,还是机构自身发展来说都没有益处。

在"双减"政策实施后,按照政策,这些机构只能转化为非营利性机构,其培训时间也被大大压缩,需要付出的遵从成本高于遵从收益,他们遵从的意愿非常低,甚至不少持证的培训机构创始人非常愤怒,前期获得办学许可证耗费的巨大人力物力财力全部转为沉没成本,成为目前转型发展的掣肘。这类沉没成本包括办学场地的更换费用、重新装修的成本、消防设施整改的成本、学员和教师的流失。

"我本来 150 多平方米的场地挺好了,还在一楼,采光也不错,而且已经很久了,家长和学生比较熟悉,但为了拿证,我需要重新找地方,就换到了这里,200 多平方米。"(2021 年 10 月 11 日 T1 - S1)

"换个场地也不是仅仅换场地那么简单的事情,搬家都不容易,何况搬公司,另外目前的场地需要按照规定重新整改,耗时很长,花费很多,关键是我觉得这个是没有必要的,额外付出的成本。"(2021 年 10 月 11 日 T1 - S1)

"说到这点,我非常气愤的,根据要求我需要再开一个消防门,但是物业不让开门,这一点是临时增加的,我这边房子都装修好了,不能因为一个门的事情就白费了,只好去协商协商,改了原有的物业留的玻璃门,敲掉,换成消防门。"(2021 年 10 月 11 日 T1 - S1)

另外,相较于当时没有办证或者没有成功取得办学许可证的机构而言,已经持有办学许可证的机构由于更容易成为相关部门的监管对象,这也让他们对政策公平性产生了质疑。

> "之前花费投入大量精力办证让我觉得自己非常傻,浦东有个老师,自己办工作室,指导学生,一年收费 200 万,几乎没有成本,现在仍然可以正常上课,我们现在只能停业。"(SF7)

同时政策的变化影响他们对政府公信力的判断,使得他们对后续政策的遵从意愿非常低,认为遵从政策无法带来政策承诺的收益,反而成为政策打击的重点对象。

这类机构难以付出巨大的遵从成本而选择策略遵从,在周末、寒暑假期间继续运营自习室,其中包含了对学科类知识的传授,但他们对自己课程体系是否为学科类还存在疑问。

这些机构虽然遵从意愿低,但是前期沉没成本和现阶段的监管强度,使得他们不得不按照政策规定进行整改,但在实际操作中,这类机构难以付出巨大的遵从成本而选择策略遵从,主要包括三种做法,一是在周末、寒暑假期间继续运营自习室,其中包含了对学科类知识的传授,但他们对自己的课程体系是否为学科类还存在疑问。二是在培训内容上打政策擦边球,例如将超纲的奥数教学包装成思维训练、脑力游戏,将语文课程包装成国学,将英语包装成戏剧表演等,将这些课程披上素质拓展的外衣,但实际违规开展学科类培训。三是在培训时间上选择策略遵从,课程宣传时间和实际上课时间并不一致,以此来躲避监管,在这点上,家长选择掩护机构的违规行为以便帮助自己孩子获得周末学习的机会。

> "你说坑人不,本来上得好好的课,说停就停了,又不能不补课,周中作业这么多,哪有时间补课,只能周末,现在能上的周末课还涨价了。"(P1)

> "我将机构关闭了,但是有家长找过来坚持要补课,我担心风险,但家长将他的办公室借给我,给三五个孩子补课,他是物业,我现在就在物业办公室给学生补课。"(SF4)

(二)中型混合类培训机构:对未来发展充满困惑与迷茫,遵从意愿强但遵从行为弱

案例二主要选择了 T3 机构-光明学习社和 T10 机构-乐思成长中心。相较于办证付出巨大成本的学科类培训机构,这些机构负责人心态较为平和,甚至有些机构觉得有些庆幸没有取得办学许可证而降低了现阶段选择的压力,"当时跟我一同办证的另一家机构取得了办学许可证,我还比较失落,现在看来,是非常幸运的,现在如果说不干也就不干了。"(SF3)有些机构负责人直接选择放弃,寻找其他机会。也有不少机构负责人选择了坚守行业,但对未来发展充满了困惑与迷茫,根据政策要求,学科类培训机构已经不再审批,这些机构再无发展学科培训的可能。只能向非学科类转型,但转型难度较大,对转型的路径和转型办法都了解甚少,他

们希望政府能够给予建议和指导,虽然教育部转发的《经济日报》给出了培训机构转型的七大路径,但他们觉得参考意义不大,可操作性非常低。例如,欲助力校内教育却没有路径和方法。对于素质类教育转型,他们缺乏经验和实力,"这个其实对于没有专门的教研团队来讲蛮难的,短期内出不来教材,这一点上其实自己研发指导的难度比较大的,而且每一期只能做出基本上当季或者下面一点点的。"(2021年9月27日 T3-S9)他们既担心市场接受度的问题,同时也担心投入成本换来的转型课程仍然不合规。"短期内如果是做了转型,我们要去进行一些研发,配套的资料肯定不会说上来就那么齐全,它是有一个过程的,所以即使是说我们转型了以后要合法合规,也要给一个时间,而且是最好一轮的时间让大家去沉淀一下,不要说我们刚开了半年上面下来检查了,结果又不行了。"(2021年9月27日 T3-S9)

(三)中型非学科培训机构:谋求发展,遵从意愿和遵从行为较强

案例三主要选择了T5-星汉琴行、T8-绘梦成长中心、T11-秦楚书画院作为案例研究对象。

"双减"政策对学科类培训机构打击力度较大,学科类机构数量急剧减少,从学科类培训中挤压出来的需求有部分转向了非学科类培训,同时一些学科类培训机构由于无法继续进行学科类培训而转型成为非学科类机构,使得非学科类培训需求量和机构数量在短期内迎来了较大的增长。非学科类培训机构主要包括音乐、美术、舞蹈、体育、科技类培训机构。本文通过对三家中型非学科类培训机构的案例分析,来反馈中型非学科类校外培训机构的政策遵从情况及影响因素。

A市目前对非学科类培训机构并没有单独的治理政策,其机构设置的标准与学科类培训机构一致。随着"双减"意见的出台,学科类培训机构在营业时间、办学属性、资本运作方面有了更加严格的限制,而对非学科类培训机构并无严格的规定和约束。非学科类培训机构尚在自由生长中,但已经出现了诸多问题:一是教师资质缺乏明确的标准,师资良莠不齐,教师信息公布不全;二是考级与比赛应试性、功利性较强,部分考级与比赛缺乏公正科学的评价标准;三是缺乏资金监管,诱导消费者购买较长时间的课时。

此次"双减"政策被解读为鼓励艺术、体育等非学科类培训机构的发展,这些机构负责人想借此机会,发展壮大自己的培训机构。因此,希望政府能够提高这类培训机构的设置门槛,将众多个人工作室类型的竞争对手排斥在外。他们也认识到了艺术培训行业的问题,希望这个行业能够得到规范发展。

(四)大型培训机构中的失业教师:游离于政策治理体系之外,遵从意愿和遵从行为较弱

案例四主要以名博学习中心在新一轮校外培训治理行动中的反应以及名博学习中心培训教师的态度和行为为研究载体。随着"双减"工作的推进,名博学习中心无法继续办学,选择停业,其教师面临失业,需自谋出路,其中过半的教师在行业固有认知、短期收益、生活压力的影响下选择了留在本行业，且通过团课、组班的形式在不同场所继续开展学科类培训。名博学习中心停业前共计教师133名，其中教师合伙人73名，新人教师60名。教师合伙人年龄均在25岁以上，其中46名教师合伙人年龄在30岁以上，他们已经形成了自己完整的教学体系，有不少老师还有自己的出版教材。在名博学习中心宣布停业后，教师合伙人的去向主要有四种，分别为：考研、进入学校、加入素质类培训机构、成立个体教师工作室。其中参加考研的只有2位年龄在25岁左右的教师；进入学校的有2位老师，他们分别进入了一所民办学校；加入素质类培训机构的教师有1名；剩下的68名教师在现阶段都成立了个体教师工作室，占到教师合伙人总数的93%。新人教师年龄均在30岁以内，他们多为应届生，成为一名校外培训教师的时间不长，其去向主要有四种：考研、考公、转行、成立个体教师工作室。其中转行的新人教师人数最多，为32人，他们依据自身的学科背景选择加入其他行业，有教育背景的多选择去学校实习，以争取进入体制内；其次是考研的新人教师数量，共计17人；排在第三的是成立个体教师工作室，有8人；还有3人选择考公务员。成立个体教师工作室，通过各种途径继续开展学科类补习的教师总数达76人，占据名博学习中心教师的57%。

　　名博学习中心停业后状态与同等类型的校外培训机构停业后的现状有极大的相似性。校外培训机构的教师短期内往往会带着原机构维护的生源成立个体教师工作室，通过团课、组班等各种形式违规开展学科补习，这样的个体教师工作室由于数量众多、分布分散，且容易获得家长的庇护，很难被控制在监管范围之内。此次"双减"工作使得大型学科类培训机构纷纷转型，中型学科类培训机构无法周末授课，同时培训需求没有得到有效缓解，使得这些机构涌出来的学生也会转投入到个体教师工作室这种类型的培训中去。

　　名博学习中心的教师的选择历程也非常有代表性。从认知因素来看，他们认为教育焦虑等问题的原因并不在校外培训机构及其培训教师身上，他们是教育焦虑的"缓解者"，而非"制造者"，这一认知成为他们政策遵从的较大阻碍，使得他们对政策的态度和看法比较消极。从动机因素来看，短期内并无更好的发展选择，而违规培训所带来的收入甚至超过了他们之前在机构的收入，这成为他们违规培训的直接原因。同时他们认为自己是提高学生学习成绩的"帮助者"，是学生成长的"陪伴者"，这种道德优越感巩固了他们成立个体教师工作室的意愿和行为。同时由于"双减"的影响，他们不仅对当下工作的前景非常担忧，同时也渴望社会认可，这将促使他们考虑自己的长期规划，而非一直停留在违规培训的阶段，一部分教师希望个体教师补课能够合法化，让自己"光明正大"地从事该行业。

　　从社会影响来看，正规培训机构数量的急剧减少，使得学生和家长需求转向这种违规培训，危害极大，是值得警惕的现象。这种形式的培训不仅推高了家长培训支出，也存在很大的安全隐患，为了不被发现，其培训场地比较隐蔽，往往在居民区昏暗的房间，办公大楼高层的办公室、咖啡厅等各类场所，采光和消防都成问题，孩子们在这种环境里面临安全隐患。同时，在这一过程中，不同家庭背景学生获取教育资源的程度也拉开了差距，经济资本、文化资本和社会资本丰厚的家庭不受影响,可以为孩子寻找最优质的师资,聘请其到家中为孩子进行一对一的高端辅导。而家庭资本欠缺的家长获取优质教育资源的成本大大提高了,一是寻找优秀师资的难度增加了,不像之前可以花钱购买市场上公开竞争的教育资源,现在只能通过各种渠道的打探来寻求教师;二是孩子的培训成本提高了,原来可以上班课,一节课 100—200 元,现在只能跟其他学生一起拼课,一节课费用增长至 500—700 元不等。

> "想上个补习课太难了,老师找不到,地方找不到,价钱花不起,又不想在学校里让孩子自生自灭,自己又不会,之前周末出来上课,有点辛苦,但总比现在在家里打游戏看电视好多了,孩子又不听我们的。"(2021 年 10 月 21 日,家长 P2)

五、结语

"双减"政策后,我国校外培训治理政策出现了一些的变化,从构建校外培训机构规范发展长效机制的治理路径转为了从严治理、全面规范的治理路径,对校外培训机构的运营和办学行为提出了更为严格的要求,其中严禁学科类校外培训机构上市融资,从根本上切断了学科类培训机构资本化的途径,有利于引导校外培训行业回归发展初心,回归公益属性。对校外培训机构办学行为的规范在保障消费者利益、减轻学生压力方面也收到了一定成效。但由于我国校外培训市场丰富的样态以及民众需求的多样性,治理过程中难免出现落差和问题。本研究所揭示的治理政策的变化、争议以及不同类型的校外培训机构的回应,对我国校外培训治理政策及其执行的完善具有一定的意义。

本研究以 11 个不同类型的校外培训机构为例,探讨了他们对治理政策的回应以及影响他们行为的因素。他们对政策的回应隐含了治理政策的风险,包括几个方面:一是由于遵从政策的成本过高,有一些机构尤其是学科类机构放弃了合规的道路,选择了无证经营,这存在较大的安全隐患,使得行业发展出现了倒退的倾向,可能会回到无序混乱的状态。二是大型校外培训机构关停了学科类培训业务,但是大量从事学科教学的教师并没有顺利转行,而是选择了团课等各种形式隐蔽代课,这增加了监管的难度,也导致了较大的安全隐患。三是地方政策执行过程中出现的层层加码和政策短时间内的变化,引发了案例机构对于政府的信任危机,甚至可能跌入"塔西佗效应"。四是此次"双减"政策切断了学科类机构资本化的路径,使得资本在短期内流入非学科类培训机构,非学科类培训机构数量在短期内迎来了较大的增长,但目前非学科类机构缺乏健全的监管机制,出现了较大的问题,需要政府的相关治理政策和监管机制及时到位,引导非学科类培训机构规范发展。

同时,本文也揭示了影响校外培训机构回应行为的因素。从整体来看,主要分为意识因素、动机因素和能力因素三个方面:

从意识因素来看,在"双减"行动之前,不同类型的校外培训机构都感受到了行业发展存在的问题,意识到治理的必要性,因此其回应也体现了对治理政策的支持;但在"双减"行动后,他们感受到的是政府对行业的打压,因此很难拥护政策。另外对于个体教师而言,他们认为自己并非教育焦虑的"制造者"而是"缓解者",这点强化了他们违规补习的行为。

从动机因素来看,成本和收益的考量仍然是影响机构行为的主要因素,"双减"后的政策,对于学科类校外培训机构而言,其遵从的成本远远高于遵从收益,这使得他们从根本上排斥此次"双减"行动;对于个体教师而言,在学生和家长的掩护下他们违规补课被发现的概率极小,而补课带来的收入巨大,这是他们选择继续违规补课的主要原因。经济因素虽然是影响不同机构遵从行为的关键因素,但不是决定性因素,不同机构的遵从行为还受到规范动机和社会动机的影响,案例机构都表现出对"光明正大"办学的渴望,同时希望获得社会的认可,这点极大推动了他们对政策的支持。但他们对政策效果和执行公正性的质疑在一定程度阻碍了他们对政策的遵从,尤其对"双减"行动中的一系列政策的质疑,导致他们对执行体制的不信任,从而对治理政策持有非常抵触的态度。

从能力因素来看,条件的制约也是影响他们对政策回应的重要因素。学科类培训机构在转型过程中遇到人力资源和技术方法上的困难,中型非学科类培训机构面临师资匮乏等困难,个体教师缺乏合法身份,这些困难制约了他们对治理政策的遵从,需要政府给予指导和帮助。

本研究的发现对于校外培训治理政策及其执行的启示包括两个方面。一方面是对校外培训治理政策的调整和完善,在案例研究中我们发现,过于严苛的治理政策可能会带来极大的负面影响,甚至可能无法推行,这点在韩国的校外培训治理中也得到了验证。[13][14][15]因此,需要对校外培训治理政策中存在争议的内容进行探讨和分析,例如培训时间、收费指导等有争议的内容,本着客观性、审慎性、分类管理等原则进行评估、调研,根据不同机构的实际情况进行调整和优化。另一方面是对校外培训治理政策执行的启示,校外培训治理政策的推行需要获得相关利益者的支持和帮助,[16]对于校外培训机构尤其是学科类校外培训机构而言,此次"双减"政策对行业和机构自身的发展是一次打击,他们不仅在感情上很难认同治理政策,同时在争取合规性的过程中面临着诸多困境,因此,增强校外培训机构对于治理政策的认同,政府及其行业为校外培训机构提供支持和帮助是十分必要的。

参考文献

[1] Zhang, W. Regulating Private Tutoring in China: Uniform Policies, Diverse Responses. ECNU Review of Education, 2019,2(1):25-43.

[2] 祁占勇,李清煜,王书琴.21世纪以来我国校外培训机构治理政策的演进历程与理性选择[J].中国

教育学刊,2019(6):37—43.

［3］祁占勇,于茜兰.校外培训机构治理政策的内容分析[J].现代教育管理,2019(3):44—50.

［4］张墨涵.规范校外培训机构的理论探讨与政策走向[J].教育科学研究,2019(8):17—22.

［5］徐玲,戴红利,胡夏.地级市政府推进校外培训机构治理政策的文本分析[J].苏州大学学报(教育科学版),2021,9(3):46—54.

［6］丁亚东,杨涛.我国校外培训机构治理政策的特征、问题与展望——基于21个省市政策文本的分析[J].教育与经济,2019(6):87—93.

［7］韩露.我国中小学校外培训机构法律问题研究[D].昆明:云南大学,2019.

［8］［12］刘敏敏.中小学校外培训机构专项治理政策执行效果研究[D].桂林:广西师范大学,2020.

［9］赵晓贤.中小学校外培训市场政府监管问题研究[D].南京:南京师范大学,2020.

［10］董小英.再登巴比伦塔——巴赫金与对话理论[M].北京:生活·读书·新知三联书店,1994:45.

［11］教育部.关于进一步明确义务教育阶段校外培训学科类和非学科类范围的通知[Z].2021-07-29.
http://www.moe.gov.cn/srcsite/A29/202107/t20210730_547807.html.

［13］肖凤翔,王瑞.韩国"影子教育"治理及其对我国的启示[J].外国中小学教育,2017(8):1—7.

［14］周霖,周常稳.韩国影子教育治理政策的演变及其启示[J].外国教育研究,2017,44(5):66—76.

［15］凌磊.无法跨越的鸿沟:韩国影子教育发展历程、动因与治理[J].比较教育学报,2022(1):54—66.

［16］Bray. Shadow Education in Africa: Private Supplementary Tutoring and its Policy Implications [M]. China: Comparative Education Research Centre (CERC) Faculty of Education, The University of Hong Kong (HKU), the Centre for International Research in Supplementary Tutoring (CIRIST), East China Normal University (ECNU). 2021:63.

白俄罗斯校外教育现状及对中国的启示

刘　淼　Zubko Darya

【摘要】白俄罗斯是"一带一路"沿线的重要国家,由于受到历史和地缘政治的影响,白俄罗斯的校外教育兼具苏式教育和欧式教育的特点。近年来发展势头良好,形成了具有自身特色的教育模式,积累了宝贵的经验。本文围绕白俄罗斯的校外教育,从历史发展阶段、立法保障、内涵外延、培养目标与典型案例等维度,探讨白俄罗斯校外教育的发展现状和主要特征,总结白俄罗斯校外教育的成功经验,以期为中国校外教育的健康发展提供有价值的借鉴和参考。

【关键词】白俄罗斯;校外教育;现状;启示
【作者简介】刘淼/北京大学外国语学院俄语系
　　　　　　Zubko Darya/北京第二外国语学院欧洲学院

Out-of-school Education in Belarus and its Pertinence to China

LIU Miao & Zubko Darya

Abstract: Belarus is an important country along the "Belt and Road". Influenced by historical and geopolitical factors, Belarusian out-of-school education embodies characteristics of both the Soviet Union and European countries. In recent years, Belarusian out-of-school education has been developing rapidly, thus forming its own unique model and accumulating valuable experience. By focusing on the out-of-school education in Belarus, this thesis delves into the developmental phases, legislative guarantee, connotation and extension, training goals and case studies, and summarizes the successful experience of out-of-school education in Belarus, with the aim of providing valuable experience and enlightenment to the healthy development of out-of-school education in China.

Key words: Belarus; out-of-school education; current situation; enlightenment

　　白俄罗斯位于东欧平原西部,东临俄罗斯,西与欧洲接壤,曾是苏联十五个加盟共和国之一,1991 年宣布独立。在地缘政治的影响下,白俄罗斯的教育体系深受苏联影响。苏联解体后,白俄罗斯在原有教育体系的基础上,大量借鉴了欧洲的教育理念,对其现有体系进行了改革与创新,逐渐形成了兼具苏联与欧洲优势、又独具自身特色的教育模式。

校外教育①是白俄罗斯教育体系的重要组成部分。早在 20 世纪 20—50 年代,著名苏联教育家马卡连科、苏霍姆林斯基、沙茨基就对校外教育的重要性进行了论述。他们从知识教育与素质教育的系统性出发,阐述了发展校外教育对培养“完整的人”的必要性。马卡连科指出:“不能割裂地、模块式地培养人,而应该综合考量一个人成长过程中可能受到的所有影响。对个体的全面培养需要学校教育和个人生活、社会环境相结合。”[1]在苏联教育理论和实践的指导下,白俄罗斯非常重视校内外教育之间的互补性,努力通过发展校外教育达到知识教育、实践教育与劳动教育的统一。21 世纪以来,白俄罗斯积极参与全球社会文化发展进程,在《欧盟2007—2013 年终身教育整体行动计划》[2](下文简称《欧盟终身学习计划》)的框架下,探索新的以个体发展为导向的教育体系。在教育改革的过程中,白俄罗斯通过理论指导、立法保障和财政拨款等方式,对传统校外教育资源进行了整合与优化,并取得了积极成效。

中国是有着 14 亿人口的教育大国,校外教育是全民教育的重要组成部分,对学生形成正确价值观、全面发展个人能力、拥有丰富课外生活有着举足轻重的作用。尤其自 2021 年 7 月“双减”政策实施以来,校外教培市场面临严峻的窗口调整期,社会对优质公办校外教育的需求更为迫切。在“双减”政策的背景下,公办校外教育如何发挥自身优势、助力学生全面成长是一项具有重要理论和现实意义的研究课题。因此,本文希望通过对白俄罗斯校外教育的研究,为我国校外教育发展与改革提供有益的借鉴和参考。

一、白俄罗斯校外教育的历史发展阶段、内涵与立法保障

(一)白俄罗斯校外教育的历史发展阶段

白俄罗斯校外教育的发展,可以简单概况为三个阶段:第一个阶段是 20 世纪初至苏联成立,这一阶段的主要特点是面向社会贫困阶层的扫盲教育。当时由于白俄罗斯社会发展严重不均衡,很多穷人无法进入正规学校学习,只能到一些非学历制的知识培训机构进行简单的文化课学习;第二个阶段是苏联时期,自 1922 年至 1991 年。在这近 70 年的时间里,白俄罗斯在苏联的影响下形成了较为完备的苏式校外教育系统,该系统在劳动教育、户外实践、未来职业选择和天才少年选拔方面有着大量成功经验;第三个阶段是自苏联解体后至今的 33 年,白俄罗斯在总结和反思苏式校外教育的基础上,进一步参考欧洲教育理念,确立了一系列新的校外教育法律法规和实施方案。这一时期更加注重学生的个性发展需要,关怀他们的心理健康,着眼于校外教育对青少年终身学习的重要促进作用。

(二)白俄罗斯校外教育的内涵与立法保障

2011 年 9 月,白俄罗斯颁布实施了重新修订的《白俄罗斯教育法》(下文简称《教育法》),

---

① 本文中所提及的“校外教育”,特指主要由国家出资的公办校外教育。

对校外教育的内涵进行了明确界定:"校外教育是终身教育的一部分,由校外机构在学校教育之外的时间实施,其目的是发展学习者的能力和天赋,满足他们的个人兴趣、精神需要和职业定位需要。"[3]《教育法》的第46至49章对校外教育制度、机构、教育过程、科学方法论指导做出了明确规定。在教育制度方面,《教育法》规定,白俄罗斯在符合国家教育计划和教育标准的前提下,为本国公民提供校外教育,校外教育必须要确保教育的科学性和普及性;接受校外教育的学生不分性别、民族、宗教信仰、社会出身、财产状况、居住地和使用语言;国家为学生提供法律法规和社会制度保护,以支持学生自由化、多元化的发展需求。在教育机构方面,《教育法》指出,校外教育机构应确保学生在创造性自我实现方面的需求得到满足,致力于学生智力、精神和体魄的发展,培养学生主动就业和参加社会活动的能力,组织符合学生能力、天赋和身体素质的有意义的活动,构建良好的社会保障机制。校外教育机构组织的活动应涵盖艺术、科技和劳动实践等范畴,并在符合国家教育纲要的前提下,以丰富和深化普通中等教育为目标,发展学生的智力和创造力。同时,《教育法》还对国家与教育机构在校外教育实施过程中的责任与义务进行了规定:国家应根据校外机构的建制为其提供资金支持,负责协调政府、地方自治机构、企业、社会机构组织、民间协会以及家庭在校外教育方面的活动,以期形成有效的校外教育网络;相应地,校外教育机构应为学生创造接受校外教育的条件,应维护和发展校外教育机构(国家级和市级)资源,不得改变校外教育机构的性质和用途,不得合并、关闭、转让校外教育机构的场地、设备,不得出租设备。

随后,围绕校外教育的核心内涵,白俄罗斯又陆续出台了《儿童和青少年校外教育条例》(2011)[4]、《校外教育机构组织举办全国性活动的实施细则》(2011)[5]、《校外教育机构组织举办中等教育学生参与的全国性活动及其参加国际教育活动的实施细则》(2017)[6]、《关于指定和实行校外教育机构学科类培训教学大纲的通知》[7]、《白俄罗斯儿童和青少年终身教育计划》(2020)[8],以求健全校外教育的相关法律法规。根据最新的《白俄罗斯儿童和青少年终身教育计划》,白俄罗斯政府要求校外教育机构的活动主要围绕以下几个方面展开:公民意识和爱国主义教育、德育和美育、培养自我认识和自我调节能力、培养健康生活方式、辅助家庭教育、生产劳动和职业选择教育、生态环境教育、安全生活生产教育、生活常识和休闲娱乐教育、心理健康教育(为学生提供心理援助)等。

由上文的论述可知,白俄罗斯现行校外教育体系综合了苏联和欧洲校外教育的核心理念,集中体现了近现代欧洲两种主流校外教育体系的优势。同时,白俄罗斯非常注重确立和完善校外教育的法律法规,其内容涉及到了校外教育的多个层面。

二、白俄罗斯校外教育机构的运行概况及主要特征

(一) 白俄罗斯校外教育机构的运行概况

截至2021年底,白俄罗斯的校外教育机构共有318家。如按照区域进行划分,则共包括3

家全国性机构和315家地区性机构。如按照其培训内容划分,则可分为两大类:综合性的(多领域的)和专业性的(单一领域的)[9]。其中综合性校外教育机构共有185家,专业性校外教育机构133家。综合性校外教育机构主要包括少年宫、儿童活动中心、青少年活动中心等。专业性教育机构非常多样化,其主要类别可分为地区游学、生态保护、体育、科学技术、职业教育和艺术六大类。具体数据如表1所示。

表1　白俄罗斯校外教育机构分类表

类　　　别		数　　　量	
综合性		185	
专业性	地区游学	62	133
	生态保护	30	
	体育	15	
	科学技术	13	
	职业教育	9	
	艺术	4	
总计		318	

在综合性和专业性的校外机构中,前者更受欢迎,因为学生可以在同一个机构学习多种课程,帮助家长节省了大量的接送时间。同时,综合性校外教育机构也具备很大的价格优势,其收费标准仅为私立校外教育机构的三分之一左右。[10]在专业性校外培训机构中,"地区游学"类占比最高,达到了47%。"地区游学"类校外教育机构主要通过组织多种类型的户外和室内活动,如远足、夏令营、参观博物馆或展览会、举办讲座等,帮助学生更好地了解家乡的地形地貌、风土人情、文化传统,借此培养学生的爱国主义情怀,增强学生的国家和民族认同感。"生态保护"类校外教育机构的数量排在第二位,占比23%,主要通过组织各类与生态保护相关的活动,科普环保知识,引导学生热爱自然、保护地球。排在第三位的是"体育"类,随后是"科学技术"类、"职业教育"类和"艺术"类。由专业性校外教育机构的数量分布可知,白俄罗斯在校外教育领域非常重视培养学生的爱国热情和环保意识,同时也通过户外活动和体育类教育机构为学生创造更多强健体魄的机会。还需要指出的是,表1的数字每年都在发生变化,原因主要是学生兴趣的改变、个别机构财务情况不佳、国家扶持政策的倾斜等等。

在专业性校外教育中,有一些非常有代表性的、受到学生和家长普遍欢迎的教育机构,其名称和培养目标如表2所示。

表 2　白俄罗斯典型专业性校外教育机构

名称	培 养 目 标
地区研究和爱国主义教育中心	培养学生了解家乡,热爱祖国的情感
青少年博物学家工作站	对学生进行生态教育
技术创新工作站	培养学生技术创新能力
生产劳动教育中心	劳动教育、职业选择教育,培养学生掌握某项生产技能
参观旅行工作站	体育健康教育
青少年水手俱乐部	体育健康教育
少年体校	培养有天赋的小运动员
音乐学校	进行音乐教育,发展学生的声乐和表演能力
艺术学校	进行艺术教育,发展学生的艺术创造力

通过表 2 的信息可知,白俄罗斯最受欢迎的校外教育机构主要以"教育中心""工作站""俱乐部""学校"等方式命名,大部分命名风格凸显了其公办性质,但也有一些名称较为活泼,对儿童和青少年更有吸引力。据统计,目前白俄罗斯在校外教育机构学习的学生共计 3 万余人,占全国儿童和青少年总数的三分之一。公办校外教育机构受到家长和学生的普遍认可,其原因主要有两个方面。一是公办校外教育机构有国家背景,稳定性高,师资有保障,且收费较低;二是大多数白俄罗斯国内的重要学科比赛由公办校外教育机构组织和实施,而在重要学科比赛中获得大奖(金奖、银奖和铜奖)是免试进入白俄罗斯、甚至俄罗斯一流大学的入场券[11]。这些学科比赛以数学、物理、化学、生物、信息学为主,同时也包括少量的人文社科类比赛。事实上,无论是以前的苏联,还是今天的主要独联体国家,数理化方面的天才少年选拔,一直是其校外教育的重要功能之一。这种天才少年选拔始终坚持国家统一组织、集中优势师资的原则,不搞全民奥赛,而是通过公办校外教育系统在中小学范围内进行摸底和遴选。因此,这也是家长和学生愿意选择公办校外教育的重要原因之一。

(二)白俄罗斯校外教育的主要特征

通过上文的论述,我们可将白俄罗斯校外教育的主要特征总结如下:一是定位清晰,有良好的立法保障。白俄罗斯的校外教育制度是一个面向儿童和青少年的开放社会制度,为儿童和青少年在艺术、文化休闲、社会教育、社会人道主义教育等领域形成民族认同、领导素质、社会能力和创造能力方面提供必要条件。白俄罗斯为此颁布了一系列法律法规,力求对校外教育的内涵和外延进行清晰明确的界定。二是类型多样,培养重点突出。除综合性的校外教育机构之外,白俄罗斯有着丰富的专业性校外教育机构,为学生提供了很多自主选择的机会。同时,从这些专业类机构的数量占比来看,政府主导下的培养方向是非常清晰的,就是以爱国和国家认同为核心目标,重视学生的身体素质、生态意识和科学素养教育,希望培养出具有共同价值观、身体健康、能够担负起科技兴国大任的新一代青少年。三是普及性高,选拔机制通畅。

在白俄罗斯,公办校外教育是大多数家长和孩子校外教育的第一选择。其中的收费培训占比10％—30％,而有一些地区所有的公办校外教育都是免费的。正如上文所分析的,除在价格方面具有吸引力外,与天才儿童选拔之间的紧密联系也是白俄罗斯校外教育受欢迎的重要因素。同时,不可否认的是,随着近年来民营资本进入校外教育市场,带来了很多优质的资源与服务,原有公办校外教育的市场正在被逐渐侵蚀。

三、白俄罗斯校外教育的培养目标与典型案例

1996年,欧盟委员会提出了新的教育目标:每个人都应该具备五项关键能力——政治和社会能力、多元文化社会生存能力、语言驾驭能力、与社会日益信息化相关的能力、与"自我"发展相关的能力。[12]俄罗斯著名教育家济姆尼娅(I. A. Zimnyaya)将其界定为:"人在现代社会中为适应生活而必须具备的最基本的、最宽泛的能力。"[13]我们结合白俄罗斯的具体情况,将其校外教育的培养目标概括为以下四个关键能力:掌握信息技术知识能力、社会人格养成能力、多元文化世界生存能力和终身学习能力。这些能力贯穿了白俄罗斯校外教育的全过程,也是国家校外教育的主要布局和发展方向。接下来我们将结合白俄罗斯校外教育的典型案例,从实施背景、培训内容、相关机构、实施方式这四个层面具体分析这些目标是如何被实现的,同时也会简要分析其中的一些不足之处。

(一)掌握信息技术知识能力

信息技术能力的培养是现代教育的重要组成部分。白俄罗斯教育部门非常关注现代信息技术发展,致力于通过校外教育机构对学生进行数字技术、科技知识和相关艺术审美的培养。"明斯克国立少年宫"①是信息技术培训方面的代表性校外教育机构。这里设有工程技术实验室、计算机中心、创新技术中心等各类培训班,面向全市中小学生开设艺术设计、3D建模、摄影、电影技术、动漫技术、数字剧院、媒体制作等课程。课程根据年龄进行设置:6—9岁的学生可学习"机器人技术和视频博客";10—12岁的学生可学习"乐高编程";11—13岁的学生可学习"编程设计与数字技术";13—15岁的学生可学习"短波调频"。

在具体实施的过程中,也存在着一些不足之处,主要体现在此类校外教育机构资金比较短缺,技术设备比较落后,引入新技术和新设备均比较滞后。同时,由于生源充足,这类机构很少在社会上进行宣传,导致信息不对等,一些学生无法获得同等的学习机会。另外,由于这类校外教育均为付费课程,在很大程度上排除了家庭条件不好的学生,加剧了教育资源的不均等。

(二)社会人格养成能力

社会人格养成能力指的是青少年通过参加活动和学习,逐渐形成社会适应能力和人际交

---

① https://mgddm.by

往能力,能够理解并接受国家和民族的核心价值观,能够很好地融入社会,正确对待各种社会现象,在个体选择过程中能够做到趋利避害,能够主动发起或加入人与人之间的交流,并在交流过程中保持与他人间良好的互动与反馈。这一能力目标的提出,主要与国内外复杂多变的社会文化环境有关,这种环境对儿童和青少年的个性养成提出了很高的要求,白俄罗斯希望能够借助校外教育的力量,培养思想健康、人格健全、善于沟通与交流的青少年。国家级校外教育机构"白俄罗斯青年联盟"①是这一领域的代表,其在全国各级行政地区均设有分部,主要负责组织大型群体性活动、比赛和志愿服务,如组织多项全国体育比赛(冰球、足球、手球)、徒步旅行;组织预防和纠正青少年不良习惯的各类活动:"人手一本禁烟手册""我用糖果替香烟""不要吸烟!""远离艾滋病!""未来世界公式:未来=青年+健康"等。该联盟旗下还设有全国性志愿者服务组织"爱心协会",会员多达 5 万多人,其活动主要与环境保护和扶贫有关。

我们可以看到,这种教育的目的在于将青少年培养为合格的"社会人",通过大型社会活动提升青少年的凝聚力,通过体育赛事培育其健康的体魄,通过奉献爱心培养他们正确的价值观。需要指出的是,由于此类活动由国家层面的校外教育机构组织,参与人数众多,有时反而忽视了对青少年小范围人际交往能力的锻炼。

(三) 多元文化世界生存能力

多元文化世界生存能力指的是学生了解世界文化、学会在多种文化共生共存的背景下适应世界文化系统的能力。在世界地区冲突、文化对抗不断加剧的今天,培养青少年正确看待多元文化间的差异,努力求同存异,在珍视本国文化的基础上充分尊重他国文化,建立起正确的文化价值观尤为重要。同时,这一能力也包括抵制政治和宗教极端主义。在具体实施的过程中,主要通过举办各种与文化学习和文化交流相关的系列活动,给青少年提供与不同文化接触的机会。这类活动包括:文化圆桌会议、文化辩论、民族传统体育项目比赛、传统游戏比赛、以文化为主题的研究型学生论坛、有组织的国外旅行等。除此之外,还包括一些轻松愉快的文化活动,如民俗晚会、民乐会、民间戏剧表演、民族仪式学习等。

多年来,白俄罗斯始终坚持在跨国合作的框架内举办国际青少年教育活动,如国际青年论坛、友好城市主题日活动等。截至目前,白俄罗斯全部 6 个州以及明斯克市均与中国相关省市建立了友好省份/城市关系,中白两国经常在友好城市的合作框架内组织两国青少年的交流活动,对两国青少年增进了解、培养友谊起到了重要的推动作用。这类活动的不足之处在于其载体多为"主题文化节"或"主题文化日",还应通过设置学期课程的方式让学生可以在日常维度里常态化接触到各个国家的文化,开阔眼界,提升学生的文化鉴赏力和包容度。

---

① https://brsm.by/about/info

(四) 终身学习能力

《欧盟终身学习计划》将"终身学习"作为欧盟教育发展的指导性纲领原则。白俄罗斯在出台新版《白俄罗斯教育法》时，大量参考了其中的理念和实施路径，其中"终身学习能力"在这里主要指"公民通过终身学习使白俄罗斯成为发达的知识社会，促进经济可持续发展，提供更多更好的工作岗位，增强社会凝聚力，保护好后代的生存环境"。在校外教育领域，终身学习能力主要体现在对青少年生命意识、安全意识、职业意识方面的培养。"白俄罗斯青年公共救援人员组织——消防员协会"①（下文简称"消防协会"）是这方面的代表性校外教育机构。它也是"国际青年公共救援人员组织——消防员协会"的创始者之一，协会口号是"为了一个安全的世界！"。该协会的教育目的主要是培养年轻一代的安全意识，普及消防员职业和其他相关职业，教育青少年保障自身生命安全，做好生态保护，激发他们的想象力与创造能力。消防协会经常组织的活动主要包括安全法规研究、体能训练、消防相关主题节日等。除消防主题外，救援类职业体验也是该协会培训内容的亮点，协会希望通过丰富多彩的体验活动帮助青少年在选择职业前先了解它们，以便做出自己真正喜欢的、正确的选择。该协会活动非常丰富多彩，自成体系，每年都会举办多种交流和比赛活动，如相关慈善活动、音乐会、白俄罗斯儿童创作大赛——"孩子眼中的消防员"、白俄儿童创意比赛"安全的学校"、白俄罗斯"救援者"野战营等。

消防协会活动的设计和组织均很正规，受到了白俄罗斯青少年的普遍欢迎。如能在后续的工作中继续拓展活动主题，积累和建设更丰富的职业体验资源，则可更好地帮助青少年认识职业、选择职业。

四、白俄罗斯校外教育对中国的启示

白俄罗斯校外教育体系由于博采众长、注重创新，在理念、定位、目标、实施等方面，有着很好的制度优势，保障了公办校外教育资源在青少年校外培训中的主导地位。这使得国家政府的顶层设计能够在青少年校外教育领域得到很好的贯彻与实施，从而使教育主动权牢牢地掌握在国家手里，并能够将青少年培养理念落在实处。我们可以看到，在白俄罗斯校外教育体系运行的过程中，国家教育资源得到了很好的整合，公办校外教育以更高的平台和更好的资源吸引了大量青少年加入其中。与此同时，家长的经济成本得以降低，家庭教育支出压力得以缓解，校外教育以润物细无声的方式将社会核心价值观传递给青少年，引导青少年热爱祖国、热爱家乡、热爱科学、热爱生活。

可以说，白俄罗斯在校外教育方面的成功经验，很大程度上得益于国家的顶层设计理念和运行良好的校外教育网络，这对中国公办校外教育政策的制定和实施有着很好的借鉴和参考意义，具体可以从以下几个方面考量。

---

① http://bmoosp.by

（一）角色定位清晰

公办校外教育机构应清晰自身定位，可以从培训目标和内容上与民办校外教育机构进行一定的区分。相较于民办校外教育机构主要定位于学科知识和艺术培训，公办校外教育机构可发挥其综合资源优势，更多关注青少年的综合素质提升，尤其重视青少年身体健康发展和社会人格养成，既重视培养青少年的爱国主义精神，又重视培养学生的跨文化交流能力。在帮助青少年树立核心国家民族价值观的同时，也应培养他们包容不同文化、与他国文化和谐共处的能力。

（二）重视劳动教育

白俄罗斯通过校外教育机构对本国青少年进行的劳动教育非常值得我们学习。在劳动教育的设计和实施层面，校外教育应围绕劳动技能获得、未来职业体验、未来职业选择等方面构建一整套行之有效的培训机构、模式和方法，重视提升青少年的劳动能力、自我管理能力和自我认知能力。

（三）关注心理健康

校外教育应全面关注青少年心理健康，并为其心理健康发展提供一系列支持和保障，将心理健康教育与核心价值观确立、人际交往能力培养、体育和艺术素养提升联系在一起。重视对青少年爱国主义精神、跨文化交流能力和人际交往能力的培养，有意识地通过组织培训、开设课程等方式为青少年创造良好的文化交流和人际交往条件，并将保护和传承本国优秀文化传统与体育锻炼和艺术鉴赏相结合，努力培养心理健康、有大局意识、身体素质好的青少年群体。

（四）坚持终身学习

终身学习的概念具有一定的普适性，在校外教育领域主要体现在课程设置连贯和个人终身能力培养两个方面。例如，校外教育机构的同一类课程可尽量覆盖更多的年龄段，保障教育理念和方法的连贯性和可持续性。还应重视对个人终身能力的培养，如跨文化交流能力、人际交往能力、体育艺术特长等。这些能力可以帮助青少年积攒自己的"人力资本"，对他们将来自信地面对社会有着重要影响。

除以上四个方面之外，白俄罗斯校外教育中还有一些具体措施也具有借鉴意义。例如，白俄罗斯有着较为完善的多子女家庭接受校外教育的优惠政策。同时，白俄罗斯校外教育系统拥有丰富的国家青少年训练营资源，这些训练营主要包括夏令营和冬令营，其训练内容主要包括身体素质锻炼和科学知识学习，并以前者为主。其中一些训练营可以住宿，如儿童疗养营、休闲度假营等，很好地满足了青少年的休闲娱乐需求。

五、结语

在世界教育多元化的背景下,白俄罗斯在苏联留下的校外教育资源和模式的基础上,与欧洲标准相结合,探索出了一条有自身特色的发展道路。在立法建设方面,白俄罗斯注重对校外教育的立法保障,通过法律的形式对校外教育的内涵和外延进行了界定,同时不断出台相关的法律法规来规范校外教育。在培养定位方面,白俄罗斯强调重点发展青少年的"四个关键能力",并围绕它们对校外机构进行重整和布局。在机构运行方面,白俄罗斯的校外机构普及面很广,每三个孩子中就有一个在公办校外教育机构学习。在教育内容方面,白俄罗斯注重青少年的身体素质锻炼和社会人格养成,强调两者的均衡发展对青少年成长至关重要。由此可见,白俄罗斯在校外教育领域做出了很好的成绩,积累了宝贵的经验,能够为我国优化公办校外教育体系提供更广阔的视野,助力教育部门成为更好的政策法规制定者、校内外资源平衡者、科技潮流引导者和文化特质缔造者。

参考文献

［１］ Макаренко，А. С. Педагогические сочинения в восьми томах. Том 4. Педагогические произведения 1936–1939. М. : Педаготика，1984.

［２］ 刘万亮. 欧盟 2007—2013 年终身教育整体行动计划［J］. 世界教育信息,2005(2):8—9.

［３］ Совет Республики Беларуси. （2011）. Кодекс Республики Беларусь об образовании. https：//online. zakon. kz/Document/？ doc_id＝30926305

［４］ Министерство образования Республики Беларусь（2011）. Положение об учреждении дополнительного образования детей и молодежи. https：//adu. by/images/2023/dop/1_polog. doc

［５］ Министерство образования Республики Беларусь （2011）. Инструкция опорядке проведения республиканских мероприятий учреждениямидополнительного образования детей и молодежи с участием обучающихся. https：//adu. by/images/2023/dop/2_instr. doc

［６］ Министерство образования Республики Беларусь （2013）. Инструкция опорядке проведения республиканских образовательных мероприятий сучастием учащихся, получающих общее среднее образование, направления учащихся на международные образовательные мероприятия. https：//adu. by/images/2023/dop/3_instr. doc

［７］ Министерство образования Республики Беларусь （2017）. Об определениипорядка утверждения программ объединений по интересам с повышенным уровнем изучения образовательной области, темы, учебного предмета илиучебной дисциплины. https：//adu. by/images/2023/dop/Prikaz_ob_ytverjd_progr_gj％20interesam. doc

［８］ Министерство образования Республики Беларусь. （2020）. Программа непрерывного воспитания

детей и учащейся молодежи на 2021 – 2025 гг. https://adu. by/images/2023/vosp/programma –
vospitaniya – 2021 – 2025. pdf

[9] Нікалаева. Н. (2017). Как работает система дополнительного образования в Беларуси. https://
pravo. by/document/? guid＝12551&-p0＝W21732482p&-p1＝1

[10] Пресс-служба Президента Республики Беларусь. (2017). Система образования Республики
Беларуси. https://president. gov. by/ru/belarus/social/education

[11] Белорусский государственный педагогический университет имени Максима Танка. (2017). Льготы
при поступлении в БГПУ. https://bspu. by/abiturientu/lgoty

[12] Key competencies for Europe. Report of the Symposium Berne, Switzezland 27 – 30 March, 1996.
Council for Cultural Co-operation (CDCC). Secondary Education for Europe Strsburg, 1997.

[13] Зимняя И. А. Ключевые компетентности как результативно-целевая основа компетентностного
подхода в образовании. Авторская версия，М. : Исследовательский центр проблем качества
подготовки специалистов，2004.

疫情防控背景下日本"停课不停学"措施回顾

于　普　姉崎敬吾

【摘要】在新冠疫情防控期间,为避免学生学习的重大延误,日本文部科学省发布了一系列综合保障措施,尽可能确保学生在积极、健康的环境下实现"停课不停学"。本文以 2020 年 2 月初日本学校暂时关闭为起点,从加速完备教育信息化进程、运行居家学习指南、建立健全配套支持措施、积极关注学生和教师精神状态这几个方面,回顾了日本文部科学省全力为学生提供不间断学习条件的相关措施。本文还展示了在此期间日本校外培训机构助力学生"不停学"的主要方法,旨在为新常态下学校发展提供有益启发,为教育变革提供思路,并为关注日本教育的专家学者提供更广阔的探究视角。

【关键词】停课不停学;疫情防控;居家学习;教育信息化;日本

【作者简介】于普/匈牙利罗兰大学教育与心理学院
　　　　　　姉崎敬吾/日本常盤木学园高等学校

A Review of Japan's "Classes Suspended but Learning Continues" Measures in the Context of COVID - 19 Prevention and Control

YU Pu & ANEZAKI Keigo

Abstract: During the COVID - 19 prevention and control period, the Japanese Ministry of Education, Culture, Sports, Science and Technology (MEXT) implemented a series of comprehensive measures to avoid significant disruptions in students' learning. These measures aimed to ensure that students could continue their education in a positive and healthy environment, thereby achieving "classes suspended but learning continues". This study begins with the temporary closure of Japanese schools in early February 2020 and reviews the efforts of MEXT to provide continuous learning opportunities for students. The review covers several aspects, including the accelerated advancement of educational informatization, the implementation of home-schooling guidelines, the establishment of comprehensive support measures, and the emphasis on the mental well-being of students and teachers. Additionally, this study highlights the key methods employed by private tutoring institutions in Japan to support students' non-stop learning during this period. It aims to offer valuable insights for school development in the new normal, provide ideas for educational reform, and provide broader perspectives for experts and scholars interested in Japanese education.

Key words: classes suspended but learning continues; COVID-19 prevention and control; home-schooling; educational informationization; Japan

自 2020 年 1 月 30 日新冠疫情被世界卫生组织列为突发公共卫生事件以来,其在全球范围内的迅速传播对各国和地区的多个领域产生了深刻影响,对学校教育亦影响深远。尽管日本由于频繁的自然灾害,已经建立了较为完善和敏捷的危机应对体系,但此次前所未有的全球大流行仍导致了日本学校的暂时停摆。在未知的公共卫生危机面前,教育中断的广泛程度、频率和持续时间可能威胁到公众的受教育权。[1]尽管约 98% 的日本学校自 2020 年 6 月 1 日已重新开放,但日本各地学生仍受疫情传播形势变化的影响,面临学校临时关闭或无法出席学校课堂的挑战。为确保学生尽可能免受因新冠疫情造成的学习延误,日本文部科学省基于"不让任何人掉队"的指导理念,采取了一系列保障措施,加强维护学生、教师和家长间的良好关系,促使各级各类学生能够在积极健康的心态下,最大程度地进行全面、合理的学习。

本文回顾与梳理了疫情防控背景下,日本文部科学省针对日本中小学发布的"停课不停学"措施,并总结了此期间日本校外培训机构为支持不间断学习所采取的方法,旨在为新常态下的学习指导和教育革新提供有益参考。首先,本文概述了新冠疫情防控期间日本中小学校的状态及其确保"停课不停学"的主要举措。其次,本文详细阐述了"停课不停学"措施的具体内容,从不间断学习环境的构建、居家学习科目指南、持续学习政策保障以及维护积极教育精神状态等方面进行了探讨。再次,本文展示了该阶段日本校外培训机构为保障学生持续学习所采取的助力措施。最后,本文通过总结疫情防控期间确保日本中小学生"停课不停学"的一系列举措,对未来教育模式的进一步发展进行了展望。

一、疫情防控背景下日本中小学生教育教学概况

自 2020 年 2 月以来,日本逐步推出了应对因疫情蔓延导致学校停课的措施。为积极防范疫情可能对学生与教职工带来的感染风险,2020 年 2 月 28 日,日本文部科学省倡导自 3 月 2 日起全国范围暂时关闭中小学校。[2]日本全国大多数中小学在 3 月初停摆。[3]日本的校外教育线下课程也受到了影响。为尽可能避免学生学习的延误,日本文部科学省出台了一系列保障措施,采用更加灵活的形式应对疫情冲击下的教育教学。这些措施主要包括:发布支持各级各类学生居家学习的内容门户网站,强化信息及通信技术(以下简称 ICT)学习环境,加速"Global and Innovation Gateway for All School"(以下简称"GIGA 学校")进程,协同日本广播

协会制作和播放相应教学内容,以及互联互通各大书籍供给网络平台,尽可能实现"停课不停学"。此外,校外培训机构也采取了多种措施,为不间断学习环境的推进提供了强劲动力。

随着日本紧急状态的解除,各地学校逐渐恢复线下教育,截至 2020 年 6 月 1 日,99%的公立学校已经复学。[4]但受新冠病毒感染力变化的影响,学校仍面临随时中止线下活动的考验。此外,学校还需妥善处理因新冠疫情影响无法正常参与线下课程的学生和教职员工的问题,因此需要更加精巧、动态的应对举措。日本文部科学省进一步加强了人力、财力和物力的支持,以满足新常态下学校复课和学生不间断学习的需求。特别是全面强化教育信息及通信技术系统,切实保障学生"停课不停学"的基本权益。这些措施也为"社会 5.0"生存法则的深入推进奠定了基础。日本文部科学省对全国范围内中学(959 所)和小学(3 099 所)的调查结果显示,在学校暂时关闭或学生暂停出席学校期间,86.8%的中学和 87.4%的小学通过 ICT 终端对学生进行了学习指导。其中,使用同步交互式网络会议系统的程度最高,其次是数字教材的利用。[5]此外,部分校外培训机构及教育科技公司在疫情防控期间向学生免费提供多元化学习课程与资源,并向学校及其他校外教育机构供应并共享优质在线教育教学和管理平台,成为助力"不停学"的重要力量。

同时,为保护特殊时期学生和教职工的心理健康,日本文部科学省通过与学校、教师、家长和相关组织合作,积极跟进对学生心理健康的指导和检查,防范自杀,识别虐待迹象,并帮助消除由新冠疫情引发的偏见和歧视;[6]同样,教师的心理健康也受到积极关注,从而确保教育管理的科学有序运行。[7]

二、不间断学习环境的推进与深化

超智能社会进程通过技术创新和资源优化,为实现不间断学习环境提供了多方面的动力支持。信息与通信技术的灵活应用为生活在"社会 5.0"时代的儿童提供了优化、个性化和创造性学习的有力支持,同时也有助于缩小不平等差距。[8]在《第五期科学技术基本计划(2016—2020)》中,日本首次提出了超智能"社会 5.0"概念,[9]强调智慧环境的建设和信息化技术的运用,旨在打造数字世界与现实条件密切融合的新体系。日本前首相安倍晋三强调,连接和驱动一切的不再是资本,而是数据。[10]数据驱动的"社会 5.0"将成为新的现实。在这一蓝图下,智慧集成将大力推进不间断的学习环境,加快建设更具灵活性、创造性和个性的教学模式。同时,它还致力于打造更加卓越的教务环境,创设更公平的教育条件,为积极培育学生的现代化生存素养与能力提供充足的技术支持。

新冠病毒的大流行使不间断学习环境变得尤为迫切,日本加速了 ICT 学习环境的构建与推进。要实现信息与通信技术在教育领域的有效应用,除了完备的硬件条件外,还需要应用意愿与共识的达成。疫情前的一项调查显示,日本课堂对数字设备的使用时长在经合组织成员国中排名最低,且各地区学生的计算机拥有率存在很大差异。例如,佐贺县的计算机拥有率最高,平均每 1.9 人一台;爱知县最低,平均每 7.5 人一台。全国平均水平为每 5.4 人一台,与 2018 年每 5.6 人一台的调查结果相比,虽然有所改善,但没有显著进展。[11]新冠疫情的暴发迫使学生及教职工暂停线下课程,这催生了对更便捷的数字教材、更灵活的信息化教学环境和更变通的教务工作的实际需求,并随着疫情的反复无常而愈加活跃。为此,日本文部科学省加速完备全国范围内的教育信息化进程,尤其是"GIGA 学校"的提速推进,并通过发布居家学习基本指南网站,建立健全相关配套措施,全力保障不让任何孩子掉队,实现"停课不停学",同时开通了更便捷的教务环境。

(一)加速完备教育信息化进程

日本文部科学省通过积极完备 ICT 教育环境并加速推进"GIGA 学校",确保了学生和教师在无法出席学校的特殊情况下也能通过信息通信技术持续学习。2020 年 6 月 9 日,日本文部科学省就建议学生与教师积极使用 ICT 实现不间断学习提供了全面指导,指出充分利用 ICT 和开展远程教育是确保紧急状况下持续学习的有效手段。随后,学校被要求立即调查和确认各学生家庭的网络通信环境。依据对全国情况的掌握,文部科学省通过联系供应商并协同专家咨询,对地方政府推进 ICT 教育环境进行指导,特别确保了毕业年级和经济困难家庭的技术和财政支持,[12]旨在打造一个让每个孩子都能免受时间和距离限制的不间断学习环境,实现"停课不停学"。最新调查结果显示,在日本疫情防控期间,大约 85% 的中小学生在暂停出席学校时通过 ICT 保持了不间断学习。[13]

"GIGA 学校"构想的加速推进,最大程度上维持了网络教学系统的运转。2019 年 12 月,日本文部科学省提出了"GIGA 学校"构想,[14]旨在确保为每位日本公立中小学生配备一台连接高速网络的计算机。该构想的目标是为生活在"社会 5.0"时代的学生创造更优化的教育情境,深化电子学习的范围与效率,并促进教育公平。同时,这一举措还期望为日本孩子社会生存能力的培养和潜能的开发提供良好的前景,并为学校教务工作质量与效能的提升提供机遇。[15]该举措原本计划于 2023 年之前实现,但新冠病毒的大流行加速了"GIGA 学校"的进程。日本文部科学省将 2021 年 4 月 3 日称为"GIGA 学校"运行的起点,标志着日本公立中小学生每人拥有一台计算机,实现不间断学习的正式发端。依据日本文部科学省对全国范围中小学生移动终端(如平板、笔记本电脑)使用情况的调查结果显示,截至 2021 年 7 月下旬,全国 84.2% 的公立小学和 91% 的公立中学在所有年级使用了终端,而 11.9% 和 5.5% 的公立小学和中学则在部分年级使用了终端。[16]信息及通信技术在教育系统的应用,是在特殊时期维持相对稳定教学环境的可行手段,是实现教育资源共享互通的有效路径,也是对时代变革的必要响应。

（二）上线"学习支持"勉励居家学习

"学习支持"网站的发布成为学生居家自主学习的主要向导之一,在一定程度上防范了学生因无法参加线下课程而导致的学习延误。2020年3月2日,日本文部科学省面向全国所有学段学生发布了居家学习门户网站,教师和家长也有专门的访问入口。该门户网站主要包括自主学习指导模块和学校教学科目学习指导模块。该网站的上线为居家学习方案提供了总体思路,担任了自主学习中的重要角色。下文将对中小学校主要教学科目的学习指导模块进行概述,以期呈现居家自主学习的基本指导理念。该模块针对各学段,基于教学科目为指导单位,提供了多元化电子教材与平台,并进一步拓展了资源获取途径。通过与日本主要书籍收藏库的互联互通,学生可以利用开放的链接扩充信息收集。此外,该模块列出了日本广播协会推出的各学科教育电视节目与系列网络课程,尽可能为保障学生的"不停学"提供了条件。

对语言科目(日语、外语)的指导,以教科书为依托,其他数字书籍、报纸、杂志、音频、视频和网址等为补充教材。这为学生的听、说、读、写训练提供了丰富的资源,同时也为学生思维、判断、表达能力的培养以及对语言文化的理解搭建了优质平台。对"数学"和"科学"的指导,指示学生主要基于教科书进行回顾和练习,以深化并探索学科内容。对于"视觉艺术"和"音乐"的学科指导,主要通过网站上传送专题讲座与课程视频的方式,提升学生的欣赏力,并培养学生制作或表演相关作品的技能。对"家政与技术"课程的指导,旨在通过教学知识,深化学生对生活技能的应用并改善生活方式。同时,对中学生提出了从社会和经济学角度更高的技术运用与思维活动要求。"特别活动"侧重于学生的家庭角色确认,以及制定生活和学习目标,并提高解决问题的能力。实际上,"特别活动"不属于一门学科,但归属于中小学课程范畴,被视为日本学校教育的支柱。通过促进全童发展,它成为学业成就提升的必要支持。[17]根据2017年日本发布的《学习指导要领》,2020年是日本小学新一轮课程改革的开始,全国小学编程教育成为必修课。因此,该模块下的学习指导为了确保编程教育的连续性,积极提供了专门链接到以小学为中心的编程教育门户网站。该学习支持网站目前已被规划为终身教育类别中,其内容仍在不断更新和丰富,为后续的不间断学习模式的多样性与灵活性奠定了基础。

（三）健全配套措施保障"不停学"

考虑到新冠病毒的长期影响,日本文部科学省相继出台了一系列配套措施,切实保证"停课不停学"的稳步运行。尽管日本各地学校的线下课程基本恢复,但仍因病毒威胁存在学校暂时关闭以及教师和学生暂停出席的情况。为保障学生的安全、健康和不间断的学习,文部科学省在政策优惠、人力保障和资金供给等方面提供了极大的支持。

从上课形式来看,文部科学省积极建议各级各类学校合理采取错峰上课,并重新设计课时,防止拥挤的教学环境,避免课程的延误。本文作者之一任教的高中将每节课时长由50分钟减少到35分钟,并在周六安排上课和缩短长假,为学生提供尽可能多的教育机会。为了全方位打通学生"停课不停学"的渠道,无法参加线下课程的同学被允许将 ICT 终端带回家,通过实时同步互动网络会议和开展家庭学习指导,确保学习的连续性。教师需要基于教科书为主的指导教材,结合各地区、学校和学生的实际情况,远程掌握并跟进学习动态。在财政支持方面,日本文部科学省通过对特殊家庭学生提供费用补贴、减免、延期支付或奖学金支持等灵活措施,尽可能缩小不平等差距,力求不让任何孩子掉队。同时,为支持学生的"不停学",日本文部科学省对教职工调配方案进行了优化,提出由班主任或副校长暂时接替无法出席课堂教师的岗位继续教学。建议学校通过与教育委员会合作,确保临时教师的可行性调动。[18]此外,文部科学省根据各地区的情况,大规模招募符合条件的退休教师、补习班教师、大学生、教育相关的非营利性组织工作人员和社区工作人员,任命为各学校的补充教师或指导员,为课程的顺利开展提供了有力的人力保障。[19]

(四)关注精神健康助力健康教学

日本文部科学省除了确保学生在特殊时期尽可能不延误学习进程外,还特别关注学生和教职工的精神健康。新冠疫情感染力的反复变化对原本相对稳定的教学场所、时间和形式带来了挑战,并对学生和教职工的精神层面造成了冲击。为此,自新冠病毒大流行起,日本文部科学省陆续发布了一系列针对性指南,支持学生保持积极健康的精神状态。文部科学省主要从三方面积极掌握与评估学生心理健康状况:要求学校与教师定期与家长联系,并促进家长的监护;设立 24 小时紧急求助窗口,帮助因新冠疫情遭受压力、欺凌与偏见的儿童;加强网上巡逻,特别是针对在此特殊时期遭受非公正对待而拒绝上学的学生。此外,文部科学省还发布了关于预防儿童自杀的指南,[20]调查显示 18 岁以下的自杀人数趋于增加,尤其是在长假结束前。[21]在疫情影响下,教职人员也经历着与过去不同的工作环境。文部科学省发布了特别通知,重点关注教职人员的工作量,支持其实现更为灵活的教务环境,[22]以确保教学系统的全面、稳定和和谐运转。

三、校外培训机构共同助力"不停学"

在新冠疫情防控期间,日本各校外培训机构通过不同措施保障学生的学习连续性,成为支持日本中小学生"不停学"的重要组成部分。自 2020 年 2 月日本决定暂时关闭学校后,日本校外培训机构也被要求暂停线下课程,各地区各机构的授课形式也因病毒感染力的变化需要随之调整。例如,一些机构迅速转向在线授课模式,利用数字平台提供远程教育服务。日本各校外培训机构与教育服务公司相继推出了一系列基于 ICT 环境的措施,保障学生不间断学习,对维护日本"停课不停学"进程起到了重要作用。日本全国补习学校协会在新冠疫情期间对日本 36171 名家长的调查结果显示,80％以上的家长对孩子参与课外补习持积极态度。[23]校外培训机构除了及时启动在线课程推进教学进度外,还有诸多校外培训机构以及教育科技公司主动发起并组织公益性行动,通过免费供给多元化在线教育资源与服务,[24]切实优化了学生学习资源的获取途径。例如,让学生免费申请使用账号以获取内部课程资源,[25]以及对学校和其他课外补习机构的教育服务权限及应用系统的免费供给。[26][27]这些举措拓展了更多样的学习资源获取通道,创造了更便捷、高效的教育教学沟通环境。

日本校外培训机构通过技术赋能,积极把握并推广更加个性化、灵活、多样的线上教学模式,为在线学习指导与服务的推进提供了有力支撑,并注入了动力以保障学生"不停学"。随着日本对"GIGA学校"构想的日益推进,学生电子学习设备不足的问题逐步得到解决。此外,日本各校外培训机构基于其办学理念与特点,利用较为灵活的运行系统,在实现"不停学"方面积极利用各类物力资源,特别是在线上教学载体的创新与推广方面。这些措施为实现个性化的持续学习环境创造了有利条件。新冠疫情大流行对学校与校外培训机构的教学模式产生了深刻影响,并在一定程度上促进了校内教育与校外教育的交流与合作。例如,日本横滨市的一家校外培训机构在学校暂时关闭初期,通过对学校和其他校外培训机构提供直播课程分发系统,[28]弥补了缺乏技术研发团队和其他企业支持的技术缺位,保障了各单位在线课堂的有效启动和科学管理。

四、结语与展望

在学生和教师暂时无法出席学校期间,灵活调整学习时间和场所是保障学生持续学习的有效措施。自新冠病毒大流行以来,日本文部科学省积极而迅速地全面部署综合配套措施,尤其是推进信息通信科技在教育系统的应用。其目的是确保学生在学校暂时关闭或无法到场线下课堂时,仍能不间断地学习,致力于不让任何孩子掉队,并争取更加优化、便捷的教务环境。同时,日本校外培训机构在疫情防控期间通过对线上教育的技术赋能,深化了"不停学"资源的获取与平台的运行保障。此外,日本此次在线教育的广泛实践,为线上教育与线下教育的融合发展提供了契机,为未来高度集成的虚拟和现实空间社交系统下的学习模式发展奠定了基础。最后,日本校外培训机构在此期间通过分享与推广优质教育教学资源与平台,深化了学校与校外培训机构的交流。然而,如何保持数字教育技术的优势,促进智慧教学的新方向,发展多样化教学模式的协作交融,并避免产生新的数字鸿沟,仍是需要不断进取的目标。

新冠疫情的蔓延加快了日本教育信息化进程,尽管这一过程极具挑战,但也带来了新的契机。居家学习配套措施的盛行固然受到新冠病毒大流行的影响,但随着全球化和信息技术带来的社会变革,超越时间与空间限制的远程教育成为大数据时代知识载体和媒体变革的自然体现。诚然,学生、教职人员和家长对电子教育教学的接受均需要一定的磨合空间,无论是课堂的线上转移还是通过电子资源居家学习,不仅需要观念、技术、心理的调整和过渡,还对学习的有效性提出了考验。然而,学生作为学习的主体,远程学习过程在很大程度上为其提供了更大的学习自主权。这为信息素养、独立思考、自我计划和创造性思维能力的养成与实践提供了更多可能,尤其对未来更加灵活的教育网络的适应能力提供了空间。

同样,教职人员也首次直面如此独特的经历。常态化的远程学习不仅要求教师熟练掌握和应用信息通信技术,还需要其突破以往的授课模式与策略。这不仅助力了教师素养的更新与能力的深化,但也在某种程度上增加了教师的工作强度。然而,教育信息化同时也便捷了教师日常任务的传输渠道,拓宽了优质资源共享平台,扩大了先进教育理念交流的路径。这为日本迈进教育"社会5.0"奠定了基础。另外,确保为每位学生配置一台计算机的"GIGA学校"构想的加速实现,在一定程度上是促进日本教育公平的有效手段。然而,日本各地区的数字鸿沟存在已久,在线互动教室对家庭条件较好的学生来说早已不再是新鲜事。"GIGA学校"的实践为经济困难的家庭提供了更多机遇,如何有效运用这些资源是缩小教育不平等的关键措施。

在线教育的广泛实践为推进日本"人机共育"新格局提供了契机。藤川大祐评价了日本远程教育推进的障碍,[29]他指出,除了硬件因素的困境外,实现全方位在线学习的另外一个阻力是公立学校的情感意识更推崇"面对面至上"的教育文化理念。然而,电子学习的兴起打破了停课便停学的逻辑,在很大程度上避免了学习进展的延误。新冠疫情的蔓延尤其促进了日本ICT学习环境的完善和"GIGA学校"构想的加速推进,最大程度保障了学生在特殊情况下也能通过网络进行学习。截至2021年7月,日本全国96.1%的地区实现了为公立中小学生每人配置一台计算机,并维护了ICT教育环境。通过数字教育的有效开展,日本公民改变了对远程教育的看法。这一观念的转变为日本未来教育方式的多样性与持续革新奠定了基础,也为线上教育与线下教育的融合发展提供了契机。

"人机共育"教育格局的有效性仍需以人为主。确实,就知识传播而言,网络便利性的最突出特点是互联互通,打破了时间和空间的限制,同时具有低成本优势。然而,技术并非灵丹妙药,网络教育教学环境的完备并不等同于有效教育的实现,开展"人机共育"教育格局的关键还在于人。实现有效的信息化教育,对教师提出了科学合理调控课堂结构和引导课堂文化的新要求。教师不仅需要对教学环境进行灵活调配,掌握更先进的技术技能,还需要积极激发非面对面课堂中学生学习的能动性,引领基于技术却超越技术的"以人为本"育人价值。另一方面,数字环境的地区差异性导致的信息化教育掌握程度的鸿沟,可能会进一步加剧教育不平等。教学系统范式的革新与推进需要时间,这是一个与时俱进的往复实践与反思循环的过程。未来教育新格局的有效开展,仍然在于人。

探索校内外教育协同育人的新方向。日本校外培训机构在疫情防控背景下,通过进一步开发、应用与推广在线教育资源与平台,促进了校内外教育协作发展的新目标。校外培训企业通过技术赋能,提供优质教育服务和多元化电子平台,有力推进了数字课堂的有效实施与管理,为"不停学"提供了充分保障。此外,校外培训机构为学校线上教育提供了重要渠道,为校内外教育的协同发展指明了新的方向。在日本生存力教育推行过程中,实现紧跟时代前沿的个性化教学,需要更多元化、创新性和特色鲜明的资源与条件。日本校外教育环境存在已久,尤其强调对个性化教育需求的满足。尽管校外培训机构存在行业乱象问题,这确实引发了对其教学有效性的思考。然而,在这一特殊阶段,许多日本校外培训机构依托多样的物力资源以及先进的技术和经验,通过多元化平台和资源的及时供给与共享,尤其为缺乏丰富在线教育经验的学校提供了强劲的动力与支持。这为校内外教育协同发展提供了新的视角。

参考文献

［1］ UNESC0. 290 million students out of school due to COVID - 19: UNESCO releases first global numbers and mobilizes response［EB/OL］［2022 - 4 - 29］.

［2］ 日本文部科学省.新型コロナウイルス感染症対策のための小学校,中学校,高等学校及び特別支援学校等における一斉臨時休業について(通知)［EB/OL］［2022 - 5 - 10］.

［3］ 日本经济新闻.全国の小中高、3月2日から臨時休校要請首相［EB/OL］［2024 - 5 - 24］.

［4］ 日本文部科学省.新型コロナウイルス感染症に関する学校の再開状況について［EB/OL］［2024 - 5 - 24］.

［5］ 日本文部科学省.新型コロナウイルス感染症の影響による臨時休業期間中の学習指導等に関する調査＜結果＞［EB/OL］［2022 - 5 - 3］.

［6］ 日本文部科学省.新型コロナウイルス感染症に対応した小学校,中学校,高等学校及び特別支援学校等における教育活動の再開後の児童生徒に対する生徒指導上の留意事項について(通知)［EB/OL］［2022 - 5 - 3］.

［7］［22］ 日本文部科学省.新型コロナウイルス感染症への対応に伴う教職員のメンタルヘルス対策等について(通知)［EB/OL］［2022 - 5 - 3］.

［8］ 荻生田光一.子供たち一人ひとりに個別最適化され、創造性を育む教育 ICT 環境の実現に向けて［EB/OL］［2022 - 5 - 4］.

［9］ 日本内阁.科学技術基本計画［EB/OL］［2022 - 5 - 11］.

［10］ Prime Minister of Japan and His Cabinet. Toward a New Era of "Hope-Driven Economy": the Prime Minister's Keynote Speeach at the World Economic Forum Annual Meeting［EB/OL］［2022 - 5 - 13］.

［11］ 日本文部科学省.新時代の学びを支える先端技術活用推進方策［EB/OL］［2022 - 5 - 14］.

［12］ 日本文部科学省.新型コロナウイルス感染症への対応に伴い土曜授業等を実施する場合における週休日の振替等の適切な実施及び工夫例等について(通知)［EB/OL］［2022 - 5 - 13］.

［13］［16］ 日本文部科学省.端末利活用状況等の実態調査［EB/OL］［2022 - 5 - 13］.

［14］ 日本文部科学省.GIGAスクール実現推進本部について［EB/OL］［2022 - 5 - 13］.

［15］ 荻生田光一.子供たち一人ひとりに個別最適化され、創造性を育む教育 ICT 環境の実現に向けて［EB/OL］［2022 - 5 - 13］.

［17］恒吉僚子.特别活动面面观［EB/OL］［2022-5-7］.

［18］日本文部科学省.新型コロナウイルス感染症に対応した持続的な学校運営のためのガイドラインの改訂について（通知）［EB/OL］［2022-4-29］.

［19］日本文部科学省.Education in Japan beyond the crisis of COVID-19［EB/OL］［2022-5-14］.

［20］日本文部科学省.新型コロナウイルス感染症に対応した小学校,中学校,高等学校及び特別支援学校等における教育活動の再開後の児童生徒に対する生徒指導上の留意事項について（通知）［EB/OL］［2022-5-14］.

［21］日本文部科学省.新型コロナウイルス感染症対策のために小学校、中学校、高等学校等において臨時休業を行う場合の学習の保障等に ついて（通知）［EB/OL］［2022-5-11］.

［23］月刊私塾界.学校休校に関する保護者アンケート調査結果について［EB/OL］［2022-5-14］.

［24］月刊私塾界.教育ICT無料提供増える［EB/OL］［2024-5-24］.

［25］月刊私塾界.AI×アダプティブラーニング「すらら」新型コロナウイルス影響による休校中の学習に対応［EB/OL］［2022-5-11］.

［26］月刊私塾界.楽天、新型コロナウイルス対策における一斉臨時休校を受け、児童向け英語教育サービス「Rakuten ABCmouse」を法人向けに期間限定で無償提供［EB/OL］［2024-5-24］.

［27］月刊私塾界.新型コロナウイルスによる休校措置の学習塾へ授業支援システム無償提供［EB/OL］［2024-5-24］.

［28］月刊私塾界.エドベック 学校・民間教育機関向けライブ授業配信システムをリリース［EB/OL］［2022-5-13］.

［29］藤川大祐.新冠疫情和学校教育:在线学习的可能性及其课题［EB/OL］［2022-5-10］.

交叠影响域理论下日本课后服务的家校社共同体建设路径与启示

屈 璐

【摘要】家庭、学校与社区协同育人，是当前教育界的重要议题。家校社教育共同体的建设是围绕三者协同关系构建与博弈的进一步探讨。基于爱普斯坦等人提出的家庭、学校与社区伙伴关系的交叠影响域理论，本文立足日本课后服务发展历程，在理论上建构基于"学校中心""学社结合""学社融合"的三个重要时期的关系模型，在实践中总结"一核驱动、两翼协作、三位一体"的日本课后服务的家校社共同体建设路径，重新反思当下对我国课后服务的家校社共育的启示。

【关键词】家校社共同体；交叠影响域理论；课后服务；日本

【作者简介】屈璐/四川省教育科学研究院

【特别说明】本文系四川省教育科学研究院 2019 年度院立博士课题"四川省中小学课后服务现状调查及政策完善研究"的阶段性研究成果

The Construction Path and Enlightenment of the Family-school-Community Partnership in Japan' After-school Service under Overlapping Spheres of Influence Theory

QU Lu

Abstract: The cooperation among family, school and community is an important issue in the current educational circles. The construction of family-school-community educational partnership is a further discussion around the construction and Game analysis of the cooperative relationship among the three. Based on Epstein's Overlapping Spheres of Influence Theory of family-school-community partnership and the development process of after-school service in Japan, this paper analyzes the typical phased relationship characteristics of three developing stages, "school centered" "school-community combination" and "school-community integration" periods. In theory, a new type of family-school-community partnership is constructed, and in practice, the path of Japan's after-school service of family-school-community partnership is summarized as "one core drive, two wings cooperation and three elements in one".

Furthermore, the current enlightenment on the family-school-community partership of after-school service in China will be rethinked.

Key words: family-school-community partnership; overlapping spheres of influence theory; after-school service; Japan

　　家庭、学校与社区协同育人,建立"儿童成长本位"的现代教育制度大格局,是 20 世纪以来世界教育改革的一个历史大势。儿童的成长不是仅发生在课堂和学校围墙之内,而是应该将其纳入一个可以战略性、组织性整合家庭、社会力量的更大的教育系统,[1]而家校社教育共同体的建设正是围绕学校、家庭、社会三者协同关系构建与博弈的进一步探讨。本文将以日本课后服务为切入点,深入研究家校社三者应该建立何种协同关系以及如何协同的问题。在交叠影响域理论视角下,探讨并构建日本课后服务的家校社关系理论模型和实践机制,以期为我国课后服务的家校社共育提供理论视角及实践经验。

一、交叠影响域理论视角下日本课后服务的家校社关系变迁

　　交叠影响域理论由美国科学家爱普斯坦提出,强调在儿童的学习和成长过程中存在的三个主要背景:家庭、学校和社区,三者关系变化可以单独或者共同对儿童产生交互叠加的影响。[2]这种新型关系影响下建构的外部模型强调家庭、学校和社区三者之间的叠-离关系,根据活动的条件、性质等差异,既可以相互合作,也可以相互分离,以最大限度地利用各方资源,发挥教育合力。[3]日本课后服务的家校社关系变迁历经萌芽、发展与联动三个重要时期,呈现出动态叠-离的关系变迁。

(一)萌芽时期的"学校中心"论

　　日本课后服务的出现可以溯源到 1869 年明治政府要求地方行政机构创办小学校,进而现代学校教育制度产生课内与课外的区分,[4]学校教育从大教育中分离出来的标志,成为了相对于松散的家庭教育和社会教育而言一种较为严密的教育方式与阶段化的产物。[5][6] 1907 年到 1917 年间,村田宇一郎与田子一民提出"以学校为中心"的区域与社会改进理论,次年,文部省首次提出社会教育的概念,更加清晰地描绘出学校教育与社会教育的边界,课后服务在空间与时间上与学校教育分割开来,可以视为学校外教育形式的雏形。1938 年,负责社会福利与劳务等事项的日本厚生省成立,明确提出针对贫困家庭的儿童提供保育服务以及在保育园内针对儿童实施离园后的照顾服务,并由内务省所属的救护科针对学龄儿童开展儿童保护措施中的课后照顾服务,[7]明确在学校以外进行课后服务支援。1947 年,日本《儿童福利法》颁布,规定厚生省管理的"放学后儿童健全育成事业"(后称"放学后儿童俱乐部")作为儿童馆的一项基本机能,由地方提供放学后让儿童活动的福利设施,为监护人因工作等原因白天不在家的 10 岁以下小学儿童提供妥善的游玩及生活场所。育儿支援事业中的市町村、都道府及国家都

有责任落实放学后儿童健全育成事业、育儿短期支援事业等政策的实施，充分利用儿童馆设施提供集体及个别的指导、放学后儿童的辅导、母亲俱乐部等服务，通过地区组织的形成、家庭育儿交谈的倡导等多种形式活动来保障地区儿童的福利。[8]1949年，日本《社会教育法》颁布，规定市町村教育委员会有义务在学校课程结束后或休息日期间，在学校、社会教育设施等妥当的环境中，针对学龄儿童及学生提供学习等活动，建立起地区居民与学校的协作联动机制，[9]至此确立了社会教育作为学校教育以外的教育形式对于青少年活动开展的法律地位与责任。

这一时期，日本课后服务处于萌芽状态，其形式主要由厚生省针对贫困及低龄儿童展开，具有较强的福利性与公益性。虽然《教育基本法》《儿童福利法》《社会教育法》三部重要的法律文件中都明确提出了学校教育之外，社会教育与家庭教育的法律职责与责任定位，但以民生保障为主要形式的课后服务，其功能更多地停留在场地设施的提供与保障上。此外，由于受到"学校中心"理论的影响，学校的中心位置影响明显，家校社三者关系模型呈现"离散型的支援模式"，即家庭和社区主要围绕学校主体开展支援式服务，两者如学校的"两翼"处于对学校的支持与保障关系中（图1）。

图1　课后服务萌芽时期"学校中心"的家校社关系建构模型

（二）发展时期的"学社结合"论

20世纪70年代以后，伴随经济高速发展以及新自由主义思想的影响，外出务工父母数量不断增加，放学后只得自行归家的"钥匙儿童（かぎっ子）"数量激增。[10]城市化与产业结构的调整更是无声地改变着学校与地区的关系，社区对于个体的影响力和牵制力都在不断下降，对于学校的辅助功能也随之弱化。1971年，社会教育审议会报告《关于应对社会构造急速发展的社会教育》与中央教育审议会报告《关于今后综合扩充学校教育的基本策略》发布，分别站在社会教育与学校教育的角度提出了必须基于终身教育理念重新认识学校教育与社会教育的关系、机能和意义。两个报告都提出了"学社结合"的理念，并认为青少年的教育不仅仅应由学校承担，而应该建构家庭、学校和社区之间有机结合和协调统一发展关系。[11]1972年，日本提出了"宽松教育"和"学校周休五日制"的基本想法，旨在通过减少校内学习时间、创设宽松空间等理念，逐渐将学校重心向校外空间扩展。[12]1974年社会教育审议会的《关于针对在学青少年的社会教育——家庭教育、学校教育和社会教育的结合》报告、1985年文部科学省的《学校教育中学校与家庭、社区的联合》通知以及1987年日本临时教育审议会的《振兴社区终身学习体系》文件，均提出通过家庭、学校、社区三者之间的结合，发挥家庭、学校与社区各自教育功能。[13]伴随学校内时间的缩减以及放学后"钥匙儿童"事故率明显增多，家长对儿童保育的需求量陡然增加，儿童馆的实施空间已经无法全面满足社会对于儿童保育的需求。[14]1994年，文部省、厚生省、劳动省以及建设省共同发布了《关于今后支援育儿措施的基本方针》(也称"天使计划"),明确提出通过出台政策来解决因为育儿而导致的家庭与职场之间无法取舍的两难局面,建立起社会育儿的新型支持体系,在完善育儿环境设施、对儿童教育给予更多支援等方面出台具体方案。[15]

这一时期,日本课后服务伴随着经济高速发展以及新自由主义思想影响进入了需求激增的快速发展阶段,课后服务的功能主要定位在了缓解和回应家长对于儿童保育的现实需求上,具体表现在学校运营以及社会教育资源之间的双向开放与设施利用上。此外,在"学社结合"理论以及系列政策的影响下,"学校中心"的思维方式被基本摒弃,家庭和社区更多被定义为学校空间拓展范围以及项目合作对象,强调有机结合、协调统一与平等互助,家校社三者关系模型呈现"组合型的合作模式"(图2)。

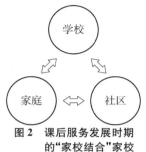

图2　课后服务发展时期的"家校结合"家校社关系建构模型

(三) 联动时期的"学社融合"论

"学社结合"的提出使家校社三者关系产生了一定的合作连接度,但在实践中并未充分体现紧密的关系。基于此,1995年,文部省发布了《关于改善国立青年之家、少年之家的调查报告》,首次提出"学社融合"的基本目标,明确学校和学校之外的教育不再局限于在分别承担各自的职责基础上的彼此结合,更需要两者在相互重叠中的不断融合,实现"双赢互惠",真正做到"学""社"一体化。[16]"学社融合"是基于"学社结合"理念的升级版,1997年,文部科学省在《教育改革计划》中,将学校、家庭与社区的广泛合作作为教育改革的必要手段。[17]同年,课后服务项目"放学后儿童健全育成事业"伴随《儿童福利法》的修订,在法律层面明确对于小学阶段由于家庭原因放学后无人照看的孩子,可以通过利用学校空余教室以及学校外的儿童馆、公民馆等场所,提供相应的放学后游玩和活动。2001年,修订的《社会教育法》明确指出在市町村政府条件允许的前提下,学校和社会教育机构应该在放学后或节假日保持开放,为学生提供必要的学习空间和活动场所,[18]将学校的场地归属于社区的整体范畴之中。2006年《教育基本法》和2008年《社会教育法》的重新修订,进一步明确了国家和地方相关部门为家庭教育提供支持和促进学校、家庭及其他主体间合作的责任,[19]强调寻求家校社的协力以达到"地区共生",增强社会教育行政支援教育的功能,逐渐弱化学校与地区、学校与地区居民之间的壁垒。[20]尤其是2007年文部科学省和厚生劳动省联合制定的"放学后儿童计划"政策的实施,打破了教育行政与福利部门之前各自为政开展课后服务的壁垒,统合课后服务实施场所、服务人员、参与对象、实施模式等差异性要素,有效利用放学后及休息日开展学习、体育、文化和艺术类的活动,在校内外的全空间内为儿童营造一个可供学习及游玩的安全健康场所,为其后对文部科学省设立的"放学后儿童教室"与厚生劳动省设立的"放学后儿童俱乐部"一体化管理打下了坚实的基础。[21]

这一时期,日本课后服务伴随着区域教育力量的活用与提升以及教育与福利部门的合作与协力进入了实质联动阶段,课后服务的功能也随着行政部门的一体化推进兼具普惠性与教育性的双重功能,通过资源有效整合建构了家校社一体化共育的典型模式。此外,在"学社融合"理论的影响下,家校社三者之间的实质联动展现出"我中有你、你中有我"的融合状态,三者关系模型呈现"融合型的互补模式"(图3)。

图3 课后服务联动时期"家校融合"的家校社关系建构模型

日本课后服务下家校社三者的关系变迁,可以概括为一个动态发展且逐步由"离"到"叠"的动态过程。诚然,伴随"学校中心""学社结合""学社融合"思想的流变,三者的关系演绎为"离散—组合—融合"的关系结构与"支援—合作—互补"的关系模式变迁是一种相对理想化的关系模型建构,在此过程中三者的角色也存在相互间的博弈,且在不同时期出现"离"中有"叠"、"叠"中有"离"的情况,但总体而言,因受到经济发展、法律约束、政策引导、理论流变等多元因素的影响,家校社三者关系整体呈现出走向聚合的协同关系理论模型。

二、交叠影响域理论视角下日本课后服务的家校社共同体建设路径

交叠影响域理论观点认为,家校社三者新型伙伴关系的建构是一个多方受益的联动机制,各方充分意识到家校社对于儿童成长的责任与利益关切,不仅有利于改善学校教学、帮助教师工作、提高家长的技能和领导能力、联结社区内的人员,更有益于帮助儿童在学校与未来生活中取得成功。[22]诚然,日本课后服务的家校社共育在经历了半个多世纪的发展后取得了一些阶段性成效与经验,形成了以学校、公民馆、儿童馆三处为实施场域的课后服务典型样态。尤其是以学校为空间场域的课后服务开展,其实践机制有助于为我国更好构建家校社共同体提供政策及实践参考依据。

(一)"一核驱动":政府主导的统合管理

从日本课后服务的家校社三者关系构建发展历程与实践现状来看,无论是法律条文还是系列政策均由政府高位推动以保障家校社的共同参与,法律政策的统合使得课后服务的实施过程既不单一地依靠学校,也不全权委托校外机构来承担,而是通过政府主责整合学校与社区双方的力量,构建起一个教育共同体,从而形成家校社融合的新型模式。[23]此外,日本课后服务家校社共同体协同推进管理模式的成功还得益于政府统合下的部门协同,从福利部门的"放学后儿童健全育成事业"到教育部门的"放学后儿童教室推进事业",再到两部门协同推进的"放学后儿童计划",教育部门与福利部门"有分亦有和"的行政协作有效降低了财政支持及资源分配方面的不均衡、不协调乃至重复浪费,[24]解决了因为无法落实到实体部门而造成的

管理边界不清与资源重叠的难题,各有侧重地保障了课后服务有针对性、有目的性、有协同性的开展与实施,呈现出"自上而下、各司其职"的特点。[25]由此可见,家校社协同模式的构建不仅需要家庭、学校、社区三者的协同配合,课后服务的准公共教育服务性质决定了其更需要政府作为主导角色的行政力量推动,保证课后服务有序运行的规则体系。经过十余年的探索,加强学校和社区的融合已经成为日本中央及地方政府共同解决课后服务问题的有效途径。

(二)"两翼协作":因地制宜的特色实施

日本课后服务项目已成为全国性推进项目,2018年文部科学省与厚生劳动省再次联合制定"新放学后儿童综合计划"的五年实施规划,提出2021年末儿童的容纳量计划达到25万的愿景目标,计划在所有的小学校区内推进"放学后儿童俱乐部"和"放学后儿童教室"的一体化事业,其中,"放学后儿童俱乐部"在小学的实施率达到80%。[26]但更值得关注的是在推行过程中日本课后服务仍延续区域教育思想发展的理念,鼓励各地按照本地的实际组织计划实施方案,[27]最大程度利用地区资源减少可视性差距,尽量减少制度统合而造成的结构性差异风险。以日本牛久市课后服务为例,牛久市教育委员会采用整合方式,在行政管理方面,将原归属于福利部门的"放学后儿童俱乐部"项目并入教育委员会,并在教育委员会下单独成立"放学后对策科"行政机构,负责"牛久市儿童俱乐部""牛久市放学后河童塾"两项全国性的推进项目以及地区首创的"牛久市星期六河童塾"三个课后服务项目(表1)的计划、协调、管理与监管。在项目实施方面,牛久市课后服务项目在落实儿童放学后的辅助性活动与学习性支援以外,首创的"牛久市星期六河童塾"更是利用周末时间,充分调动家长、社区居民等社会力量,在体育馆、音乐室、料理室、实验室等公共空间内,为社区内小学生开展丰富的体验式活动,创设家校社共育的时间与空间。

表1　牛久市课后服务项目情况一览表

课后服务项目名称	服务提供者	服务对象	服务时间	服务内容
牛久市儿童俱乐部	社区居民(原学校教师、校外培训机构教师、教师资格证持有者及热心教育人士为主)	主要针对小学1—3年级学生,个别接受4—6年级学生自主报名	每日放学后,15:00—19:00	游戏、故事等辅助性活动
牛久市放学后河童塾	教育相关背景的社区居民、大学生、退休教师等(退休教师、教师资格证持有者及大学生为主)	主要针对小学4—6年级及初中1—3年级学生	每周2次,16:00—17:30,具体时间可由学校协调变更	作业、自习等学习性支援(学习习惯、提升基础学习能力)
牛久市星期六河童塾	家长、社区居民等(指导员为专业人士,其余志愿者等无身份要求)	主要针对小学1—6年级学生	每月1—4次,星期六上午9:30—12:00	科技、体育等体验式活动

(三)"三位一体":资源互补的社会辅助

纵观日本课后服务的实施现状,已基本形成家校社共育的典型模式,并由此产生了家庭、学校、社会之间的强链接。从实施场域而言,日本课后服务项目从单一场地儿童馆发源逐步拓展到学校、儿童馆、公民馆、博物馆等多维度空间的一体化推进,打破了物理空间概念下家庭、学校和社区各场域的地理性局限,溢出并影响其他领域的教育作用,形成重新被建构后新的教育影响力;从实施人员而言,通过社会团体、地区居民、大学生志愿者、企业单位员工、家长、教师资格证持有者、有教育经验人士等的共同参与,达到家校社多主体资源间异质互补、同质共进、平等互融的效果。以牛久市课后服务项目为例,即使所有的项目都在学校校舍空间内开展,项目的实施也没有一个一线教师的身影,其中,以儿童保育为主的"牛久市儿童俱乐部"的服务人员主要为社区居民,以原学校教师、校外培训机构教师、教师资格证持有者及热心教育人士为主;以学业支持为主的"牛久市放学后河童塾"的服务人员主要为教育相关背景的社区居民、退休教师、教师资格证持有者及大学生等;而以活动体验为主的"牛久市星期六河童塾"的服务人员则为家长、社区居民等,除了指导员为专业人士外,其余志愿者均来自于社区,真正实现了多主体共存的"主体间性"关系的交互与叠加。

三、中国构建课后服务家校社共同体的启示

如果说我国的家校社合作已在政策制定者、研究者和教育实践者间达成共识,但是在实践意义上的家校社合作仍处于起步阶段,多方教育主体之间的新型合作伙伴关系尚未真正激活。[28]课后服务作为 2017 年教育部办公厅《关于做好中小学生课后服务工作的指导意见》中首次官方明确的普惠性教育服务项目,其依托家校社共同体的推进模式仍处于政策构想与理念初探阶段。那么,我国课后服务作为家校社共同体构建实践层面的一个破题点,该如何破题又要走向何方? 这是时代教育生态转型带给我们的新思考。课后服务要回应这一时代议题,可以在明确责任主体、发挥地方能动、平衡多方关系三个方面破题。

(一)明确责任主体,打破部门藩篱

2017 年教育部办公厅《关于做好中小学生课后服务工作的指导意见》和 2021 年中共中央办公厅、国务院办公厅《关于进一步减轻义务教育阶段学生作业负担和校外培训负担的意见》(又称"双减"政策)的颁布与实施,使课后服务的覆盖面及影响力大幅提升。但现阶段课后服务的管理还主要依托教育行政部门,其他部门及机构鲜少参与。究其原因,法律政策保障力不足、政府统合力不够等原因是政策与实践间存在"断层"的可能性因素。因此,课后服务要真正在实践层面实现家校社共育的局面,则需要明确政府的项目推行主体、实施监管主体以及制度保障主体等角色,健全完备课后服务主体资格制度、对象限定制度、服务内容与形式制度、过程监督制度、质量评估制度、服务收费制度和统筹管理配套制度。[29]此外,打破部门及制度间

的藩篱,对于博物馆、少年宫、文化宫等优质资源的利用,对于进入学校服务主体的资格审查等,都需要文化部门、工商部门等其他部门的配合与支持,将课后服务纳入社会保障体系和公共服务领域,实现政府部门间的联动协作以解决人员、场地、经费等的统合问题,破解牵头部门"主体化"而其他部门"边缘化"的现实难题。

(二)发挥地方能动,释放教育活力

目前我国课后服务的辐射范围已经从原本大中城市为主的中小学校,逐步涉及到农村及边远地区,地方对于课后服务的执行力与行动力由于城乡差异、资源差异、付出和回报差异等客观因素存在千差万别,很可能会造成城市与农村之间教育差距的进一步扩大。[30]因此,在构建课后服务家校社共同体的实施过程中,建议由地方政府主导、教育行政机构牵头部署"一地一策""一类学生一策"的统筹式管理,成立课后服务实体管理部门,形成地方性统一方案。通过"自下而上"的地方探索与"自上而下"的制度优化相结合的路径,兼顾发达地区与欠发达地区、城市与农村、不同学区之间的多样性,在保障课后服务实施的公平性与普惠性的同时,防止过分要求"一校一策"进而产生的地区及学校间的新的"内卷"。此外,我国课后服务可以因地制宜设立分层衔接的育人目标与内容,逐步实现从"有没有"到"好不好"的过渡。中小学生课后服务属准基本公共教育服务范畴,是与义务教育紧密相关的一种教育延伸服务,[31]不应过分强调服务属性而弱化了其教育功能。换言之,我国课后服务的下一阶段发展不应仅停留在"解决社会民生问题"的单一层面,而应被赋予"提供多元教育服务"的功能。探索针对不同学龄层次的需求以及家校社的供给,综合研判和细化育人目标、参与人员、服务人员、服务内容等元素,针对小学低龄段1—3年级、小学中高龄段4—6年级以及初中1—3年级,设定看管式活动、支援式学习、体验式学习、能力式提升等分类育人目标,以及与之相对应的安全游玩、学业辅导、探索参与、习惯养成等分层项目内容,实现从"看护两小时"到"提质两小时"的转变。

(三)平衡多方关系,拓宽资源供给

目前我国课后服务已形成中小学校为实施空间、一线教师为实施主体的供给模式。截至2021年9月,全国课后服务统计数据显示,共有10.8万所义务教育学校(不含寄宿制学校和村小学),7 743.1万名学生参加了课后服务,其中96.3%的学校提供了课后服务;参与课后服务工作的教师共计534.5万名,占参与学校教师数的86.2%。[32]学校作为家校社共同体的一方承担起了学生课后服务的绝对责任,但这也侧面导致家校社协同育人关系处于"不平衡"的状态。依托学校开展课后服务在场地等方面固然具有资源上的天然优势,但课后服务的实质是对于课后时间与空间的有效利用,其提供方并不应该只局限于学校主体。[33]如若课后服务学校单主体的责任被过分放大化,很可能会导致学校和教师的责任边界的放大、校内外资源互通障碍等新的问题的产生。因此,要达到这种转变就需要逐步"平衡"我国课后服务多元主体间关系。一是促使优质资源"引进来"。充分调动家长、社区居民等多元化群体在参与辅导儿童提升学习能力、减轻学校教师课外工作压力中的作用,激发社区居民及家庭个体教育功能的再释放,[34]实现人财物的有效活用;通过建立规范的遴选认定机制,择优选择校外培训机构及公益性的社会组织,采用政府购买服务与参与者分摊相结合的模式,将优质资源引入学校场域。二是拓展实践空间"走出去"。以教师为主体、学校为场地的课后服务虽有助于保障项目实施的安全性,但学校大门的存在虽将可疑人士排除在学校大门之外,但也迫使孩子们中断了在地区中经历各种事务以及结识各种人士的多样性与可能性。[35]课后服务项目亟待通过打开"这扇大门",在校外空间与时间上形成与家庭、社区的深度合作与链接。

参考文献

[1] 吴重涵.从国际视野重新审视家校合作《学校、家庭和社区合作伙伴:行动手册》中文版序[J].教育学术月刊,2013(1):108—111.

[2][22] Joyce L Epstein. School, Family, Community Partnerships: Caring for the Children We Share [J]. Kappan, 2010,92(3):81 - 96.

[3] 唐汉卫.交叠影响阈理论对我国中小学协同育人的启示[J].山东师范大学学报(人文社会科学版),2019,64(4):102—110.

[4] 李永连.日本战前社会教育事业发展述略[J].教育科学,1991(1):47—50.

[5] 藤田秀雄,大串隆吉.日本社会教育史[M].東京:エイデル研究所,1984:17—22.

[6] 碓井正久.日本社会教育発達史[M].東京:亜紀書房,1980:77—86.

[7] 亀口まか.战前学龄期保育的开展——以二叶保育园的实践为中心[J].日本社会教育学会研究纪要,2010(46):21—30.

[8] 電子政府の総合窓口.児童福祉法[EB/OL][2019 - 01 - 21].

[9] 社会教育法[EB/OL][2021 - 10 - 15].

[10] 黒崎勲.现代日本の教育と能力主义[M].東京:岩波書店,1995:1—3.

[11] 佐藤三三.学校教育と社会教育の関係の新段階[J]. The Journal of Child Study, 2001(7):57 - 67.

[12] ゆとり教育[EB/OL][2021 - 10 - 23].

[13] 山本恒夫.21世纪终身学习入门[M].東京:协同出版株式会社,2001:124—125.

[14] 厚生労働省.児童館について[EB/OL][2021 - 10 - 01].

[15] 文部省,厚生省,労働省,建设省.今後の子育て支援のための施策の基本的方向について[EB/OL][2024 - 05 - 21].

[16] 袁晓兰.从"结合"走向"融合"——日本"学""社"关系的理论构建与实践经验[J].教育发展研究,2012,32(20):50—56.

[17] 高橋興.学校支援地域本部をつくる学校と地域による新たな協働関係[M].東京:ぎょうせい,

2011:9.

[18] 文部科学省.社会教育法等の一部を改正する法律[EB/OL][2024-05-21].

[19] 市川,須美子.教育小六法(平成30年版)[M].東京:学陽書房,2018:494—506.

[20] 文部科学省.重点的に取り組むべき事項について[EB/OL][2024-05-21].

[21] 文部科学省.「新・放課後子ども総合プラン」について(通知)[EB/OL][2024-05-21].

[23][34] 屈璐.日本课后服务的路径与机制研究——以牛久市学社合作模式为例[J].现代远距离教育,2019(2):64—70.

[24] 姚舜.日本区域教育的新途径:放学后儿童计划[J].比较教育研究,2015,37(8):14—19,25.

[25] 李冬梅.日本:放学后儿童教室＋放学后儿童俱乐部[J].上海教育,2016(11):45—48.

[26] 宋璇.日本制定"新放学后儿童综合计划"[J].世界教育信息,2018,31(20):76.

[27] 森下智広,松浦善満.放課後の子どもと「放課後子どもプラン」—橋本市における実態調査結果の考察.和歌山大学教育学部教育実践総合センター紀要,21:140—141.

[28] 朱永新.家校合作激活教育磁场:新教育实验"家校合作共育"的理论与实践[J].教育研究,2017,38(11):75—80.

[29][31] 邹敏.中小学生课后服务的属性及权责问题探讨[J].中国教育学刊,2020(3):32—36.

[30][33] 屈璐.我国基础教育课后服务政策嬗变及展望[J].现代远距离教育,2019(4):14—19.

[32] 人民日报.教育部:新学期义务教育课后服务学校覆盖率超90%[EB/OL][2021-10-25]https://wap.peopleapp.com/article/6314264/6206495.

[35] 阿比留久美.[学校と地域の連携]をすすめるデザイン—東京都中野区と目黒区の地域/放課後子ども教室の事例に着目して.学校、家庭、地域の連携と社会教育[M].東京:日本社会教育学会編,2011:121.

我国义务教育学校课后服务的历史演进、主要成就与未来展望

羊 峰 解 书

【摘要】 义务教育学校课后服务的发展不仅能够有效解决"三点半"的社会现象，也能促进学生的兴趣培养与个性发展。我国义务教育学校课后服务主要经历了课后活动为主的酝酿时期、课后看护为主的萌芽时期、经费与形式并行的初步探索时期、地方先行的快速发展时期与国家参与的统筹建设时期五个阶段。本文尝试分析我国课后服务的典型案例，总结出课后服务基本实现全覆盖、课后服务模式自主多元、课后服务时间明确灵活、课后服务内容基本成型等主要成就，并针对义务教育学校课后服务的实践堵点，提出我国义务教育学校课后服务需"建立健全的课后服务体系、供给丰富的课后服务课程、创设专业化的师资队伍、完善家校社协同育人机制"等未来发展趋势。

【关键词】 义务教育学校；课后服务；历史演进；主要成就；未来展望

【作者简介】 羊峰/东北师范大学教育学部
解书/东北师范大学教育学部

Historical Evolution, Main Achievements and Future Prospects of After-school Service in Chinese Compulsory Education Schools

YANG Feng & XIE Shu

Abstract: The development of after-school service in compulsory education schools not only effectively solves the social phenomenon of "half past three", but also promotes the all-round development of students' morality, intelligence, physique, beauty and labor. The after-school service of compulsory education schools in China has experienced five stages: the incubation period of after-school activities, the germination period of after-school nursing, the preliminary exploration period of funds and forms parallel, the rapid development period of local first and the overall construction period of state participation. This paper analyzes typical cases of after-school service in China, and summarizes the main achievements of after-school service in compulsory education schools, such as basically achieving full coverage of after-school service, independent diversified after-school service modes, clear and flexible after-school service hours, and basically forming after-school service content. In view of the practical blocking points of after-school service in compulsory education schools, this paper puts forward the future development trends of after-school service in compulsory education schools in China, such as "establishing and perfecting after-school service system, providing abundant after-school service courses, creating professional teachers, and improving home-school-community cooperative education mechanism".

Key words: compulsory education schools; after-school service; historical evolution; main achievements; future prospects

近年来,随着经济结构的转变与"减负""收费治理"等相关教育改革的推进,城市"三点半现象""课后托管""课后服务"等社会问题的日渐凸显,成为了人们关注的焦点。2017 年 3 月,《教育部办公厅关于做好中小学生课后服务工作的指导意见》强调全国各地开展以中小学校为主阵地的课后服务探索。2021 年 7 月,中共中央办公厅、国务院办公厅发布的《关于进一步减轻义务教育阶段学生作业负担和校外培训负担的意见》(简称"双减")提出,要"提升学校课后服务水平,满足学生多样化需求"。课后服务不仅具有解决中小学"三点半难题"的本体价值,还具有预防校园欺凌、践行素质教育、保证教育公平的育人价值和增加人民幸福感、缓解社会矛盾的发展价值。[1]

课后服务由于责任主体与服务内容的差异,社会上出现了不同管理主体的课后服务,如地方妇联、共青团主管的公立课后培训机构、区域教育局主管的少年宫等。本研究聚焦在义务教育学校的课后服务,具体指"在国家政策文件的指导下,以义务教育学校为实施主体,以普惠性教育为理念,以解决课后三点半的难题为目标,为有课后看管需求的学生提供有组织、有计划的教育活动"。本研究通过对义务教育学校课后服务政策发展的历程进行梳理,呈现了课后服务的核心目标与政策变化的内容。结合教育部颁布的经典案例,总结课后服务已有的有效经验,同时借鉴国外一些实践经验,展望我国义务教育学校课后服务实践需要注重的多方面内容,以期为我国课后服务实践提供借鉴与启发。

一、义务教育学校课后服务的历史演进

我国课后服务从酝酿至统筹建设经历了六十多年的历史探索,从酝酿时期下的"课后活动"发展至"指向学生个性化需求、全面发展"的课后服务,呈现出义务教育学校的课后服务不断地提质创新。

(一)课后活动为主的酝酿时期:1955 年—1977 年

1955 年教育部《关于减轻中小学校学生过重负担的指示》表明,改进课外活动是学生减缓负担的方式,学校行政统一领导与安排校内的课外体育锻炼、文娱活动、劳动生产、课外研究以及校外社会活动;适当加强体育锻炼与文娱活动,减少学习疲劳。[2]课外活动隐含课后服务的基本内涵,即以关注学生的身体状态与心理健康,缓解学生过度的劳动负担,兼具活动为主要形式的基本特征,标志着义务教育学校的课后服务酝酿的开端。1958年,《关于教育工作的指示》强调学校教育的目的是培养"共产主义社会的全面发展的新人",重视课外活动中学生的品德熏陶与体魄锻炼。1964年,国务院转批教育部临时党组《关于克服中小学学生负担过重现象和提高教学质量的报告》强调增加课堂作业和减少课后作业压力,逐渐显现出课后作业灵活设计的现实需求。该时期课后服务与课外活动内涵相似,以减轻学生学习压力、增加艺体类课后活动、优化作业布置为主要特征,课后服务处于酝酿期。

(二)课后看护为主的萌芽时期:1978年—1999年

1978年颁布的《中华人民共和国宪法》规定:"教育使受教育者的德育、智育、体育几方面都得到发展,成为有社会主义觉悟有文化的劳动者。"从立法角度规定学校教育目的与培养方向。1988年国家教委发布的《关于减轻小学生课业负担过重问题的若干规定》强调,寄宿制学校中,高年级可设晚自习,非寄宿制学校不设晚自习;要在课后热情帮助后进学生,对他们要有具体的教育措施。[3]晚自习实质是学校教师对寄宿学生的课后看护,是义务教育学校管理的课后延伸,而课后辅导后进生亦是课后服务所具有的特征之一,但是这里仅指教师个体的个性服务。20世纪90年代随着城市化进程与经济发展不断加快,许多家庭的工作需求与学生放学时间产生了冲突,由此部分义务教育学校就孕育出"晚托班"形式的课后看护,并积极开展义务"晚托班",以承担看护学生与管理学生作业的基本责任。[4]这个阶段学校的看护功能延伸到课后时间,寄宿教师看护与晚托教师看护成为课后服务的主要形式,有效缓解"家长接送孩子上学"的社会诉求。该时期课后托管以教师看护、学生自主学习、适当答疑为基本特征,看护功能的课后服务逐渐萌芽与成型,由地方向社会不断发展与推广,社会营利性课后托管也应运而生。

(三)经费与形式并行的初步探索时期:2000年—2009年

随着素质教育理念的不断推进,21世纪初课后看护为主的晚托班逐步发展起来。2001年1月,国务院《关于基础教育改革与发展的决定》表示:"坚持基础教育优先发展,保障经费投入。控制学校收费标准,切实减轻学生家长负担。"[5]基于教育优先发展与学生放学时间早的现实情况,各地区继续实施晚托班的课后托管形式,服务经费与服务内容成为该阶段主要的争论点。一些地区教育行政部门通过地方性政策的颁布规定课后服务的收费标准与服务内容,如2003年8月,西安市教育局表明:"课后托管坚决不允许上新课;小学课后参与托管班的学生每人每学期可收取60元的托管费,但对于已参与学校日托管理的学生不得再另行收取。"[6]2004年3月,教育部等《关于在全国义务教育阶段学校推行"一费制"收费办法的意见》

强调"一费制是指在严格核定杂费、课本和作业本费标准的基础上,一次性统一向学生收取费用,从而进一步规范中小学收费管理,治理教育乱收费,切实减轻学生家长的经济负担"。[7]国家与地方政府通过政策的颁布与宏观指导来联合治理教育收费乱象,保障课后服务的经费恒定。

除了收费与否的现实问题,该阶段一些地区突破原有的晚托形式,尝试以小规模的社会团体参与到课后托管的过程中。第一种形式是以社区为单位进行的实践探索,如 2006 年 4 月,宁波市探索出"以社区为服务主体的四点钟学校,服务内容为作业辅导与品德教育,全市的中小学犯罪率十分低"。[8]第二种形式是以公办课后培训机构为契机,培养学生的多方面兴趣,如 2008 年 5 月,南昌市西湖区教体局制定出《西湖区中小学生课外"灵动三点半"活动工程试点方案》,强调两所试点学校分艺术、体育、劳动、科技四大类圈定活动项目菜单,由西湖区少儿教育活动中心从教工艺术团组建教师队伍。[9]该方案的制定代表地方公办课后培训机构进入中小学教学,从而壮大了教师课后服务队伍,提高学生课后服务的质量。此外,国家对学校课后托管的监管也做了一定要求,如 2009 年 4 月教育部《关于当前加强中小学管理规范办学行为的指导意见》强调"切实减轻学生的学习负担,加强学校内监管与管理;课后不得进行强制违规补课",[10]潜移默化地影响与规范着学校课后托管的性质与内容。该阶段课后托管与教育收费治理并存,课后托管以校内免费或收费为主阵地,社区托管、社会公益组织开始承担课后服务的主体责任;各地均根据本地的实际情况进行课后托管班的调整与实践。

(四)地方先行的快速发展时期:2010 年—2016 年

2010 年,教育部颁布的《国家中长期教育改革和发展规划纲要(2010—2020 年)》强调巩固提升义务教育水平,加强义务教育延伸内容的保障。该文件为课后托管与兴趣发展的课后服务提供了基本的发展背景。首先,地方教育行政部门结合地区教育发展与实际区域经济状况,多次颁布与实行适合区域的课后服务政策,政策内容涉及服务主体、服务内容、经费保障、目标任务、工作原则、实施办法、职责要求、经费使用、安全保障、督导检查和舆论宣传等方面。[11]其次,课后服务的发展性功能显现并不断探索实施新形式的课后服务。2013 年 10 月,南京市教育局发布的《关于小学实行"弹性离校"办法的通知》表明,组织学生"开展体育、科技、艺术等领域的自主实践活动"。[12]2014 年 1 月,北京市教育委员会发布的《关于在义务教育阶段推行中小学生课外活动计划的通知》强调培养中小学生在体育、艺术、科技等方面的兴趣和素养;首次在地方政府文件中明确课后服务的育人功能,即课后服务是实施素质教育与促进学生全面发展的重要途径。[13]此外,课后服务的服务对象对家庭经济条件薄弱的学生与低年段学生有一定的倾斜,课后服务经费基本以政府与学校财政支出为主,学生大多数参与免费的课后服务并培养一定的兴趣爱好。该阶段各地区逐渐开展区域规划与统筹,各区域以统筹政策为指导,积极探索学校与实验校的课后服务活动;同时,不同地区的差异性造成区域对课后服务的理解内涵有所差别,"课外活动计划""弹性离校""三点半""课后看护"成了这个阶段课后服务鲜明的内涵释义。

（五）国家参与的统筹建设时期：2017年至今

2017年2月,《教育部办公厅关于做好中小学生课后服务工作的指导意见》从"促进学生健康成长、帮助家长解决按时接送困难"的服务理念出发,从宏观层面就服务主体、服务对象、服务内容、服务保障与服务管理进行全面的指导与规范,给予全国课后服务设计与实施的政策蓝本,[14]鼓励各地创新课后服务的工作机制与方法,形成各具特色的课后服务模式。课后服务的基本性质在一系列的政策中越来越明晰。2017年9月,中共中央办公厅、国务院办公厅《关于深化教育体制机制改革的意见》指出:"完善义务教育均衡优质发展的体制机制。建立健全课后服务制度,提供丰富多样的课后服务。"[15]课后服务制度逐渐成为义务教育优质均衡发展的现实需求。2018年8月,国务院办公厅颁布的《关于规范校外培训机构发展的意见》指出,提高学校课后服务能力,强化学校的主体育人地位。2018年12月教育部等九部门印发并实施的《中小学生减负措施》与2019年12月中共中央办公厅、国务院办公厅颁布的《加快推进教育现代化实施方案(2018—2022年)》均强调"中小学普遍开展课后服务工作能够减轻学生过重课外负担"。2021年7月,"双减"政策的颁布强调"开展学校课后服务是减轻学生课外负担、满足学生多样化需求的必由之路"。该阶段课后服务的功能发生"质"的改变,由"解决家长接送困难"与"减轻学生课后负担"的工具性社会功能,转向"学生个性化全面发展"的价值功能,国家宏观层面发布包含课后服务的主体、对象、内容与保障等方面的实施细则,课后服务在国家及各省市的宏观调控中迅猛转型发展。

综上所述,历史进程中我国义务教育学校课后服务的目标从"课外活动需求"转变为"看护管理需求",在实践探索中挖掘出"学生个性化的发展"的育人目标,缓解学生课后负担,保障学生课后时间的身心健康与教育机会公平。同时课后服务的模式、内容、经费、师资均呈现出一定的创新与发展,课后服务模式愈加灵活多变,从单独的学校托管发展到"家校社协同合作"的服务模式;课后服务内容愈加细致具体,从单一的看管服务发展到"科技、艺术、体育、社团与兴趣活动"等多样化的"服务菜单";课后服务的经费保障愈加复杂多样,从免费与收费的争辩向公益非营利性服务发展;课后服务的师资群体愈加壮大,从单一教师扩展为广大的社会服务人员。这些变化为课后服务的质量提升与模式创新注入了活力。

二、我国义务教育学校课后服务实践的主要成就

义务教育学校课后服务的历史演进明确了我国课后服务的核心目标与变化原因,"双减"政策下的课后服务的经验总结与典型案例能够为课后服务指明实践道路。在国家与地方的典型案例中总结课后服务的主要成就,能够进一步将实践经验推广到薄弱地区的课后服务活动中。

（一）课后服务基本实现全覆盖

参与课后服务的义务教育学校不断从城区公办学校走向民办学校与乡村学校,以试点区域带动周边区县与省市发展,一校一案的课后服务基本实现全覆盖。2021年5月底,我国课后服务城区学校覆盖率为75.8%,学生参与率为55.4%,教师参与率为62%,部分大城市课后服务学校覆盖率超过90%;[16]截至2021年12月21日,92.7%的学校开展了文艺体育类活动,88.3%的学校开展了阅读类活动,87.3%的学校开展了科普、兴趣小组和社团活动,多种活动基本满足了学生的不同学习需要,自愿参加课后服务的学生比例由上学期的49.1%提高到目前的91.9%。[17]2022年3月2日,第三方全国调研颁布《全国"双减"成效调查报告》指出,"超过91%的学校提供作业辅导和各类兴趣课程,85.8%的学生参与了课后服务;89.0%的学生对课后服务满意,88.4%的家长对课后服务满意"。[18]一系列数据均表明义务教育学校基本全部开设课后服务,课后服务内容形式比较丰富多样,教师课后服务参与率高,学生与家长对课后服务的满意程度高,义务教育学校课后服务基本实现了全覆盖。

（二）课后服务的模式自主多元

在教育部指导意见与"双减"政策的加持下,各省市统筹规划地方指导纲要,不断摸索、论证并适时推出了地方特色的课后服务模式。第一,实施多样化的工作组织模式,联合学校、社会机构、社区服务的个性化服务管理。南京市提出"以区主管"的管理体制,强调各区各校可以结合自身实际实施多样化的工作模式:可由学校自管自办;可以实行自管他办;也可实行社区管理、学校参与等组织模式。[19]第二,创新探索"学校家委会主导、学校参与配合"为主的服务模式。如青岛市中小学结合实际,探索完善以学生家长为主体,积极组织学校青年教师、退休老教师和社会志愿者等参与课后服务的模式。[20]第三,探索"个性化服务"与"看护活动"相结合的服务模式,如上海市的"快乐30分+课后看护"模式,基于小学生及其家长的现实需求,整合多种资源,培养学生学习兴趣与习惯,促进学生健康成长,同时也为家庭看护确有困难的学生继续提供看护服务。[21]第四,以"政府购买社会服务"的形式进行持续探索,北京市持续购买大量社会服务丰富课后服务活动资源,同时重视统筹家长、社会资源共同参与、协商共治。[22]

（三）课后服务的时间明确灵活

不同省市课后服务的时间均能保障在当地机关、企事业单位下班时间之后,针对学生及家长的实际需求与学校的部署灵活安排课后服务时间,这方面主要存在三种处理方式。第一种以模糊的两时段放学为主,第一个时间段为放学后1小时,第二个时间段为放学后2小时,在满足家长需求的同时,实现错峰放学,如浙江省湖州市安吉县。[23]第二种以确定的时间节点即晚上18点为标准,如江苏省南京市、河北省石家庄市、广东省深圳市、山东省日照市均将课后服务时间延长至18点,对特殊情况不能接走的学生提供适当的延迟服务。[24]第三种以精确的三段放学为主,即 16:30、17:30、18:00 三个小学放学时间节点,上海市全市小学以三段放学为主要特征。[25]三种不同的服务时间以当地的下班时间为主要依据,不仅没有一刀切成同一时段,还鼓励学校逐渐探索区域型的相近标准以便统筹评价与质量反馈。

(四)课后服务的内容结构多样

我国义务教育学校课后服务内容随着课后服务的目标变化而不断丰富,丰富多彩的课后服务内容主要呈现出三类特色型的服务内容结构。第一类是以纯粹的课后看护与安全保障为主要内容的课后服务形式,帮助学生满足自主作业、薄弱内容辅导、自由游戏的基本需求,是义务教育学校课后服务发展的必由之路。第二类是在以横向组织的"1+1+1+2"模式为主要内容(即每周一次学生答疑加心理辅导、一次阳光体操、一次小小红色讲解员宣讲和两次社团活动)的基础上进行"一校一策"课后服务活动;如湖北省黄冈市红安县各学校的课后服务内容不仅涵盖书法、剪纸、国画、戏曲、武术等兴趣活动,还以地方红色资源为依托,培养讲述党史故事和革命先烈故事的小小红色讲解员。第三类是以纵向组织的"1+X"模式为主要服务内容,即在第一时段解决"1"的刚性需求,学生在托管教师的辅导下完成当天的学习任务与课后作业;第二时段以"点单式"的"X课程"体系满足学生的弹性需求,包含不同年段的科技类、体育类、艺术类、生活类等社团活动或兴趣发展类课程。三类不同类型内容的组织体现了课后服务的不同定位与功能:第一类指向课后服务的基础功能以保障学生的基本安全与托管需求;第二、三类强调课后服务的发展性功能以重视学生兴趣与素养的培养及发展。课后服务的质量不断从其自身的基础功能过渡并发展至课后服务的发展功能。

三、我国义务教育学校课后服务的未来展望

由于地区、地理、经济的差距,我国课后服务实践过程中存在一定的不足与短板。第一,义务教育学校课后服务缺乏具体的国家实施细则指导,地区间的实施情况差异巨大,导致课后服务的经费保障问题突出、课后服务管理薄弱、学生安全管理不足,亟需国家建立健全的课后服务体系保障课后服务的制度问题。第二,课后服务课程是课后服务活动的内容载体,课后服务课程结构虽已基本确立,仍然需优化其供给改革。第三,课后服务师资问题突出,参与课后服务加重教师生理与心理负担,部分教师未获得与服务付出相应的待遇报酬,需要建设专业师资力量队伍确保课后服务稳定发展。第四,课后服务相关主体责任不清晰,政府与家长在课后服务中缺位,学校与教师承担过多课后服务职责,需建立家校社协同育人机制,明确多元主体职责。本文将从课后服务体系、课后服务课程、课后服务教师与课后服务育人模式四方面阐述我国义务教育课后服务的未来走向。

(一)建立健全的课后服务体系

健全的课后服务体系是保障学校课后服务稳定、高质量发展的政策因素,主要包括课后

服务的经费保障、质量保障与学生安全保障。首先,课后服务的性质制约着课后服务的经费保障,我国课后服务主要存在两种价值旨向,即课后看护服务与课后发展服务,前者指向基本公共教育服务的性质,后者指向准公共教育服务的性质。[26]基本公共教育服务的属性明确课后看护服务属于义务教育的延伸,义务教育学校承担课后服务的主要职责,其经费来源主要以国家教育财政资助为主,保障所有义务教育学生能够自由、自愿的参与。准公共教育服务的性质强调课后服务以社会公共资源(如学校)为依托,结合多方面的主体的经费来源,进行具有公益性的教育发展服务,义务教育学校、政府与家长均承担相应的责任与义务,充足的经费保障能为课后服务的多样化活动需求提供探索的空间。日本将课后服务纳入国家公共教育服务体系,拥有专门的管理部门以及相应的运行机制,保障教师与学校的权利与权益。[27]因而国家教育部与各省市需要通过课后服务的政策制定或国家立法以明确课后服务的具体性质与实施细则。其次,课后服务质量保障可从地方政府与学校两个层面展开质量监测,地方政府联合有关权威学者制定相应课后服务评估标准与评价指标,定期对学生宏观实施情况质量进行整体评价;中小学的责任督学定期对学校课后服务的师资、设施、收费、安全、监管等具体环节进行视察,将课后服务实施成效与视察结果纳入教育局的学校日常考评制度,不断持续完善课后服务的监管与检查制度。学校坚持过程性评价与结果性评价相结合,制定教师、家长、学生课后服务的调查问卷,准确把握课后活动的整体效果,同时展示学校学期课后服务活动成果与学生的活动作品。最后,学生安全管理保障强调学校应该制定相关课后服务的安全预案,掌握课后服务不同时段学生的接送情况;学校可以购进人脸识别的校园动态网络系统,教师与家长可从智能大数据计算的 APP 或者小程序,实时关注学生出入校的实时动态,保障学生的基础安全问题。

(二)供给丰富的课后服务课程

"双减"政策加持下的课后服务覆盖率越来越高,对课后服务的内容与质量提出了更高的要求,课后服务课程的供给是课后服务质量的直接因素。课后服务课程供给可从供给理念、供给水平、供给结构来建设优质课后服务课程。首先,供给理念重视学生个体的潜能释放,兼顾学生知识经验增加、情感态度的发展与价值观的塑造。课后服务课程的"供给侧"改革打破知识的学科属性,强调实践活动为课程供给的基本形式,学生自愿参与到课后服务过程中,针对不同的学生能够提供一定的适当的、个性化的课后服务课程。课程内容供给不仅依托学校自身的基础设施、课程资源与探究资源,还需吸纳与兼容社会的各种资源。在社会资源有限开放的过程中能够更开阔学生的思维品质,在碰撞中产生问题,在调适中达成共识,形成动态的协同育人模式。其次,供给水平需尊重学生的低级需求向高级需求转化的心理变化,供给水平要从基本需求、兴趣需求与发展需求不断进阶,达成"缩小差距、动态平衡、走在前头"的个性化发展历程。[28]课后服务先保障学生的服务机会均等,实现学生参与有质量的教育,"缩小差距"是学生学业发展的内在要求。学生的兴趣爱好与课程内容帮助学生关注个体自身发展,发挥学生独有的思维品质、探究意识与实践能力,学生能够在课后课程中达成"动态平衡"。"走在前头"是学校课后服务育人的本真追求,活动参与与课程学习奠基学生的职业选择、思维发展、品德陶冶。学生能从被动的课程体系中脱离出来主动引领自我的学习习惯,展现学生个体的独特品质。再次,课后服务课程供给结构注重课程内容的连续性与完整性。课后服务课程连续性包括基础性课程、实践性课程与个性化课程在内的课程序列。基础性课程是以学科课程内涵为圆心,以学科课程的外延为半径,坚持问题导向开设的相关性课程;实践性课程是指学生在问题解决的过程中培养提出、发现、解决问题的能力,积极主动运用知识解决实际问题的课程。个性化课程是对学生的个体智能、思维、操作能力提出了更高的要求。课程结构的完整性强调课程供给的结构变化经历"学科内统整、跨学科统整与超学科统整"三种状态,课后课程的基础性课程针对学科内统整满足学生基础性技能需求,把握学科学习内容的本质。跨学科统整能够发挥实践性课程的融合性与综合性特征,培养学生运用多学科知识解决实际问题的能力,促进学生知识的迁移与转化。超学科课程蕴含个性化课程的高要求、高素质,学生需要通过多个项目或学习活动解决相关问题,重点培养知识的整合能力与创新能力。此外,课后课程评价的过程注重学生的表现性评价与整体性评价,构建"教师评价、同伴评价与自我评价"三级评价机制,鼓励学生家长与学校课程开发者积极参与课程教学评价。通过教学评价内容与结果反馈学生学习的状态与样貌,以优化课后服务的服务目标与内容组织。

(三)建设专业化的师资队伍

高质量教师队伍建设以课后服务教师的专业化水平为基础,教育部指导意见鼓励多元服务群体参与、创新多元教师课后服务模式。首先,社会人员的教师准入制度还没有相应的法律与政策指导,非规范化的教师团队会制约课后服务的效率与效果。英国课后服务师资具有国家标准,从事课后服务的教师必须达到中级水平(即具有一年以上相关工作场所与内容培训),[29]韩国从事"放学后学校"的课后服务教师主要通过职前培训、在职进修、培训考核与结业证书的发放以保证课后服务的师资力量。[30]因而,我国根据课后服务发展的历程需对进行课后服务教师制定国家标准以规范课后服务教师的基本权限、服务范围、工作义务与工作职责。学校吸纳的不同社会团体、家长与特色技术人员均需要经过相当一段时间的职前培训与考核,发放结业证书以证明其基本教育教学资格。专业技术人员需加强教育基本理论与学生发展心理的相关知识的培训,帮助技术人员充分了解学生心理的一般特征;在校教师、家长等群体需要加强专业技术训练与专业课程培训,形成适应课后服务需求的教学体系。其次,创新教师参与模式可有效保障教师的权益,减轻教师负担。地方教育行政部门实行"教师轮岗"与"弹性上下班"制度,联合权威学者与中小学校长建设制度细则与实施流程。学校管理部门对课后服务教师做好统筹规划,合理安排教师服务内容与时间,切实保障每位教师参与到"弹性上下班"中。"教师轮岗"制度能发挥轮岗教师的专业性指导,帮助学校建设课后服务管理与课程体系,促进课后服务教师之间专业化学习,为学生创设更高质量的课后服务活动。学校也可以设置每学期教师参与课后服务时间的最低要求,教师必须完成一定量的课后服务时间,如上海市静安区要求每名教师每学期课后服务不低于 40 小时。[31]

(四)完善家校社协同育人机制

推动社会多元主体参与课后服务,构建家校社三位一体协同育人机制可推进课后服务提质增效。第一,加强学校与社会的合作机制。社会教育行政部门需要明确自身的主导地位,通过政策制定与舆论宣传调动社会各种力量参与到课后服务的教师队伍之中。学校与社会公共文化服务机构,如文化馆、科技馆、天文馆等,建立有效的合作关系,打破学校课后服务的场域限制,潜移默化地接受地方文化与文明的熏陶。学校也可以与地方高校构建志愿服务关系,师范生能够将所学的教育教学知识与学科知识统整到课后服务课程中,形成特色的课后服务资源,助力小学生与大学生的学习互动。第二,强化学校与家庭之间的联系。义务教育学校需明确并发挥课后服务的主体作用,家长需明确课后服务的受益者、决策者的重要角色。学校中每班建立家校委员会来商讨学生学习活动、交流学生学习情况、反馈学生学习需求,同时拓展家校联系公共平台,开发家庭教育网络指导平台,帮助家长树立独特的育人观念,提升自身的家庭教育知识与能力,准确把握课后服务的基本理念与发展目标。第三,促进社会与家庭教育的深入连接。加强舆论风气建设,学校与教育行政部门每学期向社会公众发布学校与区域课后服务实施情况以及取得的主要成就,家长能及时掌握课后服务最新动态,转变对课后服务的基本态度。家长能够结合社会实际需求与学生兴趣发展,协助学生选择最适切的课后服务活动。学校、家庭与社会的利益相关者需要不断完善家校社协同育人机制,促进高质量的课后服务教育体系建设。

参考文献

[1] 刘宇佳.课后服务的性质与课后服务的改进——基于我国小学"三点半难题"解决的思考[J].当代教育论坛,2020(1):45—51.

[2] 中华人民共和国教育部.教育部关于减轻中小学校学生过重负担的指示[EB/OL][2021-09-20]. http://www.360doc.com/content/19/1019/16/877149_867817380.shtml.

[3] 国家教育委员会.关于减轻小学生课业负担过重问题的若干规定[EB/OL][2021-09-20]. https://baike.baidu.com/item//18574904?fr=aladdin.

[4] 屈璐.我国基础教育课后服务政策嬗变及展望[J].现代远距离教育,2019(4):14—19.

[5] 国务院办公厅.关于基础教育改革与发展的决定[EB/OL][2001-05-29]. http://www.gov.cn/gongbao/content/2001/content_60920.htm.

［6］ 陈新.开学在即,严查乱收费［N］.西安日报,2003-08-29.

［7］ 中华人民共和国教育部.关于在全国义务教育阶段学校推行"一费制"收费办法的意见［EB/OL］［2004-03-17］. http://www.moe.gov.cn/srcsite/A05/s7052/200403/t20040317_181246.html.

［8］ 何伟.宁波"四点钟学校"让家长放心［N］.人民日报,2006-04-10(002).

［9］ 赵志辉,周冬火."灵动三点半"解家长烦忧［N］.南昌日报,2008-05-08(007).

［10］ 教育部.教育部关于当前加强中小学管理规范办学行为的指导意见［EB/OL］［2009-04-22］. http://www.moe.gov.cn/srcsite/A06/s3321/200904/t20090422_77687.html.

［11］ 上海市教育委员会.关于做好本市小学生放学后看护工作的通知［EB/OL］［2010-04-26］. https://www.shanghai.gov.cn/nw12344/20200814/0001-12344_22095.html.

［12］ 南京教育局.关于小学实行"弹性离校"办法的通知［EB/OL］［2013-10-29］. http://xiaoxue.hujiang.com/news/yi/p278476/.

［13］ 北京市教育委员会.关于在义务教育阶段推行中小学生课外活动计划的通知［EB/OL］［2014-01-14］. http://www.beijing.gov.cn/zhengce/gfxwj/201905/t20190522_57881.html.

［14］ 教育部办公厅.教育部办公厅关于做好中小学生课后服务工作的指导意见［EB/OL］［2017-03-04］. https://www.rmzxb.com.cn/c/2017-09-24/1812746_1.shtml.

［15］ 中共中央办公厅、国务院办公厅.关于深化教育体制机制改革的意见［EB/OL］［2017-9-24］. http://www.gov.cn/xinwen/2017-09/24/content_5227267.htm.

［16］ 教育部基础教育司.课后服务今秋实现义务教育学校全覆盖［EB/OL］［2021-07-14］. http://www.moe.gov.cn/jyb_xwfb/xw_fbh/moe_2606/2021/tqh_210713/mtbd/202107/t20210714_544546.html.

［17］ 教育部.参加课后服务的学生比例提高到91.9%［EB/OL］［2021-12-21］. http://www.moe.gov.cn/fbh/live/2021/53899/mtbd/202112/t20211221_589068.html.

［18］ 光明网.《全国"双减"成效调查报告》发布"双减"政策受到普遍赞同［EB/OL］［2022-3-4］. https://m.gmw.cn/2022-03/05/content_1302830871.htm.

［19］ 南京市教育局等三部门.关于进一步推进小学"弹性离校"工作指导意见［EB/OL］［2017-02-08］. https://xiaoxue.eol.cn/zx/jiangsu/xiaoxue/201702/t20170208_1487081.shtml.

［20］ 青岛市教育局.关于做好全市中小学生课后服务工作的通知［EB/OL］［2017-09-21］. http://www.shandong.gov.cn/jpaas-jpolicy-web-server/front/info/detai/?iid=4c2c55bc26c14e58b0fd608f5d67ae92.

［21］ 上海市教育委员会.上海市教委关于在本市小学试行"快乐30分"拓展活动的通知［EB/OL］［2017-06-23］. https://www.shanghai.gov.cn/nw12344/20200814/0001-12344_52842.html.

［22］ 北京市教育委员会.北京市教育委员会关于加强中小学生课后服务的指导意见(试行)［EB/OL］［2018-09-19］. http://www.beijing.gov.cn/zhengce/zhengcefagui/201905/t20190522_61516.html.

［23］ 教育部.义务教育课后服务创新举措和典型经验清单［R］.关于推广部分地方义务教育课后服务有
关创新举措和典型经验的通知,2021:8.

［24］ 教育部.义务教育课后服务创新举措和典型经验清单［R］.关于推广部分地方义务教育课后服务有
关创新举措和典型经验的通知,2021:7.

［25］ 教育部.义务教育课后服务创新举措和典型经验清单［R］.关于推广部分地方义务教育课后服务有
关创新举措和典型经验的通知,2021:11.

［26］ 杨清溪,邬志辉.义务教育学校课后服务落地难的堵点及其疏通对策［J］.教育发展研究,2021(15—
16):47.

［27］ 李智.日本儿童课后照顾服务制度及其启示［J］.中南大学学报(社会科学版),2016,22(2):
213—219.

［28］ 马莹.中小学课后服务供给保障的制度建构［J］.中国教育学刊,2022(3):21—28.

［29］ 周红霞.发达国家小学课后托管政策的比较与借鉴［J］.外国中小学教育,2016(6):36—42.

［30］ 张亚飞.主要发达国家中小学课后服务研究［J］.外国教育研究,2020,47(2):59—69.

［31］ 陈之腾."双减"在行动系列报道之课后服务的静安样本［J］.上海教育,2021(25):26—30.

虚拟现实辅助下的线上线下融合教学理论与实践

周美美　庞　畅　陈威男　陈　灿　洪河条　陆吉健

【摘要】虚拟现实辅助下的线上线下融合教学,是未来 3—5 年的教育新图景。为解决新型教学模式缺乏理论指导的问题,本文通过对虚拟现实教学和线上线下融合教学分别进行综述,寻找并论述了两种可能适用于虚拟现实辅助下的线上线下融合教学的理论——具身认知理论和分布式认知理论。本文进而结合上述理论做了三个虚拟现实辅助下的线上线下融合教学的实例论述,提出了人机协同具身认知、虚拟现实线上线下融合教学评价、虚拟现实移动便携式发展等未来研究展望。

【关键词】虚拟现实;线上线下;具身认知;分布认知;教学实践

【作者简介】周美美/杭州师范大学经亨颐教育学院

　　　　　　庞畅/杭州师范大学经亨颐教育学院

　　　　　　陈威男/杭州师范大学经亨颐教育学院

　　　　　　陈灿/杭州师范大学经亨颐教育学院

　　　　　　洪河条/杭州师范大学经亨颐教育学院,通讯作者

　　　　　　陆吉健/杭州师范大学经亨颐教育学院,通讯作者

【特别说明】本文系教育部产学合作育人项目(项目编号:201010310 35、201010780 19、2021024640 71 等)的阶段性研究成果。

Theory and Practice of Online and Offline Integrated Teaching Assisted by Virtual Reality

ZHOU Meimei, PANG Chang, CHEN Weinan, CHEN Can, HONG Hetiao & LU Jijian

Abstract: Online and offline integrated teaching assisted by virtual reality is expected to expand further in the coming years. In order to address the problem that the new teaching model lacks theoretical guidance, we summarized virtual reality teaching and online and offline integrated teaching respectively. The presentation examines two theories that may apply to such online and offline integrated teaching: Embodied Cognition Theory, and Distributed Cognition Theory. Combined with the above theories, we present three examples of online and offline integrated teaching assisted by virtual reality. We also put forward the future research prospects, including man-machine collaborative embodied cognition, virtual reality online and offline integration teaching evaluation, and virtual reality mobile portable development.

Key words: virtual reality; online and offline; embodied cognition; distributed cognition; teaching practice

一、引言

2021 年 7 月，教育部等六部门印发《关于推进教育新型基础设施建设构建高质量教育支撑体系的指导意见》，教育领域迎来了线上线下混合、虚拟现实教育、人机协同智能教育等翻天覆地的变化。现如今，VR、AR、MR 等虚拟现实技术，已经开始逐渐应用于数理化等理科学科的基础教育领域，并引起了"虚拟现实辅助下的线上线下融合教学"的热潮。然而，虚拟现实辅助下的线上线下融合教学的理论指导的缺乏，使得研究者和教育工作者不得不思考两个现实问题：一是以哪种理论指导虚拟现实辅助下的线上线下融合教学？二是教学中 VR 技术将如何应用于线上线下教学的实践中，以获得更好的效果？本文对虚拟现实教学和线上线下融合教学分别进行综述，并基于相关文献的整理分析，找出两种适用于虚拟现实辅助下的线上线下融合教学的理论——具身认知理论和分布式认知理论，并做了三个虚拟现实辅助下的线上线下融合教学的实例论述。

二、虚拟现实与线上线下融合教学

（一）虚拟现实教学

自 2016 年"VR 元年"被提出以来，各种 VR 应用研究层出不穷。相关研究者已经证明"VR＋教育"能够创造"1＋1＞2"的效果。VR 技术在教育教学中应用的最大优势就是模拟实景，打破时空限制，为教学提供了理想的虚拟环境。[1]

早在 1997 年，国内就对 VR 技术的特点和辅助教学进行了探讨，指出教育领域将成为 VR 技术最广阔的应用领域之一。此后近 20 年，国内对 VR 教学的研究理论逐步完善，开始了对 VR 教学模式的探索。相关研究提炼了虚拟现实技术促进学习的三大核心要素：VR 教学法、资源与 VR 设备、学习者体验。[2] 相关研究也总结了 VR 的七大教育功能，即体验、探究、训练、矫正、交流、创作与游戏。也正是在 2016 年以后，国内对 VR 教学的研究呈井喷之势，研究理论逐渐完善，研究重点集中于 VR 技术在各科教学中的实践应用。例如，高义栋教授等阐述了沉浸式 VR 的特点、设备类型，提出了四种 VR 教学应用模式。[3] 同年，李勋祥、游立雪教授探讨了开展虚拟实践教学所需应对的挑战，并针对挑战提出了相应的对策。[4]

2018 年，刘勉、张际平教授在基于已有未来课堂研究成果以及最新科技趋势，提出了将虚拟现实技术融入未来课堂的构想,构建了基于未来课堂环境的"VA"教学模式。[5]同年,李小平、赵丰年等教授提出了 VR/AR 教学体验应用模型和评价标准,在 VR/AR 教学体验应用理论基础性研究上进行了探索。[6]2019 年,王雪、徐文文等教授采用元分析方法并结合教学系统设计的基本要素,对国内外 38 篇相关实证研究文献进行定量分析,研究结果表明:VR 对整体学习效果产生了中等程度的正向影响。

通过对文献的进一步分析,我们发现,目前在教育尤其是基础教育领域,虚拟现实技术的应用还远远滞后于产业技术的发展。[7]此外,当前 VR 内容的制作标准不统一,VR 教学课程开发要求高。努力提升软实力,开发更加生动、逼真的 VR 内容,跨越"恐怖谷",将是"VR 教学"面临的长久挑战。

(二) 线上线下融合教学

随着信息技术的发展,线上教学发展迅速。与传统教学模式相比,线上教学,一方面,可以突破时间、空间上的限制,满足学生灵活学习的需求;另一方面,线上教学有利于优秀教育资源的广泛传播,在降低教育成本的同时,促进教育公平。然而,线上教学也有其不足,如无法保证学生的主动性。因此,线上和线下相结合的混合式教学模式应运而生。

早在 2003 年,何克抗教授就在第七届全球华人计算机教育应用大会上提出了"混合式教学"的概念。线上的课线下的课,发展到一定程度,就是模糊了分界的混合课。[8]混合式教学将传统学习方式的优势和在线学习的优势相结合,在发挥教师教学主导作用的同时,充分体现学生学习的主动性。因此,混合式教学模式更强调有意义学习的教学整体规划,更关注学习活动序列和链条的一体化设计。[9]

混合式教学的关键是通过对课程进行再设计,为学生创设积极的、协作的学习体验,帮助学生通过主动的参与学习,积极建构自己对知识的理解。[10]因此,线上线下混合式教学设计要结合相应理论,如掌握学习理论、首要教学原理、深度学习理论和主动学习理论等,进行教学设计,构建混合式教学实施流程。[11]并且,混合式教学设计,需要综合利用任务驱动教学法、分组教学法等多种教学方法,充分调动学生学习积极性、主动性,在传授知识的同时培养学生的综合素质,取得良好的教学效果。

通过对文献的进一步分析,我们发现,目前在线上线下混合式教学领域,还缺少结合人机协同教学的理论和实践探索,尤其是结合虚拟仿真软硬件。

三、虚拟现实辅助下的线上线下融合教学理论

信息技术的快速发展使得人们的认知活动越来越依赖于计算机、网络等电子工具。随着人类认知活动对工具、情境、环境等的依赖,具身认知理论与分布式认知理论,逐渐被人们所重视。VR 技术作为一种新兴技术,势必在不久的将来成为人们认知活动所依赖的新宠。基于此,我们选择上述两种理论作为虚拟现实辅助下的线上线下融合教学理论。

（一）具身认知理论

具身认知是心理学中一个新兴的研究领域。具身认知理论主要指生理体验与心理状态之间有着强烈的联系。[12]具身认知有 4 个理论特征：具身性、情境性、生成性和动力性。[13]

认知的具身性是具身认知的核心特征，认知不是凌驾于身体之上的抽象活动，而是依赖于身体的生理和神经结构的活动方式。认知的情境性强调认知过程并非发生在个体内部，而是认知主体在与环境的相互作用中产生的。认知的生成性批判身心、主客等传统的二元论，认为认知主体和世界不是对立的，而是处于交互循环之中，强调认知过程是动力的、非线性的、混沌的、涌现的特征。认知动力性强调人类认知是大脑—身体—环境三者耦合构成一个复杂的动态的自组织系统。[14]王辞晓教授说，具身认知理论重视身体及其经验，而借助技术的身体及其经验的"扩展"能够让我们获得更多的感知经验，对经验进行提炼、概括和巩固。[15]在此基础上，结合 VR 技术最大的优点——模拟实景，不难发现，具身认知理论可以成为连接 VR 和学生的桥梁。

从具身认知的理论到实践的过程中，不得不引入一个概念——具身认知学习环境。所谓具身认知学习环境，是基于具身认知理论的身心融合、主客一体下建立起来的一种心智嵌入大脑、大脑嵌入身体、身体嵌入环境的多种内嵌性的学习环境。[16]传统的教学观以输入、存储式为主，忽略了知识的体验性，没有具身反应。在具身认知理论下的教学应该是"身体的、合作的和多通道整合的师生之间的互动过程"。[17]这要求学生在被教学的过程中，身处区别于传统教室的新型教学环境，以满足学生与课堂、智力与体力、教学与情境的交融。

事实上，李志河、李彭媛等教授已经通过对比研究发现：有效的具身认知环境——智慧课堂学习环境，可以提高学生参与性和主动性，学习效果明显，对于培养学生创新思维和技术思维能力具有一定的影响。[18]

（二）分布式认知理论

20 世纪 80 年代中期，Hutchins 等人明确提出了分布式认知的概念。该理念认为，人类的知识并不是限定于个体之中，相反，是分布于个体、其他人、人工制品以及环境之中；认知活动不仅仅依赖于认知主体，还涉及其他认知个体、认知对象、认知工具、认知环境等因素。[19]分布式认知作为一种新的认知观点，是重新思考所有领域认知现象的一种新的基本范式。

选取分布式认知理论作为虚拟现实辅助下的线上线下融合教学的指导理论是源于该理论的以下几个特点。

第一，对交互作用的关注是分布式认知的重要特征。分布式认知通过分析工作过程中个体、其他人、人工制品以及环境的交互活动来解释认知现象。因此，分布式认知关注分布式系统中各要素的交互，包括个体的行为，个体与设备的交互，个体与其他人的互动作用，以及它们与环境或人工制品之间的交互。

第二，信息的共享是分布式系统运作的基础。哈钦斯认为交流是分布式认知的必备条件：个体知识通过向他人表征或可视化的方式分享给分布式系统的各要素，使其成为真正有用的知识。

第三，技术为分布式交互与协作提供给养。分布式认知的整合性理论观点，可用于建构对于如何利用新技术的理解。萨洛蒙等人认为教育对技术的利用应该追求"技术的效果"，而非"利用技术的效果"，即通过运用技术，改变认知，发展思维，而非单纯运用技术。

分布式认知理论应用于教育教学情境中具有两种不同的侧重方面：第一，侧重分布式认知理论的"社会层面"，即关注认知在不同认知者（学生与学生、老师与学生）之间的分布；第二，侧重分布式认知理论的"物质层面"，即关注认知在技术与人工制品层面的分布。

四、虚拟现实辅助下的线上线下融合教学实践

现如今，VR 技术已经开始逐渐应用于数学、科学、地理等理科学科的基础教育领域。随着 VR 技术的进步，虚拟现实环境（Virtual Reality Environment）允许使用者造访真实世界中难以访问的富有想象力和现实性的场景。下文详细介绍了三个虚拟现实辅助下的线上线下教学实例，它们分别描述了虚拟现实应用于视障儿童实体数学体验教学、遥感数据辅助下的虚拟现实地理教学和 VR 一体机辅助下的线上线下科学教学。基于三个实例，本文得到了虚拟现实辅助下的线上线下融合教学的一些启示。

（一）非视觉虚拟现实辅助下的线上线下融合教学实践

具身认知理论认为感觉运动交互作用在认知基础中起着重要作用。研究者（Nikoleta Yiannoutsou）在《非视觉虚拟现实：对视障儿童实体数学体验教学设计的思考》中围绕视障儿童的 VR 体验开发了有效的教学设计。该案例通过沉浸式虚拟现实构建一个虚拟的笛卡尔花园（由虚拟网格组成），使视障儿童通过声音和感觉运动与学习环境的交互来支持对笛卡尔坐标的具体探索。

笛卡尔花园的声音位置是使用声音定义的，两种不同声音的次数代表着 x、y 轴的坐标。例如位置(3,2)由三个长笛音符表示，然后是两个小提琴音符表示。同时，环境声音表示孩子在网格线上，但当孩子离开网格线时停止，当他们到达交叉点时发出"叮"的声音。研究人员引导儿童采用面向 y 轴的固定身体方向，沿 x 轴侧步移动，沿 y 轴向前移动。这种"在空间行走"的非传统方式采用了具身行动和概念之间的一致性。

2D 屏幕被用来反馈孩子的位置和方向，具体如图 1 所示。因为研究人员和老师需要识别孩子在虚拟花园中的位置，胶带被用于标记物理地板空间上的笛卡尔平面的关键元素（即轴、原点和 x 轴和 y 轴上花的距离）。孩子脚踏在这些元素上时 VR 反馈线可以实时传输孩子的位置、状态，以便研究人员指导孩子适当地完善他的动作。

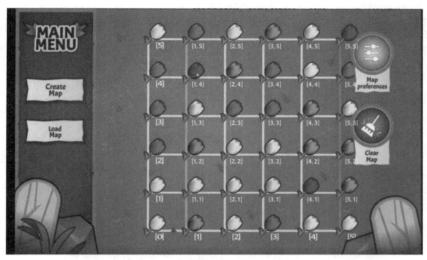

图1　电脑屏幕显示花园(1,0)附近的红色三角形是孩子在虚拟花园的位置

该案例共分为两个阶段,第一阶段旨在确定一套教学设计,第二阶段主要是实施设计和评估。研究结果揭示了身体运动和定位如何有效地培养视障儿童对笛卡尔平面学习的参与,以及声音和研究者促进在这一过程中所起的作用。该研究阐述了开发适当的具身教学设计的重要性,以支持在学校环境中为视障儿童有效整合沉浸式虚拟现实。通过一个迭代的设计过程,该研究提供了在教室中实施VR的先决条件和具体化的教学分配,以支持视障儿童探索笛卡尔坐标的概念。

(二)遥感数据辅助下的线上线下地理教学实践

分布式认知理论的重要特征之一是对交互作用的关注。此外,分布式认知理论强调信息的共享与交流,并被用于建构对于如何利用新兴技术的理解。在德国,"Columbus Eye"团队研发了一款用于传达富士山地质知识的虚拟现实应用程序。[20]该程序展示了VR技术被应用于线上线下地理教学的可能性。通过分析该案例,我们得到了分布式认知理论指导虚拟现实线上线下教学的重要启示。

在该应用程序中,"Columbus Eye"团队借助摄影测绘技术,将宇航员拍摄的高分辨率的富士山图像转化为3D的高程数字模型(DEM),并导入VR应用程序中,如图2所示。为了导入景观,"Columbus Eye"团队从3D模型导出单色高度贴图。然而,贴图的颜色过于单调。为了改变单调的灰色景观,团队创造了一种复杂的"材质"——应用于网格或景观的资产——用于改变模型的颜色和表面形状。此外,为了保证真实性,引入了在用户飞近表面时激活的混合功能,以提高视觉保真度。为了增加身临其境的体验,富士山的景观被嵌入一个逼真的天空箱,以加速的白天和夜间循环以及周围的雪山为背景。借助VR HMD(头戴式显示器)和控件,用户可以在沉浸式环境中漫游和探索逼真的富士山虚拟现实环境。接近山顶后,用户将被传送到一个小房间,VR 应用程序将切换到第一人称控制的环境。在此场景中,用户必须解决一个谜语。房间里仅有的两个装饰是一台笔记本电脑,以及旁边墙上的一个键盘。通过解决相关任务,用户将获得一个代码。将其输入上述键盘,如若正确,会触发一个小奖励,该奖励将显示在笔记本电脑上。

图 2 富士山的 3D 模型

上述案例充分体现了分布式认知理论对 VR 线上线下教学的指导作用。

第一,交互性。VR 设备的使用强调学生在沉浸式环境中的体验。因此,VR 教学的最大特征之一正是对“交互性”的强调。而关注交互性正是分布式认知理论的主要特征,分布式认知关注分布式系统中各要素的交互,包括个体的行为,个体与设备的交互,个体与其他人的互动作用,以及它们与环境或人工制品之间的交互。在该 VR 应用程序中,学生可以与虚拟现实的富士山场景发生交互,充分激发了学生的积极性与主动性,帮助学生发挥主体性作用。

第二,分布式认知理论强调信息交流与共享。VR 线上线下教学,应当注重信息与资源的开放和共享。通过 VR 技术,可实现虚拟图书馆、虚拟实验室等技术。在该案例中,虚拟现实的实验与体验功能得到充分的体现。通过将富士山的高程数字模型导入 VR 场景,沉浸式的3D 富士山场景可以被全球各地的用户访问。此外,学生可以通过与教师或其他参与体验的学生的交流,共享与更新探索富士山过程中得到的地理知识。课程开发团队也可以应用 VR 随时更新富士山地质变化的相关知识。

第三,分布式认知理论强调技术发展学生的能力与认知。该 VR 程序注意虚拟现实场景的直观性、交互性等特点,激发学生的学习热情,发展学生自主学习、合作探究等多方面的能力,体现了将技术当作“认知合作者”以促进能力发展的对运用信息技术于教学的新的解读。

(三) VR 一体机辅助下的虚拟现实线上线下科学教学实践

在国外,一项“调查青少年认知发展与三维、触觉、虚拟现实科学教学中存在感知之间的潜在关系"[21]的实验中,VR 一体机辅助下的虚拟现实技术已被成熟运用于科学教学中。在该实验中,75 名六年级和 76 名九年级学生使用 3D 触觉 VR 技术参加了有关心脏解剖学和生理学的教学模块。

在第一节课(30 分钟)中,学生们探索了各种科学现象,包括学生主导的植物和动物的生物解剖以及观察虚拟现实模拟下的森林环境中的蝴蝶。在剩下的时间(90 分钟)里,学生参与了特定的科学教学——学生从外部和内部检查并触控(跳动)人类心脏,如图 3 所示。

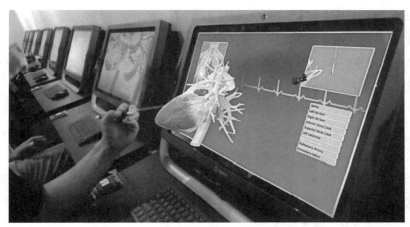

图 3　zSpace® 上代表人类心脏的虚拟现实环境

在该实验中,《人类心脏》一课是提前选择好的科学内容,因为它与六年级和九年级的《科学与健康》课程相一致。在该次实验中,VR 一体机辅助下的《人类心脏》线上线下融合教学为学生提供了交互式(3D)和沉浸式(感官)体验。教学内容包括:互动词汇——为学生提供了可供选择的框架信息;外部心脏的不同视图(心脏解剖);三维活动心脏功能(生理学)360°视图图像以及在休息和受胁迫(运动)时心率的触觉反馈(心动周期的放松和收缩)。

本次实验在成功开展虚拟现实辅助下的科学教学之外,主要致力于研究青少年认知发展与虚拟现实科学教学中存在感知之间的潜在关系。这项研究表明,参与者的认知发展水平,特别是在空间思维、推理和理解领域,与虚拟现实环境中的存在感有关。研究还表明,随着个人在虚拟现实环境中花费的时间变长,他们的空间敏锐度会提高。

因此,该实验通过教学实践的形式给予了我们很大的启示:将 VR 应用于教学有助于发展学生的空间思维、推理能力和理解能力。因此,在 VR 辅助下的线上线下教学过程中,教师应当有意识地引导学生通过与 VR 环境交互,发展自身能力,而不是简单地将虚拟现实环境当作一个教学场所。这无疑与具身认知理论和分布式认知理论的相关理念不谋而合,即将技术视为"认知的合作者"而非"认知工具"。

五、研究展望

（一）人机协同具身认知

信息技术的发展对促进学生学习和教师教学具有巨大的帮助。然而，技术对于教学的助力远未达到其所能带来的助力的极限。这主要是因为我们自身对技术的看法和使用方式，未随着技术的发展而一起革新，仍停留在浅层面。在我国，许多学校、教师乃至课程和技术的开发者都只是将信息技术当作简单的传递知识的工具，把"seewo 白板"当作"黑板"或"PPT"的替代品，把 VR 技术当作 3D 的"PPT"。换言之，在教学实践中，信息技术只是被当作便利传统教学的工具，而非革新教学方式的利器。

从具身认知理论的角度看，认知具有情境性、生成性、动力性等特性。这些特性都强调认知过程中认知主体与认知环境的交互作用。因此，我们不应把信息技术当作提高知识搬运效率的工具，而是将其纳入认知过程中，作为认知过程的重要因素，以信息技术促进认知主体与认知环境更好地交互，帮助学生获得更多的感知经验，帮助学生对经验进行提炼、概括和巩固，以提高学生的思维和认知能力。为此，我们应当强调在教学过程中努力做到人机协同，尝试将 VR 技术作为"认知的合作者"纳入认知环节，以提高学生的认知能力和思维。为此，在接下来的研究中，我们尝试从"人机协同＋具身认知"的角度开展研究，以期在对信息技术的认知和在教学中的运用方式等方面做出革新。

（二）虚拟现实线上线下融合教学评价

VR 技术应用于数学、科学、地理等理科学科的基础教育领域已经非常普遍。然而，在开发新课程之外，课程革新的一大难点往往在于建立健全新的教学评价机制。国内外学者广泛研究如何将虚拟现实技术应用于教学中以促进教育的发展，而对于虚拟现实线上线下融合教学的课程评价机制的建立与研究却少有涉足。

在不久的将来，本研究团队拟搜寻更多虚拟现实辅助下的线上线下融合教学的实践案例，基于对大量实例的分析，初步建立虚拟现实线上线下融合教学的课程评价机制。团队拟从教师的教、学生的学与 VR 技术的运用、线上线下的契合度等多方面进行课程评价。

（三）虚拟现实移动便携式发展

在 VR 设备便利教学的同时，设备本身成为了一种束缚。为此，团队建议将 VR 设备从桌面应用程序转换为移动应用程序，使它能触及更多对其感兴趣的教师和学生。为了使 VR 设备可移动，需大幅简化虚拟现实场景景观，以便移动设备足够负担虚拟现实环境的展开。此外，VR 设备的便携式发展必须在不影响平滑帧速率质量的情况下完成。

关于虚拟现实移动便携式发展，我们建议从输入设备入手，设置不同的控制方案，如选取蓝牙控制器和人眼跟踪设备。VR 设备的便携式发展和 VR 程序场景的简化需要依靠设备研发者和课程开发者的共同努力。VR 便携式发展的未来值得期待。

参考文献

[1] 武智涛,张晓静.在高中地理教学中应用 VR 技术的实践与思考——以《中外著名旅游景观欣赏》一课为例[J].中国现代教育装备,2021(16):44—46.

[2] 高媛,刘德建,黄真真,黄荣怀.虚拟现实技术促进学习的核心要素及其挑战[J].电化教育研究,2016,37(10):77—87,103.

[3] 高义栋,闫秀敏,李欣.沉浸式虚拟现实场馆的设计与实现——以高校思想政治理论课实践教学中红色 VR 展馆开发为例[J].电化教育研究,2017,38(12):73—78,85.

[4] 李勋祥,游立雪.VR 时代开展实践教学的机遇、挑战及对策[J].现代教育技术,2017,27(7):116—120.

[5] 刘勉,张际平.虚拟现实视域下的未来课堂教学模式研究[J].中国电化教育,2018(5):30—37.

[6] 李小平,赵丰年,张少刚,等.VR/AR 教学体验的设计与应用研究[J].中国电化教育,2018(3):10—18.

[7] 刘德建,刘晓琳,张琰,陆奥帆,黄荣怀.虚拟现实技术教育应用的潜力、进展与挑战[J].开放教育研究,2016,22(4):25—31.

[8] 吴岩.建设中国"金课"[J].中国大学教学,2018(12):4—9.

[9] 韩筠."互联网+"时代教与学的新发展[J].中国大学教学,2019(12):4—7.

[10] 冯晓英,王瑞雪,吴怡君.国内外混合式教学研究现状述评——基于混合式教学的分析框架[J].远程教育志,2018,36(3):13—24.

[11] 解筱杉,朱祖林.高校混合式教学质量影响因素分析[J].中国远程教育,2012(10):9—14,95.

[12] 叶浩生.具身认知:认知心理学的新取向[J].心理科学进展,2010,18(5):705—710.

[13] 李其维."认知革命"与"第二代认知科学"刍议[J].心理学报,2008,40(12):1306—1327.

[14] 胡万年,叶浩生.中国心理学界具身认知研究进展[J].自然辩证法通讯,2013,35(6):111—115,124,128.

[15] 王辞晓.具身认知的理论落地:技术支持下的情境交互[J].电化教育研究,2018,39(7):20—26.

[16] 王美倩,郑旭东.在场:工具中介支持的具身学习环境现象学[J].开放教育研究,2016,22(1):60—65.

[17] Rambusch, J, Ziemke, T. The role of embodiment in situated learning [C],The Proceedings of the 27th Annual Conference of the Congnitive Science Society, 2005.

[18] 李志河,李鹏媛,周娜娜,刘芷秀.具身认知学习环境设计:特征、要素、应用及发展趋势[J].远程教育杂志,2018,36(5):81—90.

[19] 蒲倩. 分布式认知理论与实践研究[D]. 上海:华东师范大学,2011.

[20] Rienow, A., Lindner, C., Dedring, T. et al. Augmented Reality and Virtual Reality Applications Based on Satellite-Borne and ISS-Borne Remote Sensing Data for School Lessons [J]. PFG, 2020,88 (2):187 - 198.

[21] Hite, R. L., Jones, M. G., Childers, G. M. et al. Investigating Potential Relationships Between Adolescents' Cognitive Development and Perceptions of Presence in 3 - D, Haptic-Enabled, Virtual Reality Science Instruction [J]. J Sci Educ Technol, 2019,28(3):265 - 284.

基于扎根理论的网络师生互动影响因素研究

徐 墨

【摘要】新冠疫情下,我国开展网络教学的主要问题之一在于师生在线互动不够充分。研究从学生视角出发,运用扎根理论对北京地区 22 名高中生进行一对一访谈,采用 NVivo 软件对访谈内容进行文本编码分析,并在此基础上探讨网络教学环境下师生互动的影响因素。研究结果表明,"学生参与互动的意愿与能力""教师参与互动的意愿与能力"与"互动参与的保障机制"共同影响师生参与互动的行为。扎根于访谈文本生成的网络教学下的师生互动影响因素模型,能够在某种程度上为任课教师和学校管理人员提供借鉴参考。通过学校建立监督评价机制、提升教师信息化素养、建立线上教学互助小组、加强技术部门支持并选择适宜的教学平台,有助于促进在线师生互动,产出更加有效的教育教学和管理方案。

【关键词】师生互动;网络教学;扎根理论;编码

【作者简介】徐墨/北京外国语大学国际教育学院

Research on the Influencing Factors of Online Teacher-student Interaction Based on the Grounded Theory

XU Mo

Abstract: During the COVID‑19 pandemic, the inefficiency of online teacher-student interaction was one of the most severe challenges for maintenance of schooling activities. Based on grounded theory, this study conducted one-on-one interviews of 22 high school students in Beijing. Data were analyzed with NVivo software, and factors were identified related to teacher-student interaction during the online learning context. The main factors underlying effective interaction included students' and teachers' willingness and capacity to participate and guaranteed mechanisms for teacher-student interaction. The model of teacher-student online interaction to some extent could provide guidance for teachers and school administrators to enhance their teacher-student online interaction behaviors and make school management more efficient. By establishing a monitoring and evaluation mechanism in schools, improving teachers' IT literacy, establishing online teaching support groups, strengthening the support of the technology department, and selecting an appropriate teaching platform, online teacher-student interaction can be enhanced and more effective educational teaching and management programs can be produced.

Key words: teacher-student interaction; online learning; grounded theory; student perspeetive; coding

一、引言

2020 年新春伊始,新冠疫情肆虐全球,世界各国为应对疫情纷纷关闭校园。网络教学成为"停课不停学"的重要途径。但是,在远程教育基础设施并不完善的条件下开展大规模在线教育难免存在一些瑕疵,比如光明日报教育研究中心和北师大新媒体传播研究中心发布的《新冠疫情期间中小学在线教育互动研究报告》显示,师生在线互动不够充分是当前在线教育的主要问题。基于这一现实背景,本研究从学生的视角出发,运用扎根理论(Grounded Theory)的方法对北京地区 22 名高中生进行一对一的访谈和相应的文本编码分析,探讨在网络教学的背景下影响师生互动行为的相关因素。

二、概念界定与研究问题

"互动"一词在辞典中的主要释义为"人与人之间的交互作用",强调人际关系以及人与人之间相互影响、相互作用的过程。以教育的视角来看,师生互动是一种特殊的人际互动,是教师与学生之间相互影响、相互作用的具有教育意义的人际交往。[1][2]高中阶段的师生互动不仅仅局限于教师和学生之间的课堂互动行为,还囊括课堂之外的师生互动行为。这种互动体现出高中生的社会交往能力和社会适应能力,对高中生的学业表现和日常行为起到重要的影响作用。[3]

关于师生互动的主题,目前已有不少学者对其开展研究并产生了具有理论和实践意义的成果。在研究内容方面,现有研究主要集中于探讨高等教育层次的师生互动,比如濮岚澜等运用"权力理论"探讨高校人才培养过程中导师对博士生的指导模式,[4]而关于高中阶段的师生互动研究比较缺乏。在研究方法方面,探讨师生互动的实证分析占据主导地位,比如朱红等通过实证分析探讨如何通过构建有利于师生互动的校园生态环境推动学生的发展,[5]此外,也有部分学者运用扎根理论等质性方法对这一主题开展研究。[6][7]在研究视角方面,现有研究以理论分析作为主要的出发点对师生互动进行探讨,比如庞丽娟、李保强、李瑾瑜等学者对师生互动的本质和特征进行综述梳理,[8][9][10]张俭民等从米德符号互动论的角度建构师生课堂互动的关系,[11]以及王珊等运用交往行为理论探讨构建"对话性实践"的学习方式。[12]但是,从实践角度出发探讨高中阶段师生互动的研究比较缺乏,并且此类研究大多局限于某门课程中的师生课堂互动,比如,贺俊基于互动理论对高中英语课堂中的教师反馈语进行的分析。[13]总体而言,在现有研究中运用质性方法对高中阶段的师生互动进行"自下而上"的研究比较缺乏,聚焦疫情期间网络授课背景下师生互动的研究更是凤毛麟角。本研究将在前人研究的成果上,应用扎根理论的方法,基于一对一访谈的文本提炼出网络教学下的师生互动影响因素,有助于弥补相关研究的不足、探讨疫情之下开展在线教育对师生互动的影响,并为后期开展相关的实证研究打下基础。

三、研究方法与过程

(一)研究方法

扎根理论源于巴尼·格拉泽(Barney Glaser)和安塞尔姆·斯特劳斯(Anselm Strauss)这两位社会学家于 1967 年出版的著作《扎根理论之发现》(*The Discovery of Grounded Theory*)。[14]扎根理论不需要进行假设检验,而是扎根于现实世界的质性数据,并通过"自下而上"的方式构建和发展理论。通过系统化的资料收集和数据分析,扎根理论可以将研究数据进行深层次的挖掘和整合,构建出一套解释模型,进而探讨社会现象背后的运行逻辑。其研究流程一般包括资料搜集(如民族志、深度访谈、文本分析)、三级编码(如开放式编码、主轴编码、选择式编码)以及建构理论等。[15]基于这一流程,本研究首先在已有文献的基础上确定研究问题、访谈对象并设计访谈大纲;其次按照扎根理论的操作要求进行样本抽样和一对一的深度访谈;最后运用 NVivo 软件对访谈数据进行整理、编码和分析,最终构建出网络教学下的师生互动影响因素模型。

(二)访谈对象

本研究从学生视角出发,以学校为单位进行整群抽样,尽可能地降低收集资料的难度和成本。研究共选取来自 10 所北京市市级示范高中以及 5 所国际高中(包含公立学校国际部)的 15 位学生作为初始访谈对象,即每所学校各抽选一名受访者。为了扩大样本数量,研究中还采用滚雪球的抽样方式,通过最初的 15 位受访者联系到更多愿意参与访谈的受访者,最终共对北京地区 23 名高中生进行一对一的深度访谈。受访学生分布在高一至高三的三个年级,来自东城区、海淀区、朝阳区和顺义区这四大区域,涉及北京市的公立高中和国际高中,具备一定的全面性和代表性。基于环境过于嘈杂的原因,一名受访学生的访谈内容无法被机器和人工成功识别。因此,研究将上述受访学生的访谈内容进行剔除处理,留下 22 名受访高中生的访谈内容进行后续分析。受访者的基础信息见表 1。

表 1　受访者基础信息表

	受访者
所处区域	东城区:7 名;海淀区:12 名;朝阳区:2 名;顺义区:1 名
学校属性	市级示范高中:17 名;国际高中:5 名

受访者	
年级	高一:2名;高二:18名;高三:2名
性别	女:17名;男:5名
共计	22名

(来源:笔者自行整理)

(三) 数据收集

本研究者在阅读相关文献的基础上多次修改访谈问题,最终确认访谈提纲并以微信语音的形式进行一对一的访谈活动。访谈内容主要涉及网络授课和在校上课期间的师生互动行为及其影响因素。在访谈开始前,访谈者向受访者说明访谈的流程和研究目的,承诺研究不会泄漏访谈内容和受访者的个人信息,征求受访者的同意和最大限度的信任。在访谈中,访谈者力求态度客观中立、避免刻意引导,鼓励受访者畅所欲言地表达自身真实的感受和经历。在访谈结束后,将访谈内容进行录音存档并通过"讯飞听见"这一技术工具转换成文本文件,作为后续研究的一手文本资料。汇总统计后,采访时长共达752分钟,访谈文本共计超过16万字。在整个研究过程中,受访者的姓名、学校、家庭住址、联系方式等个人信息均被进行保密处理,访谈的全部内容也被受访者允许作为学术资料使用,项目数据的有效性和可用性由此得以保障。

(四) 编码分析

质性编码是对数据内容进行拆解、分类、概括和说明等操作的定义过程,是进行分析性解释和理论构建的必要步骤和关键环节,主要包括开放式编码、主轴编码和选择式编码这三个层次。[16][17] 在正式开展编码分析之前,本研究从22名受访者中随机抽选18位学生的采访文本作为编码分析的原始资料,另4位学生的访谈文本作为原始资料进行后续的理论饱和度检验。

首先,在开放式编码环节,严格遵循忠于数据的原则,剔除访谈者个人的想法,以开放的态度对访谈文本进行逐字逐句的拆解和提炼。这一环节共筛选出597条可用的原始信息,包括549条关于在线上和线下场景中的师生互动行为和互动感受,以及48条关于师生关系影响因素的阐述。在信息筛选的基础上,共提炼出59个初始编码以及13个范畴(表2),具体包括:学生互动能力、学生互动意愿、学生互动需求、教师互动意愿、教师个人素质、教师互动能力、师生互动媒介、师生互动场景、师生互动氛围、师生关系质量、师生互动时长、师生互动频率以及师生互动质量。

表2　网络教学下的师生互动影响因素之范畴提炼示例

访谈文本	文本摘要	初始编码	范畴
"在积极性上会有所削减,反正我个人是这样的。如果在面对面教学的时候,……我可能会在下课老师没走之前去问一下,但是如果是网络教学的话,我一般就不会点开和老师的聊天窗,就可能问一下别的同学,然后大概了解一下就结束了,就不会有动力去问一下老师。"	a3 线下下课直接提问;a4 线上没有动力问老师	A2 主动提问的动力(a3,a4)	AA1 学生互动意愿(A2,A5)
"就算这道题很简单,如果你去线下问的话,可能就会碍于面子,你就不想问了。在线上就是这方面的顾虑会比较小。"	a21 线下碍于面子不想问;a22 线上没有面子顾虑	A5 面子(a21,a22)	
"在网络上老师找学生,只不过是那种单方面的找,就是给你发微信。但是你想看到就看到,不想看到你可以过很久之后你才能看到。明显感觉(师生)之间相互(互动)的感觉是不太一样的,(和线下相比)时效性会有区别。"	a86 微信反馈的时效性不如线下反馈	A13 反馈及时程度(a86)	AA2 教师互动能力(A13,A16,A21)
"教学时间就从一节课45分钟加到一个小时。……下一节课都上了,他还没有意识到自己已经拖堂的情况,然后就草草地结束会议,放同学们去上其他老师的课。"	a97 没意识到自己拖堂	A16 课堂时间管理(a97)	
"在学校上课,老师点你,还有周围的同学。我觉得这个因素很必要。"	a112 老师点人	A21 课上点人发言(a112)	
"(网络教学后)课下(互动)就少了很多了,不管是什么开玩笑还是问问题都少了很多。毕竟课一结束,我的会议就取消了,就少了好多语音上面沟通的机会。"	a167 下课后会议室取消,减少沟通互动机会	A28 在线会议室关闭(a167)	AA3 师生互动媒介(A28,A35,A42)
"你听到的有延迟,你回答出去还有延迟,然后再加上就是那种线上的'meeting room'里面不能大家一起说话,如果大家一起说话的话谁都听不清。所以还是很影响就是语言方面的学习。"	a219 声音延迟,还有大家不能一起在线说话,影响学习	A35 设备问题(a219)	
"其实我觉得网络教学的话,它其实比你在学校有更多的机会和老师来交谈,因为你不需要去找他,你只需要在微信上和他发消息,就能够得到回复,其实它应该是让你和老师有更好的一个沟通机会。"	a350 在线比在校提供更多师生交谈的机会	A42 交流媒介(a350)	

(来源:笔者自行整理)

　　其次,主轴编码环节将把开放式编码环节中提炼出的范畴串联起来,以"前因条件、理论现象、脉络背景、中介条件、行动策略和结果"这一分析框架探索各个范畴之间的关系,并最终得到核心范畴。[18] 研究在遵循上述分析框架的基础上提炼出两个主范畴,即师生参与互动的意愿与能力以及互动参与的保障机制(表3)。以师生互动的保障机制为例,前因条件是师生互动媒介,理论现象是师生互动场景,脉络背景是师生互动氛围,中介条件是师生互动质量,行动策略是师生互动时长和师生互动频率,结果是师生关系质量。基于上述分析框架得出师生互动保障机制的"故事线",即在疫情到来之际,师生进行互动交流的渠道被迫由线下转为线上,互动场景因此由授课教室、课后或午休的自习室、教师办公室及校园的其他地点转变为网络虚拟教室、微信和在线办公平台;虽然少部分的受访者提出在线互动令他们感到更加的放松自在,但大部分的受访者认为和真人面对面的互动相比,隔着电脑屏幕的在线互动多多少少令他们产生距离感、隔阂感、陌生感和落差感,这些感受直接影响到师生互动的效果;在线教学期间,上述互动情景和互动氛围直接影响师生在课上和课下的互动时长与互动频率,这二者将最终影响师生之间关系的远近亲疏。

表 3　网络教学下的师生互动影响因素之主轴编码

主范畴	范畴	解释和备注
师生参与互动的意愿与能力	学生互动能力	学生能够参与师生互动的现实条件,如在线学习的专注程度、作业压力程度等。
	学生互动意愿	学生对参与师生互动的态度倾向,如是否担心打扰老师、是否有鸵鸟心态等。
	学生互动需求	学生对参与师生互动的实际需要,如是否有辅导班老师可以解决答疑需求、教师是否在课堂讲解中已经解决学生的疑惑等。
	教师互动意愿	教师对进行师生互动的态度倾向,如是否以网络不同、技术问题等借口推卸教学教育责任等。
	教师个人素质	教师的个人特点,如师德、个人魅力、对待学生的态度等。
	教师互动能力	教师能够进行师生互动的现实条件,如是否掌握课堂时间管理、在线软件操作等能力。
互动参与的保障机制	师生互动媒介	师生之间进行课堂和课下互动的渠道,如腾讯视频会议、微信私信、钉钉群等。
	师生互动场景	师生之间进行课堂和课下互动的地点和场景,如午休时间的教室内、教师办公室内、操场等。
	师生互动氛围	师生之间进行课堂和课下互动交流的气氛,如拘谨感、隔阂感、放松自在的感觉等。
	师生互动时长	师生之间进行课堂和课下互动的时间长短,如每次下课和老师讨论问题15分钟。
	师生互动频率	师生之间在单位时间内进行课堂和课下互动的次数,如每天下课去找老师问问题。
	师生互动质量	师生对彼此课堂和课下互动的满意程度,如课堂节奏过慢、课堂效率低等。
	师生关系质量	师生对彼此关系的满意程度,如单纯教与学的一般师生关系、不被教师信任的差劲的师生关系等。

(来源:笔者自行整理)

　　最后,选择式编码环节从主范畴中挖掘核心范畴,并将各变量纳入理论模型的构建,最终形成基于原始资料的围绕核心范畴展开的"故事线"。[19] 在完成开放式编码和主轴编码的基础上，发现"师生参与互动的意愿与能力"与"互动参与的保障机制"这两个主范畴均以"师生参与互动的行为"为核心展开，因此研究将"师生参与互动的行为"作为核心范畴。

四、研究结果

访谈文本资料作为证据表明"师生参与互动的意愿与能力"与"互动参与的保障机制"共同影响"师生参与互动的行为"，在此基础上生成网络授课下的师生互动影响因素模型。本研究在对随机抽选的 18 位学生的采访文本完成编码后，运用剩余 4 位学生的访谈文本进行理论饱和度检验，没有发展出新的概念和范畴，且分析结果符合网络教学下的师生互动影响因素模型。因此，研究模型可被认为达到理论饱和。

第一，学生参与互动的意愿与能力影响师生参与互动的行为。在网络教学的背景下，互动能力和互动意愿是影响学生参与师生互动的主要因素，而学生的互动需求受网络环境的影响不大。具体而言：(1)学生的在线互动能力负向作用于师生参与在线互动的行为。相较于线下授课，网络授课时期的学习任务更加沉重，学生更加难以进行自我约束，师生互动的次数相应有所减少。(2)学生的在线互动意愿对师生参与在线互动的行为具有正向和负向的作用。相较于线下面对面的交流，网络教学更难调动一部分学生与教师进行互动的积极性，在线文字交流也会显得更加正式和严肃，不利于学生主动发起互动或回应教师的沟通。然而，也要注意到，在线沟通有助于增强另一部分学生的沟通意愿，利于增加师生间的互动行为。

第二，教师参与互动的意愿与能力影响师生参与互动的行为。教师的网络互动能力、互动意愿和教师个人素质是主要的影响因素。具体而言：(1)教师的在线互动能力负向作用于师生参与在线互动的行为。在网络授课的背景下，教师需要更长的摸索和适应的时间，相较于线下面授的课程，教师更难对网络课堂进行时间管理，因此师生之间的课堂互动受网课的影响而有所减少。(2)教师的在线互动意愿对师生参与在线互动的行为具有正向和负向的作用。部分教师因担忧网课授课效果不足，会相应地增加与学生的课堂互动行为。但是，在网络教学时期，当任课教师不愿意承担像班主任般关心学生的责任，师生之间的课下互动便会相应减少。(3)教师的个人素质负向作用于师生参与在线互动的行为。在网络教学的背景下，教师缺乏来自学校的监督，其不负责任的心态将会被无限放大，导致师生互动有所减少。

第三，参与互动的保障机制影响师生参与互动的行为。这一影响通过师生之间的互动媒介、互动场景、互动氛围、互动时长、互动频率、互动质量和关系质量这七个方面对师生参与互动的行为共同产生负向作用。具体而言：(1)在师生互动媒介方面，网络的延迟和设备的故障难以调动起学生回答课堂问题的积极性，同时，下课后即刻关闭在线会议室也会令学生和教师在课后的互动渠道有所减少。(2)在师生互动场景方面，网络教学无法像学校一样为学生提供与老师在校园偶遇、办公室约谈等沟通场景，学生更倾向于自己解决问题而非主动和教师进行互动交流。(3)在师生互动氛围方面，直播教室、视频软件等在线工具和面对面的真人相比缺乏人情味和真实感，不免令学生感觉到拘谨和缺乏热情，从而对在线交流产生抵触情绪。(4)在师生互动时长方面，网络教学的背景下，学生普遍承担更多的作业任务，拥有更少的自由时间，因此能够用来和老师进行日常互动的时长有所缩减。(5)在师生互动频率方面，网络平台无法为学生提供和老师真人见面的机会，同时网课进度比较紧张，造成师生间课下和课上的互动频率减少。(6)在师生互动质量方面，与当面讲解相比，在线答疑难以令学生完全理解和掌握知识点，答疑效率难以保证。此外，部分学校选取录播课或网页的形式进行日常教学，极大减少了师生课堂互动的机会，不利于保证课堂的学习效率。(7)在师生关系质量方面，无法见到真人面孔的网络授课不可避免地减弱了师生之间的亲近感。

五、讨论与建议

线上教学是一种全新的体验，是技术与教育结合的创新模式，是对学校管理能力以及教师教学适应能力的空前挑战。从完全的线下教学骤然转变为陌生的线上教学模式需要各级各处统一部署、规划、执行，制定详细的在线教学工作方案，时刻切实贯彻落实"停课不停教，停课不停学"的精神主旨。虽然在线教学有其固有的缺点和不足，但是通过学校建立监督评价机制、提升教师信息化素养、建立线上教学互助小组、加强技术部门支持并选择适宜的教学平台仍可发挥其最大功效。

从教学管理的角度来看，对学生和教师的监督评价机制应有所调整。在访谈中，受访者表达了自身对网络授课时期师生互动的体验与看法，一定程度上验证前文提及的《新冠疫情期间中小学在线教育互动研究报告》中的结论，即当前开展在线教育的问题之一是师生在线互动不够充分。因此，若从问题根源出发，学校领导应成立督导组对线上教学加强监管，比如校长、教学主任等能够以管理员身份，在任课教师进行线上授课时段随机进班听课，这有助于杜绝网课"划水"等不负责任的行为，提升师生进行课堂互动的质量。此外，学校可以设立导师制，以年级为单位，除各班班主任外，任命各学科教师点对点负责相应学生的课后跟踪，为学生居家学习时可能会出现的心理健康问题或是学生生活困难提供坚实保障。在线上教学时段，应安排专业的信息技术保障部门随时待命，充分利用大数据，对学生的学习情况和教师的教学情况进行分析评估来保障教育教学工作的有效推进。只有加强监管、及时发现问题，才能对症下药地改善师生在线互动的数量与质量。

从课程教学的角度来看，教师应持续提升自身的信息化素养。当前，线上教学仍以教师讲、学生听的模式为主，师生的有效互动较少，学生的主体地位也不够突出。随着教学形态的变化，教学理念、教学方法、教学内容都将作出相应的改变。因此，教师应积极提高自身的信息化素养与数字化教学能力，以教学大纲为依据、以信息技术为载体，注入自身的主观能动意识与创新设计，充分、合理、有效运用信息技术的优势所在，更好地展现数字化教学的魅力，满足学生个性化、多样化的需求，以发展学生核心素养为己任。鉴于线上教学技术层面的不确定性,建议教师在课前、课中和课后做好教学准备工作。例如:在课前充分备课,不仅要备教材、备教法、备学生,还需要备技术,多学多练,制定详尽的教学方案,熟练掌握操作应用平台各项功能的能力;在课中通过在线"连麦"提问等手段督促学生积极主动加入课堂讨论,并对线下上课不够积极的学生在线上予以更多关注;在课后通过语音或是文字沟通的形式了解学生遇到的困难、解答学生的学习问题,并通过设置微信群的方式及时发布课程要求、学习重点、课程资料等课程信息。在线上教学的背景下,坚持"以学生为本"的教育理念,运用数字手段引导和帮助学生成为自己学习之旅真正的主人。

从教师团队建设的角度来看,任课教师可打破学科或教研组的壁垒,自下而上地形成线上教学互助小组。小组成员可以在各个层面、各个维度有针对性地对彼此授课过程中出现的问题予以解答或是进行资源共享。线上教学互助小组的老师可以通过在线沟通平台对课程教学环节进行实时的意见交换,彼此对各自的教案作出点评和建议,实现相互借鉴、共同进步。一方面,在进行教学设计的过程中,老教师可以带领新教师一同讨论最为适合线上开展的教学活动,分享优秀生动的真实案例和学生反馈,充分调动学生参与课堂活动的积极性。另一方面,新教师可以充分发挥自身信息化素养优势,向老教师分享增设签到打卡、课堂"连麦"、在线小测等信息化教学工具的使用经验。这种互帮互助的模式不仅可以加强团队内部建设,也可以快速提升教师的理论和实践水平。

从技术支持的角度来看,教师应尽量与学校技术部门进行有效沟通,并选择最适合于学生学情的在线平台,以便更好、更快地实现教学需求。首先,学校应对教师的硬件设备,如笔记本电脑、键盘、鼠标等进行统一管理,并对教学软件进行定期的更新升级。以北京市东直门中学为例,在进行线上教学之初,学校技术支持部门聘请专业人员为所有教师逐一排查和检修教学设备问题,发放在线教学平台使用手册,并建立微信群随时解答教师在设备操作过程中所遇到的技术难题,确保线上教学稳步推进。其次,线上教学平台多种多样,如何优中选优、挑选最适合本校学生使用的平台需要多方摸索。在学生居家学习阶段,北京市东直门中学针对各年级的不同学情匹配适宜的教学平台。具体而言,高一、高二的学生使用智学网平台,高三年级则使用微师平台进行网络授课。上述两个平台功能相近,但各有优缺点。比如,微师平台与 Zoom 会议室类似,虽然平台匹配的教育资源比较缺乏,但是能够支持多人同时在线进行语音通话,平台运行也比较稳定,这在一定程度上可以还原真实课堂,为师生间、生生间交流提供便利的通道,有利于适应高三年级高强度、快节奏的课堂教学需要。智学网平台虽然仅支持一对一语音通话的功能,信号不稳定的情况也时有发生,不利于课堂节奏的稳步推进,但是该网站配备了齐全的作业平台、考试平台及海量学习资源供师生选用,高一和高二学生可以依托平台的多种功能和资源打牢知识基础。

大规模的"停课不停学"已经告一段落,网络教学或将与线下教学相互融合,形成打通线下和线上时空的教学新形态。因此,学生参与师生互动的行为将不仅仅局限于课堂中和学校内,而是随着教学形态的发展而更加地多元化、扩展化。从学生的视角了解网络教学下的师生互动,有助于梳理影响其参与师生互动行为的因素,为解决当前在线教育中师生互动不足的问题提供一定的参考。

参考文献

[1][8][16][17] 叶子,庞丽娟.师生互动的本质与特征[J].教育研究,2001,22(4):30—34.

[2] 杨刚,徐晓东,谢海波.从课堂到网络:多学科视角下师生互动透视[J].远程教育杂志,2010,28(6):46—52.

[3] 刘万伦,沃建中.师生关系与中小学生学校适应性的关系[J].心理发展与育,2005,21(1):87—90.

[4] 濮岚澜,赵伟.高校师生关系:一般理论及应用分析[J].清华大学教育研究,2001(4):69—79.

[5] 朱红,文东茅,许锐.高校师生交流的生态学实证分析[J].教育学术月刊,2011(2):23—28.

[6] 李小聪.基于扎根理论的高校大班课堂学生互动参与驱动研究[J].重庆高教研究,2017,5(3):73—79.

[7] 赵晨.中学生师生关系的量化和质化研究[D].石家庄:河北师范大学,2015:15—19.

[9] 李保强.师生互动的本质特点与外部表征[J].教育评论,2001(2):27—29.

[10] 李瑾瑜.关于师生关系本质的认识[J].教育评论,1998(4):36—38.

[11] 张俭民,董泽芳.从冲突到和谐:高校师生课堂互动关系的重构——基于米德符号互动论的视角[J].现代大学教育,2014(1):7—12.

[12] 王珊,苏君阳.交往理性视域下学生课堂参与的内涵及其实现途径[J].现代中小学教育,2015(7):51—54.

[13] 贺俊.高中英语课堂互动中的教师反馈语分析[J].教学研究,2013,36(2):103—106.

[14] Glaser, B G. The Discovery of Grounded Theory: Strategies for Qualitative Research [M]. New York: Aldine Publishing Company, 1967:25.

[15][19] 凯西·卡麦兹.建构扎根理论:质性研究实践指南[M].边国英,译.陈向明,校.重庆:重庆大学出版社,2009:17—90.

[18] Straus, A., Corbin, J. Basics of Qualitative Research: Grounded Theory Procedures and Technique [M]. CA: Sage Publications, 1990:25‐36.

线上线下融合教学的本质要义、多元模式与生成场域

贾建国

【摘要】当前,线上线下融合教学正成为我国"教育新常态"的重要表征之一。在实践应用中,线上线下融合教学必须坚守"以学为中心"的本质原点,以多元模式构造线上线下学习双重优势、以系统整合营造线上线下融合教学生成场域,从而为学生提供一种整体性的学习体验,更好地促进学生个性化学习的达成。

【关键词】融合教学;线上线下;以学为中心;教育新常态

【作者简介】贾建国/深圳市教育科学研究院

The New Normal of Education: Essentials, Mode and Field of Blended Learning

JIA Jianguo

Abstract: Nowadays, blended learning which integrates online and offline is becoming one of the important representations of the "new normal of education" in China. Blended learning aims to secure the advantages of both offline and offline education in providing students with a holistic approach to learning. In practice, schools and teachers should pay attention to the reconstruction, optimization and innovation of curriculum content, learning strategies and evaluation methods, as well as the construction of corresponding mixed learning field.

Key words: blended learning; online and offline; learning-centered; the new normal of teaching

一、本质要义:"以学为中心"的自觉表达

新课程改革以来,"以学为中心"虽然在理念上已深入人心,但在实践上教学重心有意无意偏向"教"的现象仍屡见不鲜。线上线下融合教学的深度进入,不仅使得"以学为中心"的教学意识得到了进一步强化,更重要的是学生的自主学习意识得到了充分激发,使学生对"以学为中心"的主体责任得以深化认识并常态化践行。具体来讲,线上线下融合教学具有以下三个特质。

一是强化"生本立场"的真实践行。线上线下融合教学改变了传统"以教为中心"的教学理念,也不同于一般意义上"以学为中心"的教学方式,而是进一步强化了学生的主体地位,促进以教为主的"教学结构"转型为以学为主的"学习结构"。在线上线下融合教学应用中,信息技术的深度参与使课程内容不仅以声音、文字、图片的方式进行便捷传递,还给予学生在学习时间、地点、路径和进度等方面非常大的自由空间,使得学生能够通过虚拟学习环境更好地遵从自我意愿随时随地学习,极大强化了学生知识内化的过程和效果。

二是强调"优势融合"的整合体验。线上线下融合教学不是简单地以线上学习替代线下学习,而是通过二者的多元融会贯通,实现课程学习在多种场景的交互性转换。当在线自主学习与线下教学活动实现环环相扣的层次递进时,将能够有效激活学习者进行反思、探究等深度学习的必备条件。进一步讲,依托信息技术拓展和重构泛在学习的交互时空,可以有效实现物理空间和虚拟空间的高度融合,构建形成富有"双重优势"的学习空间,发挥线上线下学习的"叠加优势",从而为每个学生个性化成长创生更加生动、丰富和有效的发展场域,使学生在学习过程中获得一种整合式的学习体验。

三是重在"因材施教"的有效达成。线上线下融合教学实现了教与学方式由浅层科技化向深度科技化的转变,使得学习形式变得更加多样化、精准化,从而可以有效推进"因材施教"教育理想的更好达成。在实践中,通过大数据记录学生的学习痕迹及遇到的问题,教师可以基于学生的差异化学情基础、课业水平和发展志趣等进行精准化教学指导,为每个学生推送私人化学习方案及配套资源,从而更好地帮助学生自主实现个性化发展增值。[1]

二、多元模式:线上线下融合的主体策略

线上线下融合教学成为"教育新常态"的重要表征之一,就是要能够在实践中常态化发挥作用。因此,如何选择适切的线上线下融合教学应用模式及策略,是当下学校及教师面临的最为重要的实践命题。基于线上线下融合教学的国内实践并借鉴国外经验,至少有以下几种模式类型可供选择。

(一)流程再造型模式

"流程再造型"模式是指改变传统"先教后学"的流程设计,转变为线上线下融合的"先学后教"流程设计。进一步讲,学生先根据教师推送的在线资源进行自主学习,然后在班级开展问题研讨、课题探究或实践练习等,最后通过作业或测评来驱动学生深化知识学习、能力形成和品质养成。在此过程中,教师重在为学生提供导学支架、过程指导和诊断评价,使学生可以获得优化的个性化问题解决方案。

第一,内容重构。在流程再造型模式下,学校必须重视以系统性眼光优化、调整或重构课程内容,实现线上线下学习的内容统整,以便使内容能够兼顾线下学习和在线学习的特点。进一步讲,这种模式下的课程设计要兼顾课堂学习和在线学习各自特点,根据课程学段特点和

内容主题等,明确学习内容和任务的线上线下衔接节点,确保线上线下融合教学具有系统性。学科组对某学期课程整册教材内容进行分析梳理,提前进行整体布局和单元整合,按照课前、课中和课后的不同阶段对内容进行线上和线下学习的统整设计;同时,在线学习要为学生提供充足的学习资料和有序的学习路径,展示知识范围、知识点的顺序及联系。[2]

第二,流程再造。流程再造型模式不同于传统的课堂教学模式,关键在于再造在线先学、线下后教、线上或线下再学的全新流程。一是课前线上导学任务驱动学生自主学习。教师利用网络学习平台发布在线学习任务,学生按照导学单自主获取新知识并完成相应的学习任务。在此过程中,学生利用在线平台提供的电子试题检验自学效果,教师通过后台大数据分析了解学生学习情况,为线下教学精准把握起点。二是课中线下层级问题驱动学生合作探究。在课堂教学中,教师主要通过设计相关的问题探究任务,让学生以小组形式在交流讨论中运用新知识解决问题。在此过程中,学生重在激活已有经验,在与同伴的交流和碰撞中扫清知识盲点,在提高问题解决能力的同时完成自主的知识建构。三是课后线上或线下评测与分享驱动学生知识内化。在网络平台支持下,学生借助学习数据的分析实现按需深化学习,教师依托学生学习数据的分析实现按需拓展供给。在此过程中,教师利用信息技术动态记录和评价学生的多维表现,在多元主体反馈与分享中推动学生主动建构个性化素养图谱。

(二) 模块转换型模式

"模块转换型"模式不是学习流程的简单再造,而是强调学习流程、学习内容和学习空间的"联动转换"。这一模式是学生根据学校课程学习安排,在不同的学习模块之间转换,这些学习模块中至少有一个是在线学习;不同的学习模块可能设置于不同的学习空间之中,即学生可能需要在不同功能室间转换进行不同模块的学习。

第一,模块设计。在模块转换型模式中,课程内容往往分解设计为"在线自主学习—教师精准指导—小组协作学习"三个学习模块,学习模块间环环相扣;学生在三个模块间循环转换,每个模块的学习时间根据不同对象、不同学科、不同内容等进行适切性设计。具体来讲:一是"在线自主学习"模块,即学生在学校特定学习空间中协同完成(不同于"流程再造型"模式置于课前),既可以是在具有网络终端配置的班级中完成,亦可在专门的大型学习中心(功能室)完成,以强化学生自主学习的同伴合作与影响。二是"教师精准指导",其并非是预定性的,而是教师基于学生在线学习产生的数据,聚焦确定课堂教学内容并开展"一对多"的针对性指导。在功能室在线学习的学生,这一模块的学习可以由电脑(人工智能)所替代,教师则可有更多时间关注学生思维培养和品质培育。三是"小组协作学习"模块,即学生以小组形式通过项目形式等开展综合性问题探究,应用所学知识、技能解决真实生活问题,从而深化对于学科核心概念和基本原理的理解。在此过程中,教师重在依据学生学习数据对学生协作学习进行动态性分组,以确保每个学生都能获得匹配的项目角色和深度发展。

第二，条件创设。学校需要在空间配置、师资分工等多个方面配套有利条件，以促进模块转换型模式的有效应用。一是设计高标准信息化硬件和软件支持的在线学习中心（功能室），并要便于小组合作学习的开展，从而保障学生能够合作开展在线自主学习。如：学校可以设计一座配置学习终端的大型学习中心并配套若干面授指导交流室，学生在学习中心开展自主在线学习，然后再进入所需的指导交流室与教师进行互动。二是重构传统班级桌椅设计，将成排的课桌改造为可以自由组装的"工位"，为教师开展分组教学指导、学生开展协作式小组学习创造条件。三是改变教师各自为政的传统角色分工，强化教师团队运作和合作分工。如：有些教师专门负责学习模块课程设计与统整，有些教师则专注于学生自主在线学习情况的分析与评估，还有些教师则重点承担线下学生协作学习的项目指导等。

（三）自主导向型模式

"自主导向型"模式是指学生根据对自身学情的研判来选择课程内容，并按照自己确定的进度开展学习，从而使课程学习变得更具自主性、灵活性，更大程度上满足学生的个性化需求。在此过程中，教师的主要任务不再是管理常规课程教学，而是集中精力为学生提供学情咨询、面对面指导、支架与资源提供和拓展性服务等，使师生互动更加精准化、优质化和个性化。

第一，课程配置。在自主导向型模式下，所有课程的设计上是一体的，在同一主题之下线上课程与面对面课程部分是一种内在衔接的关系，能够呈现出整合性的"线上线下融合关系"。为此，学校需要对接面对面课程，构建丰富、系统的在线课程资源体系，以菜单形式呈现供学生进行选择。课程资源可以是教育部门、教育机构研发的课程，也可以是本校研发的、机构提供的优质课程；学生选择课程时，可以是单点式，也可以是套餐式的。进一步讲，在线课程主要包括两种类型：一种是"专项课程"，即为由于各种原因不能按期完成学校规定要求的学生提供在线补救课程，也可为少数特别优秀的学生提供在线拓展课程；另一种是"通识课程"，即为全体学生提供可供选择的在线课程资源，保障学生每年可以选修一定数量的在线课程。[3]在实践中，学生可以根据自身需求选择参与若干在线课程来对接线下面对面课程，并自主选择在校或在家完成菜单课程的学习。

第二，学习统整。一是学习时间衔接统整。学生在自主导向型模式下获得的是更具完整性的课程学习体验，只是在时间上分为两个组成部分，即学生每周在学校根据需要在教师指导下学习面对面课程，然后在离开教师的情况下自主完成相衔接的在线课程。如：在"中华传统文化节日"的项目课程设计下，学生上午学习《元日》《清明》等面对面课程，下午自主选择学习与之衔接的中华传统文化节日在线课程，深化对于"节日文化"中国表达的理解。二是学习安排动态调整。在一周课程学习结束后（如每周五）召开一次会议，学生对自己的学习情况进行回顾，并与教师一起讨论哪些方面需要优化调整，以便使课程学习更具衔接性、针对性和实效性。三是学习方法统筹培育。这一模式对于学生的自主学习能力要求比较高，学校必须加强对学生在学习方法上的指导。如:开设学习专题课程让学生真正了解线上线下融合教学并应用到学习实践中,从而将理念转化为一种实际行动和长期习惯;通过建立在线自主学习小组,让学生在相互交流、研讨和碰撞中,不断提升自主学习能力。[4]

三、生成场域:支撑性要素的系统构建

线上线下融合教学的真实发生需要一系列新型空间、资源与制度的支持方能实现。基于此,学校需要注重重构学习生态空间、打造优质学习资源库和创建专项研修制度,促进空间、资源和制度的相互扶持等。

(一)重构学习生态空间

学校应坚持生本价值的教育立场,构建充满活力、互联互通的学习生态空间,作为促进线上线下融合教学常态化应用的"催化剂"。

第一,注重学习空间建设的协同性。一是将学校办学理念贯穿于线上线下融合教学空间设计理念之中,全方位实现本校育人目标、课程体系建设与空间设计的深度融合,凸显"以学生为中心"的教育价值追求;二是注重增强物理空间与虚拟空间、正式与非正式学习空间等不同功能空间的内在衔接,聚焦于各功能室的合作使用,形成不同空间之间的复合功效,在线上线下融合教学应用过程中发挥 $1+1>2$ 的协同效应。

第二,强化学习空间设计的多样化。线上线下融合教学空间必须是多样化的,为师生提供更多交互手段、深化交互层次,打破原有的工业化时代的线性设计,破除传统教室对学生思维的束缚,使学生可以拥有不同学习场景,使空间赋予学生学习以生命的个性化张力。同时,基于线上线下融合教学空间的多样性,还应注重采取可组合的空间设计路径,以适应不同风格、不同状态、不同进度的课程学习需求和学习者需求。

第三,增强学习空间运行的智能化。一是强化学习空间的数据化。在线上线下融合教学过程中,通过网络技术将各类信息和数据进行全方位捕捉、读取和建模,实现资源丰富性和评价精准性,塑造出学习体验好、学习效果优的新型学习空间。[5]二是加强新型软件技术的使用。线上线下融合教学要实现精准化诊断与评价,必须依赖语言测评技术、情境感知技术和数据统计反馈技术等各种先进软件技术。如:支持英语学习的语音测评软件,可以迅速精准对学生在线学习情况进行判断、评价和反馈,从而极大提升学生语言学习的效率和效果。

(二)打造优质学习资源库

线上线下融合教学需要更为丰富的学习资源支持,方能满足学生的个性化学习需求,保障"以学为中心"的学生自主学习真正落地。

第一,丰富基于课程教学内容的拓展性资源。拓展性资源是对已有课程资源在范围上的拓宽、在深度上的挖掘,重在以在线资源供给的形式支持学生的"先学"和"延学"。在实践

中，教师应注重集聚学校、社区和机构的线上优质教育资源，构建形成开放共享的在线课程资源库，为学生开展线上线下融合教学提供充足的优质资源选择，实现精准化、个性化资源推送。

第二，汲取在教学过程中生成的创生性资源。创生性资源是指在线上线下融合教学过程中，通过师生之间、学生之间、教师之间互动，碰撞出来的更富创生意义、实践价值的新课程资源。教师要善于汲取、总结和应用创生性资源，帮助学生在真实体验、主动尝试和积极反馈中理解和应用线上线下融合教学，更好地让个性化学习真实发生。

第三，发掘学生共建共享的发展性资源。发展性资源是指学生在线上线下融合教学中展示出的自我价值实现，即学生通过交流分享、协作学习等环节共同创造出的学习作品，这些作品会成为新的学习资源供新的学生学习，新的学习者又会创造新的学习作品，从而使得共建共享资源越来越多，不断促进学生持续迭代升级线上线下融合教学的品质。[6]

（三）创建专项研修制度

面对线上线下融合教学这一新型教与学方式，学校应重视创建相应的教师专业素养提升研修制度，支持教师增强线上线下融合教学的基础性专业能力、多边形态应对能力和云端智慧教研能力。

第一，强化基础性专业能力的培训。随着线上线下融合教学的推进，对于掌握这种新型学习方式的教师需求必然会急剧增加。因此，教育部门及学校必须根据新需要、新环境变革教师专业培训，加快提升教师的基础性专业能力。如：在加拿大中小学线上线下融合教学的实施过程中，本土高校、加拿大数字化学习网络、不列颠哥伦比亚省的数字化学习联盟等机构，逐步构建出了超越学校的互联网＋环境下"政府—研究机构—中小学"三位一体的区域教师专业发展共同体，有效促进了教师线上线下融合教学基础能力的提升。[7]

第二，加快多变形态应变能力的培育。线上线下融合教学的真实发生将带来教与学方式、学习内容、技术资源等多个方面的诸多变化，而且在线上线下融合的过程中也会出现许多不可预知的突变。由此，学校就需要通过校本课题研究、科组教研活动和专题沙龙研讨等方式，开展基于问题和现象的反思、基于成果经验的研讨，帮助和促动教师将自身亲历性体验和感悟，在相互碰撞中转化为自身的教学机智，不断提升应对各种变化的高阶能力。

第三，强化云端智慧教研能力的提升。线上学习的融合介入不仅要求在教与学方式上注重信息技术掌握，还需要在教研能力上注入"云端智慧"的力量。基于此，学校可构建"高校专家支持—教研队伍引领—创新型企业助力—学校骨干教师协同推进"四位一体的云端教研实践共同体，推进"现场指导与网络研修相结合"教研新方式，有效提升教师的教学研究能力，推动线上线下融合教学的教学实践向更高水平迈进。

参考文献

［1］［3］张宙.美国 K12 混合式学习的探究和启示[J].外国中小学教育,2019(5):75—80.

［2］徐瑾.基于混合式学习的 OTO 互动模式构建与实践[J].中国教育技术装备,2018(13):82—83.

［4］贾建国.学习的视角:"线上教学"实施状况的实践审视[J].现代中小学教育,2020,36(6):10—13.

［5］吴南中.混合学习空间:内涵、效用表征与形成机制[J].电化教育研究,2017,38(1):21—27.

［6］白倩,张舒予,沈书生.面向混合学习的学习支持服务体系设计与实践[J].中国电化教育,2018(8):107—115.

［7］梁林梅.加拿大 K‐12 远程、在线与混合学习的经验及启示[J].数字教育,2019,15(6):80—86.

在线同步学习体验的现象学研究

陈 婕 谢 翌 程 雯 陈瑞华

【摘要】随着互联网技术的发展与普及,在线学习变得越来越普遍,成为学习者的主要学习方式之一。在线学习体验是理解在线教学本质的切入口,也是衡量在线学习质量的重要指标。本文基于学生在线同步学习体验,运用教育现象学方法,收集并分析学生的课堂生活轶事,对在线同步学习体验的现实样态进行还原性揭示,建构了以下六种类型:学习技术支持体验、学习环境体验、师生交互体验、教师特质体验、学习活动体验、自我课堂管理体验等。未来在线同步学习可以从深度学习环境的构建、学生主体性的回归、线上线下融合的教学新样态生成等三个方面进行改进。

【关键词】在线同步学习;学习体验;现象学

【作者简介】陈婕/广州大学教育学院
　　　　　　谢翌/广州大学教育学院
　　　　　　程雯/广州大学教育学院
　　　　　　陈瑞华/广州大学教育学院

A Phenomenological Study of Students' Online Synchronous Learning Experience

CHEN Jie, XIE Yi, CHENG Wen & CHEN Ruihua

Abstract: With the development and popularization of Internet technology, online learning which has become one of the main learning methods for learners is becoming more and more common. Online learning experience is an important indicator to measure the quality of online learning. Taking students' online synchronous learning experience as the starting point, this paper collected and analyzed students' classroom life anecdotes by using phenomenological methods. The aim of this paper is to reveal the reality of online synchronous learning experience, and explore the future trend of online synchronous learning. Students' online synchronous learning experience is very complex. The general types and framework are as follows: learning technology support experience, learning environment experience, teacher-student interaction experience, teacher trait experience, learning activity experience, self-classroom regulation experience and their 15 internal structures. In the future, online synchronous learning can be improved from three aspects: the construction of deep learning environment, the focus of students' subjectivity and the construction of new forms of online and offline integrated teaching.

Key words: Online synchronous learning; Learning experience; phenomenology

近年来,我国不断推进"互联网＋教育",师生线上异地同步教学活动成为新常态。传统学习环境发生了改变,表现出数字化的态势,学习者也因此具身于现实与虚拟双重学习情境之中。在线同步教学即"师生线上共在"并且能够有机会进行虚拟性"面对面"的新型教学样式。这一教学样式的显著特征在于真实学习场景的缺位,学习环境的结构、知识的形态和学习的方式也因此得以改变。新的教学研究范式由过去聚焦外在方法和手段的吸引与激发,转向关注学习者的内在体验。在线同步学习体验可以较好地表征学习者在线同步学习的真实样态,反映学习者的内在需求,便于正确评估学习者的学习质量,进而引导科学的教学决策。体验是主体亲历某件事或某个场景所获得的认知与情感。[1]从现象学的角度揭示学习者置身于异地同步教学环境中所形成的独特认知与情感,进而揭示在线学习的本质与特征,不仅有助于从学生的视角进行在线教学改进,也可作为在线学习质量评估的重要依据。

一、"回到在线学习体验":教育现象学的观照

在线学习已经成为当今时代教育发展的主要趋势,涉及在线学习的研究成为国内外学者共同关注的问题。已有研究主要从理论和实践两个层面探究在线异步学习(慕课等)体验的内涵、要素、结构样态等,但是缺乏对学生在线同步学习体验结构与在线同步学习特征的观照。关于在线学习体验结构样态的相关研究,主要成果如下:一是根据学习要素来进行探究,有学者将在线课程学习体验的构成要素归纳为课程环境体验、学习活动体验、学习效果感知等三个维度。[2]二是围绕在线课堂的构成要素进行探析,有学者围绕学习者、教师、课程、技术、环境五个维度对学生慕课与翻转课堂体验进行分析。[3]三是基于学习要素与课堂构成要素,构建了较为多元的学习体验结构,如将在线学习体验划分为关于课堂结构、师生交互、学生交互、个体学习四种体验。[4]四是从体验的对象出发,将高校课堂上学生的学习体验分为感官体验、情感体验、思考体验、知识体验和关联体验。[5]也有学者基于学习者的行为体验来进行,将动机性行为、结果性行为、感知到的学习体验、感知到的有用性视为在线学习体验测量框架的重要内容。[6]综上,从研究视角看,已有研究分别从理论与实践两个层面对在线异步学习(慕课等)体验、要素与结构样态等作了丰富的探讨,但聚焦于揭示学生在线同步学习体验结构与在线同步学习特征的相关研究还较为匮乏;从研究方法上看,目前主要以定量分析为主,从学习者内

在的生活体验进行质性观照的研究不多。

学习体验具有主观性、亲历性等特征,主要依赖学习者自身的表达。现象学是对生活经验意义的描述,利用现象学的方法将有助于深入探讨学习体验的复杂性及动态性等特质,从而更好地揭示在线同步学习的本质与特征。为此,本研究运用教育现象学,重点探究学生的在线同步学习体验是如何的? 在线同步学习的本质是什么,具体有哪些特征? 未来在线同步学习改进的理路是什么? 以期对我国在线同步学习的过程及其改进有比较全面和深入的把握。现象学是质性研究的一种具体的研究策略。在线学习过程是学生生命与在线教育情境互动的过程。体验是学生在同步在线学习过程中未经反思的、直接的认知与情感。运用现象学的研究方法,从学习体验视角切入,回到事物本身,可以正确理解与把握现象的意义与本质。

(一)对象选择:在线同步学习亲历者

通过目的性抽样,邀请有过在线同步学习经历的学生作为研究对象,共邀请 10 位在校学生参与访谈,邀约了 105 位学生参与轶事写作,共整理生成 115 份在线同步学习体验文本(对每份文本进行编号,访谈文本被编号为 FS01 - FS10,轶事文本被编号为 YS01 - YS10)。

(二)资料的收集:对话式访谈与文本故事写作

为揭示学生在线同步学习体验的结构,本研究主要通过让学生参与在线同步学习体验的轶事写作,并结合对话式访谈等收集一手资料。对话式访谈主要围绕"在线同步学习中学生的学习体验是什么样子的"这一核心问题,通过引导学生回想课堂上最深刻的学习体验,从"意向、空间、时间、身体、关系"五个方面着手设计访谈提纲,基于对话,共同建构学习轶事,运用改写、重写,从不同角度揭示在线同步学习的本质与特征;文本故事写作则以"记忆最深刻的一次在线同步学习体验"为主题,邀请研究对象参与轶事写作,让其尽量以直截了当的语言来描述某一时刻线上同步的学习体验,要求不作任何原因阐释或反思分析,仅以描述性文本呈现,以真实、完整地呈现体验本身。

(三)资料的整理与分析:生活体验描述的"改写""重写"和主题分析

在现象学研究中,研究者需始终如一秉持"悬置前见"的原则。"悬置"是研究者阅读现象学体验材料、提炼基本要素、发现意义的前提,也是关系研究者能否彻底进行现象还原的基础。[7]为了更好地彰显体验的实然样态,根据现象学文本的写作要求及意义表达的准确性,往往需要对轶事中一些不符合要求的内容进行剔除或多次改写,以期更好地呈现作者的原意。改写后的文本故事会反馈给参与者,听取参与者的意见,确保文本故事的真实性。最后,采用现象学的提问与反思,将所收集到的访谈资料及文本故事逐一进行主题分析,以还原事物的真实样态。

二、虚实之间的张弛：学生在线同步学习体验的现实样态

学习是具身性的，学生的学习并非是单个个体的、静默的认知过程，而是与他者在特定情境下的身体与精神交互学习。[8]本文基于所收集到的轶事，回到具体的学习现象，构建了学生在线同步学习体验的整体样貌。

（一）"受限"与"自由"：技术支持的"双刃"体验

在一定的学习情境下，学习者与技术形成具身关系，技术融入学习者的感知经验中，共同进行情境交互。[9]在远程教学情境下，数字技术是连接教与学的关键性因素，直接影响学生在线学习体验和学习效果。[10]在线同步教学中涉及的教育支持服务主要是指为学习者所提供的网络及相关技术支持，学习者由于技术易用性、感知性和功能性的差异，生成多样化的体验。

1. "追寻信号"：面临不稳定性的慌张

网络是链接教师与学生的媒介，良好的网络是实现良好教学效果的重要保证，但在线课堂学习中，学生可能会随时面临无法控制的网络问题。

> "有次因为天气原因，手机信号受到严重干扰，老师的声音断断续续，我开始变得很烦躁，心想待会要是突然被点名了怎么办。于是我拿着手机在家里走来走去，想找到信号好一点的地方。突然，隐隐约约听到老师叫我的名字，我急忙回应，但老师提问的时候，声音一直断断续续，我开始变得紧张，顿时不知所措，支支吾吾地回答着问题。"（YS45）

信息时代教学对技术有更多的依赖。异地同步教学对网络宽带及技术设备提出了更高的要求，技术可用性以及稳定性是在线教学中需考虑的重要因素。学习者即使做好了充分的课前准备，也有可能会遇到不可控因素，例如天气原因导致网络信号受到干扰，视听体验受到影响，学生学习效果不佳。网络质量成为学习进程的关键要素，影响学习的质量、师生之间的对话交流乃至学生的自我形象。"追信号"成了一种学习负担，更可能造就另一种学习情境。

2. 技能鸿沟的凸显：不会操作的恐惧

学生是在线学习的接受者，其信息技术能力直接影响在线教学的顺利开展以及自身学习质量的提升。当教学产品、学习工具设计不符合学习者认知水平和感知觉能力时，就会在学习过程中"凸显"成为学习者的困扰，使得学习者不得不时常注意如何使用及调试，难以获得学习过程中的知觉延伸。[11]

> "当得知需上网课时，由于之前未有上网课的经历，我的内心充满了恐惧。有次轮到我进行 PPT 分享时，一直没能找到操作键，胡乱操作后，我忙问大家是否能看到分享屏幕。屏幕对面传来稀稀拉拉的回复，'没有诶。'我开始颤抖，害怕大家等太久。这时候有

热心的同学开始教我该如何操作，但真的是太紧张了，我继续尝试了两三次才成功。哎，自己为什么这么傻呢，连这么简单的软件操作都不会。"(YS53)

技能鸿沟常常会转换为一种个体对"自我资本的认知"，并且因此影响学习的动力与成效。由于家庭或地方差异制造了天然的信息鸿沟，致使学生存在不同程度的"技能差别"，这种差别在学习情境中会转化为个体的学习资质。部分学生因此前接触网络教育的机会较少，技能学习的敏感性不足，课堂上生生之间的技能差异因此凸显。这一隐形的差距会让学生感觉自我形象受损，恐惧体验伴随学习过程。在线学习对学生的信息素养提出了新的要求，推动学生走出自己熟悉的线下课堂，面对新的学习情境，会引发个体的恐惧。为此，学校需要基于学生的现实情况进行技术素养补课，帮助学生消除网络技术畏惧。

3. 无限的学习弹性：自行安排时间的自由感

传统课堂教学活动短暂即逝，线上教学能够无限反复进行，学生可以自行安排学习时间，对所经历的教学活动可以及时进行回放，有利于复习、理解和巩固。[12]

"网络教学情境下，我的学习积极性大大增加，线上我可以一边听老师讲课一边做笔记，在不懂得的地方可以自行停在那页幻灯片上，不用担心错过知识点，也不用反复对PPT拍照再事后做笔记而浪费时间。而且，线上教学的很多软件有回放功能，如果上课途中遇到没有听明白的知识点，课后也可以重新观看，感觉更加自由了。"(YS17)

在线学习具有存储和复现功能，有助于开展差异化、个别化的学习。与常规学习相比，在线学习可以解放学习者，个体不需要手忙脚乱地去记课堂笔记，可以更加主动、积极、充分地投入和参与学习过程。部分平台具备课程资源上传的功能，学习者能够控制学习资源的播放进度，对未能及时理解的内容灵活安排学习时间，以自己的节奏进行研习。"教是为了学"，让每位学生根据自己的情况进行决策，开展更加自由、自主的学习，可以更好地促进学生全面而个性化的发展。

4. 开放的匿名交流：自主性增强的愉悦

弹幕、讨论区等信息传递工具成为在线课堂中师生进行交流的媒介。师生、生生之间进行实时情境交互，彼此之间的距离缩短，真实感增加，学习者也更倾向于大胆地表达出自己的情感。

"这节课采用语音直播形式，老师与我们积极互动，他时不时抛问题，大家也积极通过弹幕发表观点或者疑问，他看到弹幕也会及时给予回应。这种反应也推动着我参与讨论，我也很兴奋地主动通过弹幕来回答老师的问题，整个过程感觉很有趣，很愉悦，时间也不

知不觉地就流逝过去了。"（YS64）

屏幕既是"屏障"，也是"平台"。在线同步学习创造了开放、匿名的交流空间，基于问题进行讨论和交流，减少了现场的压迫感及自我形象的压力。同时，通过弹幕、讨论区等呈现的内容是十分重要的课程创生，也是教师了解学情的重要平台，可以助推课程的发展。传统课堂中的交流往往局限于老师与个别学生之间，而且还会受到纪律等规约的限制。屏幕营造的情境超越了单向度的控制和交流，更多的学生有机会加入进来，更多学生的声音可以被听到、被观照。这样的课堂可以给予更多学生充分的学习机会，调动他们参与课堂的积极性。在"屏幕"的掩护下，许多不善言辞的学生可以少一些顾虑，更加轻松自然地进行真情实感的表达，从容面对发言，并逐渐乐于发言。师生通过交流媒介在进行对话的过程中，也更加促成学生对所学知识的意义建构和理解。

（二）隐形的聚焦：在线学习环境体验

环境是一种会与人的意识发生交互作用的相对存在。在线同步学习中，师生和生生、学生和学习资源从全方位立体接触状态转为需要通过网络和终端设备的中介才能发生间接联系的状态。[13]学生置身于网络虚拟空间与家庭实体环境交互生成的学习场域，体验交错生成。

1. 无目光的压力：勇于表达自己想法的释然

电脑与手机等现代电子设备成为在线学习中连接师生的主要媒介，是进行教学的主要工具。该种教学模式突破了课堂的固定性和封闭性，使教学时空变得开放自如，[14]身处屏幕后的学生可以更加自由，因而会相对释然。

"线下总是害怕会被提问，每次回答问题时都会紧张到手心冒汗，声音也会不自觉地颤抖。有一次在线学习中，老师进行提问，我首先在草稿纸上标明要表达的内容，进行着深呼吸，心里一直告诉自己：'没事，大家都看不到你，有什么好担心的？'我战战兢兢地打开麦克风，由于没有开视频，确实也没有感受到众多目光的压力，顾虑大大减少，于是一边回答问题一边手舞足蹈比划，也更敢于去表达自己的想法。"（YS82）

屏幕犹如一张屏风，隔断了师生的直接交流，同时也为学生提供了另一种"保护膜"。线下课堂的学习中，学习者"暴露"在众人目光之下，直接感受到同伴围观的压力，自我形象的担忧会增加，因而会特别紧张。在这样的氛围中，参与课堂活动具有一定的强制性。在线学习情境则为其构建了一个相对独立的空间，什么时候参与课堂，参与什么样的课堂活动，学生有相对的自由。特别是在线同步视频教学中，很多老师并未强制要求学生开启视频。这样的学习情境为学习者屏蔽了众人的目光，提供了相对"安全"的空间，消除了对学习者所造成的形象压力。学习者借助交流媒介,在与教师进行课堂互动时,顾虑大大减少,自信心逐渐树立,开始展现出真实的自我。

2. 植根真实的虚拟:对外在干扰的焦虑

在线同步教学中,学生的学习场所从专业的学校空间转为辅助的家庭空间,学生植根于现实的家庭环境,同时也置身于网络虚拟环境。这种基于网络的家校场域联结,使得学生受到家庭主客观因素的影响。

> "在家上课基本都在不封闭的客厅,时常会有杂音。家人认为在线学习相比学校学习不是很重要,他们有时会忘记我在上课,发出噪音,有时还会听我上课的发言,并且在我发言的时候做出评论,有时甚至要求我戴耳机上课,但自己玩手机却外放声音。'线上学习随便学学就好了','学习主要是靠自己,心静自然能够很好地学进去','你学习你的,我玩我的'等等,对于他们的不重视,我也很无奈,这也使我更加焦虑。"(YS44)

在线学习把家庭或更多的公共场所延展为学习空间,有意或无意地将他人或环境变为学习过程的一部分,周围的设施、他人的行为等成为影响学习过程的重要因素。异地同步教学情境下,同步音频模式易导致"声音"的同时在场,给师生交互造成"噪音干扰"。学习者由于家庭条件限制或者家长的信念,会遭遇各种干扰。在家的线上同步学习需要有家庭成员的配合和支持,需要共同营建学习的氛围,才能保证学习的有效开展。当家转化为学习空间,需要兼具学习化和情感化的特点,这也是家长提升自我修养的时机,需要不断提升教育意识和教育能力,推进家校共育。

3. 个人隐私的暴露:被集体围观的羞愧

居家实体环境和在线虚拟环境的融合,增加了偶然事件的发生率。居家学习时突发的个人隐私事件,会通过音频以及视频,在学习者意料之外被传播出去。

> "早上第一、二节课,我起床后就在卧室上课,当时爸妈也不知道我的状态。上课过程中,老师叫我回答问题,我没有戴耳机,开着扬声器,打开麦克风回答着问题。就在回答的过程中,突然听到我妈猛敲房门的声音,并伴随着一口家乡话:'××,吃饭啦!这个点了还在干么子哟?'老妈那粗犷的声音传过来,我慌乱中关掉麦克风,急忙提醒我妈。慌乱中又急忙打开麦克风,隐隐约约听到老师那边开了句玩笑,也隐约听到了其他同学的笑声,我急忙道歉,当时觉得好羞愧,尴尬至极,但最终还是硬着头皮回答完了老师的问题。"(FS05)

在线学习使得学习者在获得远程资源的同时,也面临着泄露隐私的风险。线上教育给予了学习者充分的自由空间,但也增加了学习者学习状态松懈、纪律意识缺失的概率,学习者居家学习易受到家庭成员干扰等偶发因素的影响,隐私暴露事件发生的可能性也会增大。在线同步教学中,师生都聚焦于网络所营造的课堂教学情境中,音频或视频的开启,学生个人信息以及家庭信息等隐私可能会"无所遁形",也容易引起老师与同学的围观,更存在着被永久记录或网络传播的风险,损害学生的个人形象,使得学生承载着一定的心理压力。教师要正确处理学生的隐私暴露行为,根据学生的性格特征进行恰当处理,引导学生遵守课堂纪律,注意避免隐私的无意暴露。同时也得加强对学习者隐私保护方面的教育。

(三) 透过界面的"在一起":在线师生交互体验

界面是两种或多种信息源面对面交汇之处,人作为使用者与计算机相连,打交道的就是界面,计算机提供界面,界面则通往网络空间。[15]在远程教学中,交互不仅是一种教学方式,也是一种学习方式。[16]师生通过界面"在一起",不断进行交互。

1. 隐匿的间接交互:"纯"声交流的孤独感

与线下教学的人人互动相比,在线教学为师生提供了更多的交往对象和空间,其交往形式呈现为"人—机—人",师生直接交往的机会被大大压缩。[17]界面表面上能够帮助师生实现身体的完全自由,但很容易造成学生与自己的内心世界失去联系。

> "我们和老师不能面对面交流,他担心我们没认真听课,一直在提问。我一个人在房间里上课,周围非常安静,隔着屏幕只听到老师的声音传来,有点像机器在和我说话一样,对我而言会比较陌生,也感觉很孤独。我们和老师的关系更像是'主播'和'网友',因为我不善于开口,也没有真正地融入课堂,就如一个纯粹的视听者,在观看老师的'表演'。我试图想找到课堂的归属感,以减缓内心见不到老师的孤独感。每当这种孤独感来临时,感觉时间过得很慢,我的身体会坐得笔直,周围的任何风吹草动,也会让我感到警觉。"(YS60)

高质量的师生互动是实现在线教与学深度融合的关键。众多教师仍缺乏对远程交互理论的认识以及有效互动的教学行为,导致与学生之间的连通性很弱。师生之间既要有知识层面的对话,更要有思想、情感等层面的沟通与交流,这样以个体学习为主的学生方能不孤单,而这种心理距离的真正拉近,需要有声音、肢体和面部表情等诸多沟通中介的共同作用。在线同步教学中,如何基于现代信息技术,构建一个平等自由兼具的良好互动氛围,提高师生互动的成效,是摆在教学软件设计者和一线教师面前的共同问题。

2. 无言的情感隔膜:缺乏共鸣的距离感

联通主义学习理论强调教育的关键环节是分享和交流,强调生生之间的交互是在线教学设计中的关键点,教育者要尝试让学习者之间互相连通。在线学习中,生生之间囿于时空限制,若未建立具有情感链接的学习共同体,交流会受到影响。

> "上课时老师通常会向我们提问,我一般会积极回应。在回应时,其余同学都是闭麦,整个氛围非常安静,感觉就我在自言自语,仿佛整个课堂就像是我和老师两个人的'表演'。讲完之后,只有老师对我的发言进行了回应,其余同学都没有出声,我讲得好不好呀,能不能引起大家的共鸣呀,大家产生怎样的反应等我都不得而知,感觉与同学之间产生了一种强烈的距离感。"(YS40)

虚拟教学空间使得教与学的关联相对"松散",减少了生生之间很多即时性的"随意"互动。生生之间的交互活动有助于学生感受到同伴以及班集体的存在,归属感也会增强。当学习者的发言得不到同伴的回应,则难以产生共鸣,其发言积极性会被削弱,甚至会对自己的学习情况产生怀疑。此外,教师也并未采取适切的教学方式将学生进行联结,生生之间处于割裂的状态。学生受空间分离等因素的影响,与同伴间的交流与评价减少,其积极性会随着长期的"分割"而逐渐减弱,课堂参与感降低,距离感会愈来愈强化。教师应注意设计有意义的学习情境及学习活动,引导学生进行深度学习的同时,也与同伴之间进行心灵的联结。

(四)镜化的"真实":学生对教师特质的体验

教师在在线同步教学中发挥着重要的学习支持作用,其外在形象及其教学方式等是影响学生学习体验和学习质量的重要因素。这些特质在"界面"的传递中容易被放大与聚焦,对教师的外在形象及专业素养提出了更高的要求。

1. 被聚焦的外在形象:超越"在场"的真实感

在这种空间分离的教学情境下,教师的特质在屏幕中会被聚焦,放大式地呈现在学生面前,尤其是教师的声音与外貌。

> "上网课的第一天,由于担心错过上课时间,六点多就起床了。洗漱完毕,吃完早餐,终于等到上课时间,打开雨课堂,映入眼帘的是老师温柔的眼神,柔和的面孔,她微笑着,温柔地向我们打着招呼,整节课老师柔和的声音不时在耳边回荡。虽然是第一次接触这个老师,但她的声音与外貌让我觉得特别亲切,感觉自己就像是在教室上课一样,心里踏实了许多。"(YS11)

线上教学情境中屏幕中教师的外在形象极易成为学生的关注焦点,是师生进行心灵互动的外显方式。教师塑造自身良好的外部形象是尊重学生的具体表现,也有利于在学生面前树立威信,提高教学效果。教师呈现在镜头面前的温柔眼神及柔和面孔,增加了仪式感,让远在屏幕另一端的学生不由觉得亲切,产生一种超越传统线下课堂面对面上课的真实感。线上课堂不像传统的面对面教学,真实感与互动感会大大降低,通过视频呈现教师形象能够引起学生的视觉注意,有助于学生产生一种社会临场感,拉近学生与教师之间的心理距离,增强学生的学习投入度。但教师还需注意自身外在形象的塑造,以防物极必反。

2. 控制型的教师风格:"封麦"的拒斥感

教师风格是教师内在形象的重要表征。长期以来,在"我教你"的教学信念影响下,教师掌握着一切教学的进程,在教学中习惯于高高在上,也进一步养成了很多教师的控制型风格,教学成为教师自导自演的"独角戏"。教师如果只是将线上同步教学视为传统教学方式的"网上复现",则会将这种掌控感随之带入,在虚拟的教学情境中更加影响学习者的学习体验,进而影响教育教学质量。

"由于上课人数太多,老师采取'封麦'的形式进行授课。这是一节需要电脑实操的'PPT 制作'课,知识点很简单,老师的语速也很慢,全程照着她的 PPT 在讲,中途可能是由于她操作不当,PPT 也没翻动,大家在群里反映这个现象,不知道是老师没注意到还是故意忽视不见,我们也没有口头提意见的机会。整节课大家连基本的交流都没有,我整个人趴在桌子上,感觉课堂特别无趣,甚至有点排斥。"(FS02)

讲授主导、"封麦"并行,用这种简单粗暴式的方式保证教学进度和课堂纪律,忽视了学生的基本需求,也剥夺了学生进行实时交流与发表意见的权利,切断了学生与教师以及同学进行交互的重要渠道。学生只是作为听众,更多感知到的是自己作为课堂的"局外人"存在,致使学生不能真正领略到学习内容的意义与价值,排斥学习的行为也随即生成,造成学习质量下降。在线教学不是简单的"课堂搬家"与"教科书搬家",教师应以学生为中心,融和互联网新特征与学科特征进行教学方式的变革与重塑。

(五) 虚拟的"在场":在线学习活动体验

学习活动是空间分离状态下教与学再度整合的桥梁。有效的教学活动能够激发学习者的学习兴趣,促进学习者的主体性发展。然而,缺乏共同体参与的过多无效学习活动会让学习者产生一种虚拟在场的错觉,对其产生消极影响。

1. "屏幕的提线木偶":安排紧凑的疲惫感

电脑和手机是学生进行在线同步学习的主要工具,成为承载学生课程的主要媒介。长期面对电子屏幕,错误的坐姿、久坐、用眼及缺乏运动等习惯会对学习者的身心带来消极影响。

"满课的时候,一到晚上就感觉头昏脑涨,长期对着电脑眼睛也很痛。在学校上课,课间换教室的时间也能有个短暂的休息。但是现在一下课就得看看有没有发新通知,喝口水上完厕所后,下一节课的老师就已经准备好课堂了,完全没有舒口气的时间,感觉自己就像'提线木偶'。长时间盯着电脑屏幕,一整天的课下来会感觉有些撑不住,疲惫感增强,不知不觉注意力也分散了。"(YS30)

　　教学时间是影响教学效果的重要因素,教学时间安排是门艺术。一定时间内持续的在线学习容易造成信息过载,耗费学生的精力,同时也会对学生身体造成伤害,相关人员应注重对学生进行此方面的指导。学习环境的变化会增加突发情况发生的可能性,对于暂时还处于网络教学适应期的教师和学生来说,为了避免出差错,需花费更多的时间做课前准备,有时确实存在难以调控与把握时间的情况。尤其有较多课程且没有过多学习活动的参与时,学生长期停留于视听的表层渲染,难以调整出时间进行短暂放松,极易成为"屏幕的提线木偶"。居家线上学习不同于班级集体学习方式,师生、生生之间缺乏面对面交流,长时间独自面对屏幕,易滋生疲惫感和盲目感。在线同步教学中,我们更应重视课堂中的教学时长与教学安排,应尊重学生居家学习规律,结合学习者的心理及身体健康情况,进行灵活调整。此外,教师教学过程中可以文体结合,引导学生进行体育锻炼,减缓疲劳。

　　2. 无实践场景的相融:"旁观者"的学习心态

　　实践要求较高的实践技能课,应指向真实性和生活化的学习活动设计。以教师为中心的教学模式照搬到在线教学中,其原本所具有的缺陷会被放大,学生的在线学习投入度会受到严重影响,呈现消极被动和浅层化等特征。

　　"数据处理课涉及软件的操作,老师在屏幕的另一端讲解着软件的操作过程。由于很多都是自己的知识盲点,为了不错过学习内容,也只能全程看着,但是很多知识还未理解,慢慢地听课的兴趣也逐渐减弱,如同旁观者,整个人趴在桌子上,思绪早已不知道飞到哪里去了。此时多希望自己能够在现场跟着老师操作,遇到不会的内容还能及时跟大家交流,解决自己的困惑。"(YS59)

　　教师在线教学未结合实践操作课的要求与特点,只是为了"教完"知识,而未考虑学生是否"学会",仍采用传统的程序化讲授方式进行,且没有充分运用相关的软件平台及教学资源,这对于刚接触此门课程的学习者来说具有一定的挑战性。在线学习使得学习者与同伴间的交流受到距离的限制,同时学习者理论知识与实践操作脱节,导致其以旁观者的心态进行学习,自我认同感降低,身体在场,但精神完全游离于课堂之外。技术强化的学习需从现有教学的低层次替代到实现真正意义上的重新定义,教师需学会用活线上教学的媒介与技术,紧扣学科的教学特点,根据技术强化学习的教学原则重新设计课程,让学生浸润于深度的学习情境之中,引导学习者的认知层次走向深入。

(六) 散漫的"游移者":在线自我课堂管理体验

远程学习情境为学生提供了更具灵活性的学习空间,学习者成为散漫的"游移者",他们基于自身需求在学习过程中会形成对自我课堂管理的非静态评价。师生空间分离的学习情境,使得教师对学生的监督管控作用弱化,学生"人在而心不在"的逃课特征显著。

1. 被遮蔽的学习现实:责任推脱的窃喜

在线课堂中,身处屏幕后的学习者的学习状态容易被遮蔽,提问因此成为教师与学生共同参与课堂的主要手段之一。然而由于监控作用的减弱,学生隐性逃课现象更易发生且不受控制。

> "上英语课时,老师边播放幻灯片边进行讲解,当播放至问题那一页时,她询问我们是否能看清,开始进行提问。老师接连问了几个同学,他们一个个都说用的是手机,说看不清楚上面的问题。当我还在窃喜没有被提到时,突然老师也问到了我,但由于自己刚刚也在开小差,并没有认真听讲,为了避免回答错误的尴尬,我支支吾吾地回答道,'老师,我也用的是手机,看不清楚。'这时老师也停止了提问,我心里舒了一口气,为自己这次成功逃避回答问题感到窃喜。"(FS06)

在线学习存在空间的距离,身处界面后的学习者的学习状态被遮蔽,使得教师的监控作用减弱,不能即时便捷地掌握学生们的听课状态。学校赋予的在线教学权利作为教师在线教学资本之一,教师的这种权利仿佛由于距离限制而减弱,导致学生也会滋生侥幸心理。当学生不太适应在线教学方式时,会增加其采取投机取巧行为的可能,例如采用逃避提问的策略来遮蔽其潜在的逃课行为。也有学生由于自律性不强导致自身课堂参与不足,出现明目张胆的"逃课"现象。教师为避免冲突,通过"互谅互让"达成利益整合。在线教学教师可以采取多种方式加强对学生的监控,严格纪律要求,以此捍卫自己的权威,这样才能获得更好的教学效果。

2. 无监督的学习模式:难以自律的危机感

自主学习能力及自我管理能力是当代学生实现自身持续发展的重要素养,是促进学生各方面素质提升的垫脚石。单一的视频讲演或语音直播的教学模式,衍生出"无监督"的课堂教学样态,过于自由的学习环境对学习者提出了一定的挑战。

> "没有面对面授课,也没有提醒和监督,上课过程中我会辗转于家中,姿势也是多种多样,哪样舒服就哪样来,心情也很愉快,自由感十足,时间也似乎变得很快流逝。但长期的

网络学习,让我渐渐产生懒惰的习惯,而且对于自制力不是很好的我来说,效率实在是太低,对课堂的专注度也逐渐降低,很担忧开学的考试,到时候不知道怎么考,生怕自己会挂科,害怕与同学的差距拉大。"(FS09)

在线教学使得教师无法了解屏幕后学生的学习状态。对于场依存型的学习者来说,他们早已习惯讲授式为主的教学方式,自主学习能力以及自我管理能力较差。"无监督"式的虚拟教学场景以及长期的"放养式"学习易使得其难以自律,懒散感增强,学习效率自然也会下降。由于课程终结性评价方式的存在,通常会通过考试来检验学生在线学习的实际成效,学生也会产生危机感。自主学习是开展高质量在线学习的重要条件,学习者是否具备较强的自主管理能力是影响在线学习效果的重要因素。课程不能再是单向信息的传递,而应发挥学生的自主性,聚焦于学习者自主能力的提升,让其主动去参与各项任务,完成各项目标。

三、学生同步在线学习的本质与特征:学习体验的视角

生活体验是现象学研究的出发点和归宿,现象学的目的是将生活体验的实质以文本的形式表述出来。[18]基于同步在线学习的特殊性,以及所收集到的学习体验轶事,我们对学生的同步在线学习体验进行还原性的揭示,生成了学习技术支持体验、学习环境体验、师生交互体验、对教师特质的体验、学习活动体验、自我课堂管理体验等六种类型,具体表现为面临不稳定性的慌张、不会操作的恐惧、自行安排时间的自由感、自主性增强的愉悦等,据此我们对在线同步学习体验的内容结构总结如下(见表1)。

表1 在线同步学习体验的内容结构

在线同步学习体验类型	具 体 表 现
"受限"与"自由":技术支持的"双刃"体验	"追寻信号":面临不稳定性的慌张 技能鸿沟的凸显:不会操作的恐惧 无限的学习弹性:自行安排时间的自由感 开放的匿名交流:自主性增强的愉悦
隐形的聚焦:在线学习环境体验	无目光的压力:勇于表达自己想法的释然 植根真实的虚拟:对外在干扰的焦虑 个人隐私的暴露:被集体围观的羞愧
透过界面的"在一起":在线师生交互体验	隐匿的间接交互:"纯"声交流的孤独感 无言的情感隔膜:缺乏共鸣的距离感
镜化的"真实":学生对教师特质的体验	被聚焦的外在形象:超越"在场"的真实感 控制型的教师风格:"封麦"的拒斥感
虚拟的"在场":在线学习活动体验	"屏幕的提线木偶":安排紧凑的疲惫感 无实践场景的相融:"旁观者"的学习心态
散漫的"游移者":在线自我课堂管理体验	被遮蔽的学习现实:责任推脱的窃喜 无监督的学习模式:难以自律的危机感

在线同步学习体验是学生在线学习物质需求及精神需求等隐性需求的多重表征,也是具

有持续弥散性的开放性认知。综上所述,在线同步学习是一种学习方式,通过网络这一信息技术能够帮助教育者与学习者"同时在场"并能够"面对面"交流,实现教与学活动的同时间、同进度开展。教学主体置身于一种虚实相生的学习场域,教师、学生、非人行动者在虚实结合的环境中互相影响,教师特质、学生自我管理能力、师生交互、学习活动等都会成为影响学习者的重要因素。这几者之间相互链接,学习者由此所产生的学习体验也更为丰富。师生处于一种受限与自由、隐形的聚焦、界面后的"在一起"、镜化的真实、虚拟的"在场"、"游移"的学习情境中,需要把握一种度的平衡,才能更好地适应。

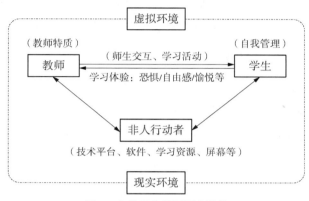

图1 在线同步学习概念结构

从以上论述中,我们可以发现在线同步学习具有以下特征:

一是双面性。在线同步学习会受到多种矛盾对立因素的影响,利弊皆存。例如技术的介入使得教的行为与学的行为实现空间分离,学习者能够享受到充分自由,但也会受到网络信号、学习工具不齐全等限制;教师可以充分利用各类网络资源,但教师教的行为也会减弱学生学的行为的有效性,使得参与者积极体验与消极体验兼具。

二是多主体协同共生性。技术等是网络教学中的"非人行动者",人类给"非人的事物授权"来实现非人事物的代理,人类授权任务给技术,非人行动者按照人给的脚本运行,慢慢地也会概念化为使用者的一部分,参与到学习者的整个学习过程中。同步在线教学情境不再像传统的面对面教学,师生在进行交互的过程中夹杂了更多非人类物质存在,即需要通过技术平台、软件、电脑屏幕、资源等才能真正实现交互,彰显了一种多主体协同共生的学习样态。学习者操作不熟练、网络信号不畅、教师互动不及时等都会成为影响学生学习体验的重要因素。

三是虚拟具身性。在线同步学习使得学习者处于虚拟空间,不一定只会导致学习者的"离身"性,无形中也会体现出一定的"具身性",学习者的身体与技术等非人行动者互融共生。对于学习者来说,远在屏幕另一端的教师与同学以图像的纯粹符号化形式出现在虚拟空间,他们实际的物质身体以数据化的方式成为"虚拟实体",某些特质也开始以数字化的方式脱离人体,他们的身体、语言等都被转移到屏幕上,就有可能出现自己的身体与意识相分离的现象,处于"虚拟场"的状态。例如如果缺乏有效的交互,学习者如同"提线木偶"与"旁观者",会游离在学习之外。

四是多场域交互性。在线同步学习使得学习者处于虚实结合的学习场域,学习者同时受到网络环境以及家庭环境的影响。师生在进行教学与学习时,与两大学习场域周围存在的不同要素发生不同的交互,滋生着不同的体验。

五是不确定性。在线同步学习环境、学习活动等处于不断动态变化发展的过程中,具有极强的不可预知性。学习者在学习的过程中总会受一些无法预知的因素影响,致使师生面临的问题持续处于不确定性中,因此学生的学习状态、学习成效、学习结果等具有多种可能性。

四、在线同步学习的改进理路:生活体验的视角

在线同步学习的改进理路既要明确切入口,更要明确源动力及指向标,可从学生在线同步学习体验的视角出发,循序渐进地推动与完善。

(一)在线同步学习改进的切入口:构建适切在线深度学习环境

良好的在线课堂学习环境有助于学习者良好体验的生成,促使学习者能够实现深度学习。随着人工智能时代的到来,构建在线同步学习环境也会更加注重人机协同、开放共享。在信息化教学发展初期,关注学生的在线同步学习体验能够为以后数字化、智能化、个性化、社会化的在线学习空间的构建提供一定的参考依据。适切的深度学习环境构建应以学习者为中心,聚焦于激发学习者的学习兴趣与学习动机。师生能够在外界因素不断变化与发展的过程中,浸润于所创设的学习环境,并与环境中存在的各要素相融共生。学习环境中蕴含的各方面要素也能够相互影响与相互依存,具有一定的整体性。同步在线教学中,学习者具身于虚拟网络空间和家庭实体环境,深度学习环境的构建则需要充分利用两种学习场域存在的优势,共同指向学习者深度学习目标的实现。具体可以从以下方面进行:一是技术人员应努力创建基于客观世界的仿真学习环境,提供各种适切学习者认知特征的技术支持,并在设计学习工具时应力求多元化,使学习者能够沉浸其中,与非人行动者发生有效交互,进行真实的学习。二是教师在教学过程中应该以学生需求为中心,创新教学模式,努力创建能够实现师生有效交互的课堂情境。三是学校与家庭可以建立协同育人机制,以平台和工具为依托,共同构建虚拟学习共同体,为学生的线上学习共同创造良好的学习环境。

(二)在线同步学习改进的源动力:注重学生主体性的回归

在线同步学习体验是学习者在这场学习方式变革中的衍生物,包括学习者学习的过程性和收获性体验,彰显了学生在在线同步学习中认知与情绪方面的需求。在线学习要回归教育本质,充满人文关怀,单向性的交流互动只会造成教育本质的缺失。未来的在线同步学习应从

当前实践发展和未来追求出发,努力实现学生主体性的回归,即教育者应"以学为中心",注重生命个体之间的"对话",依靠网络学习环境散发相互赋能生命的能量流。具体可以从以下方面进行改进:一是教育者在课堂教学中应注意与学生之间的情感链接,倾听学习者的声音,走进学习者的内心世界,实现共情。二是教师不能简单地从"人灌"到"机灌",需将之前停留在理念层面的技术知识转化为教学实践,更多围绕学生的学习需求进行教学活动的设计与实施,为学生创设主动与积极求知的课堂氛围,促进学生的自主学习和个性化学习。三是在线学习使得学生转化为无监督式的学习,学习者自身需不断提升自主管理能力和自主学习能力,同时教师也应注重对学生的引导,助其实现有效的在线学习行为。

(三)在线同步学习改进的指向标:线上线下融合教学新样态的构建

在线教学不是线下教学简单的翻版,它会从根本上改变因时空局限而形成的单一线性学习模式,推动学生学习革命并倒逼教学革命。[19]线上线下融合学习是未来教育追求的学习新样态,两者将融合共生,即两者之间相互依存、相互影响,形成"你中有我,我中有你"的共生关系。以往两种教学往往要么处于割裂的状态,要么就是将线上教学作为线下教学的辅助手段。其实两种教学各具利弊,如能结合其优势及独特性进行新教学样态的探讨,会具有深刻的现实价值。譬如在线学习给了了学习者充分的自由,使得学习者经验的习得、知识的累积更具生成性,但由于技术的限制、学习者个体的差异、环境的特殊性等问题也会影响学习者的体验。相关人员需要对学习本质进行反思,未来线上线下融合教学可将"同步与异步"相结合的线上教学模式与线下教学模式相结合,推动学生实现深度思考,既为师生提供进行思想交流与碰撞的空间,也给予学生自己独立思考的空间,以此实现育人方式的变革。

参考文献

[1] 陈旭远,刘冬岩.促进学生体验的教学策略[J].中国教育学刊,2004(4):48—51.

[2] 张文兰,李莎莎.在线课程学习体验量表的开发与检验[J].现代教育技术,2021,31(2):65—72.

[3] 李艳,张慕华.高校学生慕课和翻转课堂体验实证研究——基于231条在线学习日志分析[J].现代远程教育研究,2015(5):73—84,93.

[4] Udo G. J, Bagchi K. K. & Kirs P. J. Using SERVQUAL to Assess the Quality of E-learning Experience [J]. Computers in Human Behavior, 2011,27(3):1272-1283.

[5] 胡新华,周月.MOOC冲击下高校教师的因应策略:学习体验视角[J].现代教育技术,2014,24(12):19—25.

[6] Wu, Y.. Factors Impacting Students' Online Learning Experience in a Learner-centred course [J]. Journal of Computer Assisted Learning, 2016,32(5):416-429.

[7] 徐辉富.教育现象学及其研究步骤[J].开放教育研究,2008,14(2):32—39.

［8］彭杰.现象学视角下的学习:一种新的面向和可能[J].华东师范大学学报(教育科学版),2020,38(2):103—113.

［9］[11]王辞晓.具身认知的理论落地:技术支持下的情境交互[J].电化教育研究,2019,38(7):20—26.

[10]陈涛,蒲岳,巩阅瑄.数字技术对大学生在线学习效果的影响[J].教育发展研究,2020,40(11):60—68.

[12][14]刘振天,刘强.在线教学如何助力高校课堂革命?——疫情之下大规模在线教学行动的理性认知[J].华东师范大学学报(教育科学版),2020,38(7):11.

[13]王竹立.后疫情时代,教育应如何转型?[J].电化教育研究,2020(4):13—20.

[15]迈克尔·海姆.从界面到网络空间——虚拟实在的形而上学[M].金吾伦,刘钢,译.上海:上海科技教育出版社,1997:78—79.

[16]胡志金.论远程学习者的交互学习策略[J].中国远程教育,2010(5):33—38,79—80.

[17]李争一,曲铁华.交往行为理论视角下高校在线教学场域中师生关系的建构[J].现代教育管理,2020(7):82—87.

[18]马克斯·范梅南.生活体验研究——人文科学视野中的教育学[M].北京:教育科学出版社,2003:46.

[19]理查德·梅耶,李爽＆盛群力.在线学习研究30年[J].数字教育,2020,6(2):1—8.